Supà pentru Suflet®

Editor: Luminița Bratu
Copertă: Flory Preda
Tehnoredactare: Florența Sava
Corectură: Roxana Barbu și Georgeta Nicolae

Descrierea CIP a Bibliotecii Naționale a României
CANFIELD, JACK
Supă de pui pentru suflet: îngeri printre noi: 101 povești inspiraționale despre miracole, credință și rugăciuni ascultate / Jack Canfield, Mark Victor Hansen și Amy Newmark. - București: Prestige, 2021
ISBN 978-606-9609-29-3

I. Hansen, Mark Victor
II. Newmark, Amy

821.111

Tel.: 0732.55.88.33
www.edituraprestige.ro
www.facebook.com/edituraprestigeoficial

Supă de pui pentru Suflet®

Îngeri printre NOI

101 povești inspiraționale despre miracole, credință și rugăciuni ascultate

Jack Canfield,
Mark Victor Hansen,
Amy Newmark

Traducere de Roxana Popescu

PRESTIGE
București - 2021

Cuprins

4

– Îngeri deghizați –

5

– Credința în acțiune –

8

– Iubirea din lumea de dincolo –

9

– Îngeri călăuzitori –

10

– Protecția îngerilor –

Capitolul
1

Îngeri printre NOI

Intervenții miraculoase

1

Supă de pui pentru Suflet

Patrula cartierului

Îngerii nu sunt niciodată prea departe să te audă.

– Autor necunoscut

Se întâmpla într-o vară, pe când eu aveam 12 ani. Împreună cu prietena mea cutreieraserăm cartierul. Era cam la amurg sau puțin după, dar numai bine de stat afară: destule lumini pe stradă, așa că nu ne-am simțit în pericol în niciun moment. Făceam ce fac toate fetele de 12 ani, pălăvrăgeam, cântam, ne prosteam și ne bucuram pur și simplu una de compania celeilalte.

În noaptea aceea, pe amândouă ne cuprinsese senzația ciudată că cineva ne urmărea. Cam la o stradă distanță de casă, nevrând să părem speriate, am continuat să mergem într-un ritm constant, fără să ne grăbim.

– Ar trebui să ajungem pe strada noastră în câteva minute, am spus.

- Da, frații noștri sunt încă afară, se plimbă cu bicicletele, a răspuns prietena mea. Era felul nostru de a-i comunica eventualului observator că eram mai în siguranță decât păream.

Noaptea următoare, pe când părinții prietenei mele erau în oraș, cineva a încercat să intre pe fereastra unei băi din casa lor. Cei doi frați mai mari ai ei l-au speriat și l-au gonit.

Am văzut girofarurile mașinii de poliție atunci când a oprit pe stradă, în fața casei prietenei mele, dar n-am știut ce se întâmplase până a doua zi.

- Crezi că a fost persoana care ne-a urmărit ieri? am întrebat.

- Pun pariu că da, a șoptit. Cineva a urmărit să vadă când pleacă mașina alor mei, apoi a încercat să intre.

Acel bărbat putea sau nu să fie persoana care ne urmărise. De fapt, nu aveam nicio dovadă cum că cineva ne-ar fi urmărit, ci era, mai degrabă, un presentiment. Cu toate astea, mă temeam că bărbatul respectiv urma să vină după mine într-o dată ulterioară.

În următoarea săptămână, am avut multe conversații pe acest subiect; era o adevărată dramă pentru două puștoaice de 12 ani. În timpul zilei, nu ne era teamă, ci nopțile ne înfricoșau. Sau cel puțin pe mine. În casa prietenei mele se găseau mereu mulți oameni, în timp ce eu îi aveam doar pe cei doi frați ai mei și pe mama; tata era în Vietnam.

Noi nu aveam un sistem de aer condiționat centralizat, ci doar un aparat de aer condiționat de fereastră, în bucătărie. Noaptea, cu excepția momentelor în care era anormal de cald, îl opream și deschideam ferestrele. Am început să țin ferestrele închise și încuiate, iar draperiile, trase. Îmi trăgeam și pătura până sub bărbie, o manevră de siguranță stupidă, de altfel, dar pe care fiecare copil o înțelege. Stăteam culcată, incapabilă să dorm, imaginându-mi că cineva mă urmărea și aștepta.

Atunci când totuși adormeam, obișnuiam să mă trezesc de mai multe ori pe noapte, deseori, lac de transpirație din cauza ferestrelor închise, a păturilor și a fricii. Îmi amintesc că recitam un soi de rugăciune cu rime pe care o învățasem când eram mică: „Patru colțuri are patul meu. Patru îngeri deasupra capului meu. Unul să mă păzească. Altul rugăciuni să rostească. Doi, în fiecare zi să mă călăuzească." Nu voiam să închid ochii, dar oboseala câștiga de fiecare dată.

Într-o seară, împreună cu frații mei și cu mama, am fost în vizită la o familie de pe strada noastră. Ne-am bucurat de o masă împreună și o vreme ne-am jucat Pinochle, un joc de cărți. Pentru că nu dormisem prea mult, am fost prima care dădea semne de oboseală, așa că am hotărât să plec spre casă.

Nu a trecut mult timp până să observ că o mașină mă urmărea. Eram chiar pe bordură și mașina nu trecea, mergea în același ritm cu mine. N-am vrut să mă întorc, pentru că asta însemna să o iau în direcția mașinii și nici nu am vrut să fug. Când am ajuns la capătul aleii din fața casei, eram convinsă că mașina își va continua drumul. Greșisem. M-a urmărit pe alee. Cum m-am apropiat de ușa de la intrare, am auzit portiera mașinii deschizându-se și închizându-se în spatele meu.

În cartierul nostru, rareori se încuie ușile, înainte ca toată lumea să ajungă seara acasă. Noi fuseserăm plecați, iar ușa nu era încuiată. Toate luminile erau stinse, casa era în beznă totală și pe dinăuntru, și pe dinafară. O parte din mine se temea să intre în casă, dar cealaltă parte simțea nevoia să facă asta cât mai repede cu putință.

Chiar în acel moment, vecinul nostru de alături, militar la *Beretele Verzi*, și-a parcat motocicleta pe aleea casei. Era imposibil să nu-l remarci, căci motocicleta era destul de zgomotoasă. Și-a pus bereta pe cap în timp ce cobora de pe motocicletă și mi-a făcut cu mâna.

Presupun că, la vederea vecinului, șoferul s-a speriat. Am auzit din nou ușa mașinii deschizându-se și apoi închizându-se. M-am întors la timp ca să observ un autovehicul de culoare închisă părăsind aleea casei mele. Din fericire, mi-am văzut și restul familiei venind spre casă și i-am așteptat pe veranda din față, ca să intrăm împreună.

- Cine era pe alee? m-a întrebat mama.

- Nu știu, i-am răspuns, dar m-au urmărit până acasă.

- Nu cred, scumpo. De ce te-ar fi urmărit? m-a întrebat. Probabil au greșit adresa.

I-am spus întreaga poveste. Despre sentimentul că cineva ne urmărea pe mine și pe prietena mea. Despre teoria noastră, cu privire la încercarea acelui individ de a intra în casa amicii mele cu câteva nopți în urmă. Acum asta. În mod evident, se gândea că dădusem frâu liber imaginației. Apoi am adăugat:

- Domnul M. și-a parcat motocicleta și i-a pus pe fugă.

Mama mi-a aruncat o privire ciudată.

- Știi că Domnul M. este în Vietnam cu tati, mi-a spus.

- Da, știam asta, dar fusesem atât de ușurată să-l văd sosind pe alee, că uitasem. Trebuie să se fi întors, mi-am spus. Mi-a făcut și cu mâna.

- Nu, scumpo, nu s-a întors.

Nu eram deloc convinsă, pentru că îl văzusem cu ochii mei. Mama a fost nevoită să meargă cu mine alături, să vorbim cu soția lui, care ne-a confirmat că încă era plecat în străinătate.

În noaptea aceea, după ce m-am rugat și am repetat în

gând rimele mele cu îngeri, m-am gândit la Domnul M. Doar fusese acolo; îl văzusem și îi auzisem motocicleta, așa cum o făcuse și persoana care mă urmărea. Deodată, am observat o lumină la capătul patului. La început, am crezut că este o iluzie optică, datorată unghiului în care bătea lumina de pe stradă, printre draperii. Stăteam nemișcată și priveam uimită. M-a cuprins ușor un sentiment de pace.

Am știut, cu siguranța cu care știu orice lucru pe lumea asta, că primeam vizita unui înger. Dumnezeu trimisese acest mesager ca eu să știu că El mă veghează. Poate pe el îl confundasem cu Domnul M.

Frica mea s-a risipit. Am aruncat păturile, m-am ridicat și am deschis ferestrele, întâmpinând o ușoară, dar bine-venită briză. Când m-am întors, am aruncat o privire la piciorul patului. Lumina era încă acolo, o imagine plăcută și strălucitoare. În noaptea aceea am dormit buștean. Niciun alt incident nu a mai tulburat acele zile de vară lipsite de griji.

~ Debbie Acklin

2

Supă de pui pentru Suflet

O mână de ajutor

Natura nu cunoaște milă. Ea spune: O să ningă! Dacă porți o pereche de bikini, și nu una de rachete de zăpadă, ghinion. Tot o să ningă!

– Maya Angelou

Vocea tatălui meu s-a auzit prin telefon, plină de disperare: „Am rămas fără medicamente." De când începuse să îmbătrânească, îi tot spuneam tatei să nu aștepte până i se termină doctoriile. Și, totuși, eram, din nou, în aceeași situație complicată. Am tras draperia și am privit afară: zăpada începuse să se așeze încă de dimineață, iar mașina mea era deja acoperită cu cel puțin 15 centimetri de pulbere albă. Am tras aer în piept și am reflectat puțin.

- Stai liniștit, tată! i-am spus. Sun la farmacie și merg să iau medicamentele.

- Dar să fii atentă, mi-a reamintit. Cred că o să înghețe pe jos.

Nu urma să înghețe, drumul era deja bocnă. Am mai zăbovit la fereastră încă puțin după ce am încheiat convorbirea, privind cât de greu înaintau mașinile; cauciucurile roților păreau că nu aveau suficientă aderență. Nu mă încânta prea tare drumul pe care îl aveam de parcurs, deși era la o distanță de doar doi kilometri și jumătate până la casa tatălui meu, iar farmacia era chiar în drum. M-am îmbrăcat în ton cu vremea de afară, apoi mi-am luat cheile de la mașină. În timp ce coboram treptele din fața casei, am auzit sirenele unei ambulanțe anunțând zgomotos, pe drumul principal, un accident. Am aruncat cheile mașinii în casă, mi-am înfășurat mai bine fularul în jurul gâtului și m-am gândit că era mai bine dacă îmi îndeplineam misiunea pe jos.

Pe vreme mai plăcută, făceam plimbarea respectivă cu regularitate. Mă bucuram de mișcare și de întâlnirile cu vecinii în drumul spre destinație. Dar în ziua respectivă, în condițiile date, nu mă entuziasma experiența. Totuși, pe drumul până la farmacie, m-am simțit recunoscătoare pentru mersul pe jos, deoarece mașinile întâmpinau dificultăți și la mers, dar și la oprire.

Pe măsură ce mă apropiam de ultima porțiune de drum a călătoriei mele, am privit spre cerul gri și am trimis către înalt o rugăciune tacită de recunoștință că eram în siguranță, dându-mi seama curând că toată situația chiar îmi făcuse plăcere. Aerul era răcoros, doar cât să mă învioreze, și m-am surprins bucurându-mă de priveliștea și de mirosul unei ninsori proaspete. De fapt, nu mai savurasem cu adevărat o ninsoare ca aceea de când eram copil.

Atunci, chiar în vreme ce reflectam asupra acelui gând, am simțit cum o mână îmi apucă cotul și mă smucește brusc. M-am împiedicat și am căzut câțiva metri mai departe, pe peluza unui vecin; am văzut o mașină urcându-se pe bordură, care s-a oprit într-un final exact în locul unde fusesem eu. Uluită, m-am ridicat, m-am scuturat și m-am întors să-i mulțumesc persoanei care mă îndepărtase din fața pericolului. Dar nu era nimeni acolo, ba, mai mult decât atât, nu existau nici urme în zăpadă, altele decât ale mele. Am plecat din nou la drum și am spus o altă rugăciune de recunoștință - de data aceasta, îngerului trimis să mă ocrotească și să-mi poarte de grijă prin nămeți.

~ Monica A. Andermann

3

Supă de pui pentru Suflet

O pană albă

Îngerii păzitori ai vieții zboară atât de sus, cât să nu-i vedem, dar mereu își pleacă ochii asupra noastră.

– Jean Paul Richter

Era vreo 10 dimineața, într-o duminică. După ce am schimbat-o pe fiica mea Holly, în vârstă de numai 8 luni, m-am hotărât să dau o fugă prin magazine, să cumpăr ceva pentru prânz. Atunci locuiam într-un sat micuț și, deși era un drum de numai zece minute cu mașina ca să ajungi la magazinele locale, acesta avea câteva benzi ceva mai înguste. Locuisem în sat toată viața, deci cunoșteam drumul ca pe propriul buzunar.

Am așezat-o pe Holly în scaunul de mașină, i-am legat centura și am pornit în mica noastră călătorie, în timp ce ascultam cântece pentru copii de pe CD-ul ei preferat. Am ajuns în zona magazinelor, am fost la brutărie, la Poștă, apoi am urcat-o pe Holly înapoi în scaunul ei și am plecat spre casă.

Aleile din sat nu fuseseră proiectate pentru circulația vehiculelor ce transportau mărfuri grele, dar, cu toate acestea, șoferii de camion se încăpățânau să le folosească drept scurtături spre drumul principal. De-a lungul anilor, semnasem multe petiții întocmite de alți săteni, dar consiliul local le permitea în continuare să folosească aceste benzi înguste. Așa că eram mereu atentă pe acele drumuri, mai ales într-o zonă cu o curbă strânsă, aproape în formă de S și puțin mai lată decât o mașină. Dacă o altă mașină venea din sens opus, unul dintre șoferi era nevoit să dea puțin cu spatele pentru a-i permite celuilalt să treacă.

În drumul spre casă, în timp ce ne apropiam de acel viraj în formă de S, am călcat ușor frâna, preventiv, în caz că o altă mașină ar fi venit din sens opus. Cum am luat curba, am văzut un imens camion roșu îndreptându-se spre noi. La viteza cu care circula era imposibil să mai frâneze la timp și să oprească, așa că se îndrepta direct spre mașina noastră.

Am crezut cu tărie că acel camion se va izbi de noi, așa că, într-o fracțiune de secundă, am apăsat frâna, mi-am desfăcut centura de siguranță și m-am năpustit peste Holly. Cel puțin, dacă mă lovea pe mine mai întâi, ea avea mai multe șanse de supraviețuire. Se spune că în astfel de momente ți se derulează viața prin fața ochilor, dar mie nu mi s-a întâmplat asta. Tot ce îmi trecea prin minte era: „În regulă, mi-a sosit ceasul." Atunci când trăia, dragul meu tată avea o vorbă: „Atunci când vei simți atingerea unei pene albe pe frunte, înseamnă că a venit vremea să pleci." Îmi amintesc că tot ce gândeam era: „Sper că n-o să doară prea mult și mă rog ca bebelușul să supraviețuiască."

În acele câteva secunde, am închis ochii și m-am pregătit pentru ce avea să urmeze, repetându-i lui Holly cât de mult o iubeam. Auzeam camionul huruind zgomotos, îndreptându-se spre noi, în timp ce eu mă așezasem ca un scut să-mi protejez micuța.

Dintr-odată, tăcere. Era atât de liniște încât am crezut că impactul trebuie să se fi produs deja, iar eu eram deja moartă, în drum spre Rai sau oriunde ar fi să mergem în viața de apoi. Nu se auzea niciun zgomot. După un timp, care mi s-a părut o eternitate, am deschis ochii cu grijă. Eram tot peste Holly, tot în mașina mea, iar pe drum, liniște. Nici urmă de trafic, niciun camion care să se îndrepte spre noi, nimic. Era ca și cum o mână imensă mi-ar fi ridicat mașina, ar fi dat-o la o parte și apoi ar fi repoziționat-o pe drum. Am privit în oglinda retrovizoare și nu era nici urmă de camion roșu. Pur și simplu, se evaporase.

Tremurând, am condus spre casă. N-am întâlnit nicio altă mașină tot drumul. Dar când am ridicat-o pe Holly din scaunul ei, în locul unde stătuse am observat o mică pană albă.

Păstrez pana în mașină, ca pe o reamintire că îngerii ne-au vegheat în acea zi, în urmă cu aproape zece ani, și le mulțumesc zilnic pentru că ne protejează în fiecare călătorie.

~ Deborah Durbin

4

Supă de pui pentru Suflet

Un șofer divin

Să nu conduci niciodată mai repede decât poate zbura îngerul tău păzitor.
– Autor necunoscut

Era așa o vreme superbă în acea zi, la jumătatea lui iunie, acum 13 ani! Eu și prietena mea Kristen strânsesem câțiva prieteni și urma să mergem la plajă. Kristen, Karen, Eric și cu mine ne-am îngrămădit în nou-nouța mea Mazda Protégé, de culoare roșie cireașă. Eram atât de entuziasmată să conduc noua mea mașină până la plajă! Cu geamurile lăsate, cu echipamentul de plajă în portbagaj și mașina toată mirosind a cremă de protecție solară, ne-am aventurat spre autostradă, cu direcția plajele din Rhode Island. Niciunul nu avea nimic de făcut în ziua respectivă, așa că se anunța o zi de vară relaxantă, în viețile noastre de tineri fără griji.

Dar, pe măsură ce ne apropiam de plajă, am observat că traficul se aglomera.

- Of, nu, am uitat de spectacolul aviatic din weekend! Traficul o să fie infernal, m-am lamentat.

Mă refeream la spectacolul aviatic anual din Quonset, găzduit de Garda Națională din Rhode Island. Cu demonstrații aeriene impresionante și activități pentru întreaga familie, spectacolul este unul extrem de popular și atrage un public numeros, ce folosește autostrada pentru a ajunge acolo, aceeași autostradă pe care o folosesc și toți cei care vor să meargă la plajă. Așadar, în acel sfârșit de săptămână, traficul era și mai aglomerat decât de obicei.

- Trebuia să fi mers prin altă parte, am mormăit.

- Dar se pare că mașinile blochează doar ieșirea de la spectacol! a punctat Kristen.

Pe măsură ce ne apropiam de ieșirea de la spectacolul aviatic, am realizat că prietena mea avusese dreptate. Am reușit să mențin viteza destul de mare, deoarece traficul afecta doar ieșirea; cu piciorul pe accelerație, am continuat să conduc pe banda din dreapta.

Până când...

Ce făcea mașina aceea? Staționa în rând, la ieșire, dar voia să iasă prin fața mea. Era imposibil să accelereze suficient de repede! Ne vom ciocni! Cu toate că am călcat frâna, nu m-am putut opri la timp. Urma să provocăm un accident!

Mirosul de ars din momentul frânării... Totul se petrecea cu încetinitorul. Pe când cealaltă mașină se apropia, cineva din mașina mea țipa...

Am virat spre banda din stânga. Dar acolo era deja un autoturism, pe care urma să-l lovim din lateral! Așa că am țipat.

Tremuram toată, ușor confuză. Ne aflam pe banda de urgență acum, dar eram cu toții în siguranță. Nu fusese niciun accident. Eram bine, cu toate că în mașină domina o liniște apăsătoare. Cu toții am avut de procesat ceea ce tocmai se întâmplase.

Mașina care provocase toată situația a trecut ușor pe lângă noi, iar pasagerii din ea se uitau la noi. Nu îmi dădeam seama dacă ne priveau, ca și cum și-ar fi dorit să se scuze, dacă erau confuzi, indiferenți sau pur și simplu inconștienți de greșeala lor. Nu-mi păsa. Eram fericită doar să stau acolo, în liniște.

Apoi, liniștea se risipi:

- A fost cea mai tare demonstrație de șofat pe care am văzut-o! a exclamat Eric din spate.

Remarca lui a spart tăcerea, inclusiv pe cea din gândurile noastre. Kristen a răsuflat și ea ușurată, apoi a adăugat:

- Am crezut că suntem gata!

- Nu pot să cred că au făcut asta! a spus Karen.

- A fost cea mai tare demonstrație de șofat pe care am văzut-o! a repetat Eric.

Eram incapabilă să vorbesc. Trebuia să găsesc o cale prin care să explic ceea ce se întâmplase: nu eu fusesem cea care condusese mașina.

Apăsasem frâna, dar după aceea nu mai făcusem nimic altceva decât să țip. Atunci când mașina noastră virase spre stânga, nu eu fusesem cea care o dirijase într-acolo. Mașina care era lângă noi pe banda din stânga se dăduse cumva la o parte exact la timp, căci nu eu făcusem manevra cu pricina la momentul potrivit. Nu eu virasem calm mașina înapoi pe banda dreaptă și apoi, pe cea de urgență. Nu eu făcusem toate astea! Cineva sau ceva intervenise.

Nici când am revenit pe șosea pentru a ne continua drumul spre plajă, eu tot nu găseam cuvintele potrivite pentru a descrie ce se întâmplase. În schimb, m-am bucurat de o zi frumoasă la plajă, împreună cu prietenii mei și de un nou respect descoperit pentru viață. Dar, mai presus de orice, m-am minunat la acel cineva sau ceva care mă ajutase în acea zi.

Nu le-am spus celorlalți despre intervenția divină decât multe săptămâni mai târziu. Nu mă puteam gândi la nicio altă formă de a o spune decât: „Nu eu am condus mașina."

Astăzi, încă povestesc întâmplarea oricui își dorește s-o asculte. O afirm ca pe un adevăr. Pot să jur în fața instanței că așa s-a întâmplat, pentru că în mintea mea nu există dubii: atunci, un înger ne-a salvat de la un accident.

Mă gândesc mereu la acea zi. Mă gândesc la ea de fiecare dată când asist la un moment frumos, când râd cu poftă sau atunci când îmi îmbrățișez soțul. Mă gândesc la acea zi, ba, mai mult acum, că am și doi copii. Atunci când mă gândesc la îngerul care m-a ajutat, găsesc cu ușurință cuvintele care mă îndeamnă să șoptesc: „Mulțumesc! Mulțumesc pentru totdeauna!".

~ Melissa G. Christensen

5

Supă de pui pentru Suflet

Băiatul de la piscină

De poți crede, toate sunt cu putință celui ce crede.

– Marcu 9:23

Era o vară toridă, tipică în Georgia, și, ca orice copil din regiune, voiam să mă bălăcesc. Cea mai apropiată piscină era într-un complex de apartamente, la vreo șase străzi distanță. Treceam prin acel loc în fiecare zi, în drumul de la școală spre casă. Încetineam pasul atunci când mă apropiam de gardul acelei curți și obișnuiam să ascult cu o oarecare invidie pleoscăitul apei și hohotele de râs ale copiilor norocoși ce locuiau acolo.

Trăiam un sentiment asemănător doar atunci când mă jucam cu furtunul cel verde din curte, care era legat la aspersorul de grădină. Dar nu era același lucru.

Într-o după-amiază fierbinte de vineri, în timp ce treceam pe lângă piscină, am început să născocesc un plan. Am chemat-o pe sora mea Joan și i-am spus:

- Hei, ce-ar fi ca mâine să ne luăm costumele de baie pe sub haine și să o rugăm pe mama să ne lase la magazin să ne luăm înghețată? Am putea intra pe poartă ca toți ceilalți copii, să înotăm și să ne jucăm puțin în apă, apoi ne-am îmbrăca, iar soarele ne-ar usca părul în timp ce venim spre casă. Vrei?

Joan avea 6 ani. M-a privit ca o soră mai mare și mai înțeleaptă și a dat din cap aprobator. Dacă sugerasem eu asta, însemna că trebuie să fie în regulă și era ca și cum aveam deja permisiunea mamei. Așadar, planul era stabilit, a doua zi după-amiază urma să mergem la piscină.

Sâmbăta după-amiază, conform planului, am cerut permisiunea să mergem la magazin să ne luăm înghețată. Când mama a consimțit, am fugit în casă, ne-am luat costumele de baie pe sub pantalonii scurți și ne-am îndreptat spre ușă. Atunci am întâmpinat primul obstacol ce stătea în calea planului nostru. Mama era cu sora mea de 4 ani lângă ușă.

- Andrea, ia-o și pe Renne la plimbare. Plânge că plecați fără ea!

Era deja destul de greu să o conving pe Joan să-și țină gura - Renee n-ar fi înțeles niciodată că nu trebuia să spună unde mergeam și-n plus, ea nu avea costumul de baie pe ea. M-am întors fără chef, am luat-o de mână și m-am îndreptat spre aleea din fața casei.

Imediat ce ne-am îndepărtat suficient cât să nu fim auzite, m-am întors spre Renee și i-am spus:

- Mergem să ne jucăm la piscină puțin, iar dacă promiți să nu-i spui mamei, te lăsăm și pe tine să înoți. Promiți?

A aprobat din cap, încântată că fusese inclusă în planul fatelor mari.

- Poți să înoți în pantaloni scurți. Așa cum te joci și acasă cu aspersorul!

Atunci când am ajuns la piscină, s-a ivit și cel de-al doilea obstacol - piscina era închisă, iar poarta era încuiată cu lacăt. Din nou, ar fi trebuit să renunț, dar ajunsesem atât de departe, iar piscina mă ademenea, așa că am sărit poarta. Joan m-a ajutat și a împins-o pe Renee spre mine.

Am renunțat la pantalonii scurți, pe care i-am pus pe un șezlong în apropiere și am intrat cu grijă în apa albastră și răcoroasă. Era ceva divin.

Ne-am bălăcit și ne-am jucat, dar eram atentă să nu-mi las surorile să depășească porțiunea de piscină unde apa era mai mică de un metru. După vreo 15 minute, am decis că era timpul să ieșim ca să avem timp să ne uscăm. Când m-am întors să iau hainele tuturor, am auzit un pleoscăit puternic în apă. Renee nu se mai vedea. Am cercetat cu disperare piscina și i-am văzut capul sub apă, chiar sub trambulina din zona unde apa avea vreo trei metri.

Aș fi vrut să pot spune că grija pentru ea și curajul meu m-au determinat să sar în apă să o salvez, dar adevărul este că motivația mea era legată de faptul că nu puteam merge acasă să-i spun mamei că i-am lăsat copilul să se înece. Așa că, fără să mă gândesc prea mult, am sărit după ea, fără să iau în calcul că, în situația dată, niciuna dintre noi nu mai putea ieși, căci nici eu nu știam să înot.

Bâjbâind prin apă, am reușit să pun mâna pe ea. Am apucat-o cu putere și am tras-o deasupra apei, ca să poată respira. Desigur, atunci când am făcut asta și îmi foloseam ambele mâini să o împing pe ea, mi-am ținut respirația și m-am dus la fund.

În momentul în care am simțit că plămânii pur și simplu vor exploda, m-am luptat să ajung sus, în timp ce ea se cufunda înapoi în apă. O țineam cu o mână, știind că dacă îi dădeam drumul era posibil să se scufunde și să nu mai pot ajunge la ea.

Când mă îndreptam spre partea de sus a apei pentru o gură de aer, am încercat să ajung la trambulină - speranța mea era să mă agăț de ea, ca să putem ieși -, doar că era la câțiva centimetri distanță. Abia știam să calc apa, iar pentru că aveam o singură mână liberă, îngreuna și mai mult situația. M-am scufundat din nou și am împins-o pe ea în sus pentru o gură de aer.

Îmi amintesc că mă gândeam: „Doamne, ajută-ne, o să ne înecăm!". Atunci când s-a scufundat iar în apă, am realizat că mă lăsau puterile și aveam o ultimă șansă să mă agăț de trambulină. Mi-am adunat forțele să ajung la capătul ei, dar am eșuat din nou.

În momentul acela, când brațul meu întins nu reușise să atingă trambulina, iar eu mă scufundam din nou, am simțit cum cineva mă ține de încheietura mâinii și mă trage. Șocată, am privit în sus și am văzut chipul unui băiat cam de vârsta mea.

N-am schimbat nicio vorbă. Nu părea să fie tulburat sau panicat. Stătea calm pe trambulină, aplecat spre înainte, cu ambele mâini ținându-mă de încheietură. Nu a încercat să ne scoată din apă. Doar mi-a tras mâna câțiva centimetri mai sus, cât să ajung la trambulină.

Imediat ce m-am agățat de ea, am reușit să mă ridic pe marginea piscinei. M-am zbătut și am reușit să ies din apă împreună cu sora mea; o țineam strâns în brațe, apoi ne-am lăsat amândouă pe spate, pe cimentul cald, înspăimântate și epuizate. Brusc, mi-am amintit de băiat. M-am uitat după el, dar nu mai era acolo. Toate trei îl văzuserăm, dar niciuna nu-l observase venind sau plecând... Iar poarta era în continuare încuiată!

Eu și sora mea suntem astăzi în viață datorită acelui băiețel misterios. Am simțit întotdeauna, cu o intensitate chiar mai mare acum, când privesc înapoi, că singura explicație logică pentru ceea ce s-a întâmplat este o intervenție divină.

~ Andrea Peebles

6

Supă de pui pentru Suflet

O dovadă incontestabilă

Îngerii sunt creații nemijlocite ale lui Dumnezeu, fiecare dintre ei, o capodoperă unică a Maestrului.

– Eileen Elias Freeman

Manualul de instrucțiuni al îngerașului

Vineri, 9 februarie 2001, un înger mi-a vorbit. Nu credeam în îngeri. Eram pragmatic, aveam 53 de ani și eram într-o căsnicie fericită de alți 32. Luam decizii, bazându-mă pe cele cinci simțuri ale mele.

În jurul prânzului, conduceam Jeep-ul cu 100 km/h, singur, pe Autostrada 65, un drum expres cu patru benzi. Dintr-odată, am auzit o voce de bărbat strigând de pe scaunul din dreapta: „Încetinește la 60!". Deși nu mai era nimeni în Jeep, m-am uitat să văd cine vorbise. Știam că vocea era reală, dar provenea de la ceva sau cineva pe care nu-l puteam vedea.

Am încercat să mă lămuresc. Cum era posibil? A intervenit cel de-al șaselea simț. Mintea îmi spunea: „Pare important." Intuiția îmi dicta să fac ce mi se spusese. Am încetinit imediat la 60 de km/h. În câteva secunde, o mașină a trecut în viteză pe lângă mine și s-a oprit la un semafor ce indica culoarea verde, aflat la câțiva metri mai în față.

„Ce nebunie!" mi-am spus. „De ce oprește la culoarea verde a semaforului?".

Apoi, spre surprinderea mea, în timp ce mă apropiam de semafor, mașina respectivă a virat spre banda mea.

Am apăsat frâna, dar continuam să derapez, mașina s-a înclinat în lateral și a aterizat pe capotă. Ambele mașini erau distruse. Eu eram zdruncinat, dar teafăr.

Când patrula autostrăzii din California sosise, i-am povestit polițistului ce se întâmplase. Mi-a spus:

- Domnule, dacă mergeai cu 100 km/h, cel mai probabil erai mort acum. Sunt martor la astfel de situații tot timpul!

În acel moment, totul a devenit clar: mi-am dat seama că vocea și dorința mea de a face ceea ce mi se spusese îmi salvaseră viața - a mea și pe a șoferului din cealaltă mașină. Cine era în spatele acelei voci și de ce m-a ales pe mine? Ce aveam să le spun oamenilor despre asta? Mă vor crede nebun? Oare, era mai bine să nu spun nimănui? Oare, mă întâlnisem cu un înger? Știam că trebuia să aflu.

În următorii trei ani, m-am consultat cu tot soiul de experți în domeniu, care ar fi putut ști a cui era vocea, dar nu am avut rezultate concrete. Apoi, într-o noapte, pe când dormeam împreună cu soția mea, Carol, am fost treziți la 1:30 pentru că patul se zdruncina violent dintr-o parte în alta, iar toate luminile se stingeau și se aprindeau succesiv. Totul a durat cam un minut.

Eram surprinși și speriați, dar nu era nimeni în casă și nu puteam găsi o explicație pentru tot ce se întâmplase. În timp ce mă pregăteam să mă culc din nou, cum stăteam cu ochii închiși, dar fiind încă treaz, mi-a apărut o lumină puternică drept în fața ochilor. Această lumină s-a transformat instant în imaginea unui înger, incredibil de mare și de frumos, ce stătea într-o parte.

Am văzut aripi imense ce se i ridicau deasupra capului. Știam că îmi va fi imposibil să descriu altora detaliile corpului, ale aripilor sau ale penelor sale. Apoi, îngerul și-a întors capul și m-a privit. Viziunea s-a transformat apoi în imaginea aceluiași înger, dar de această dată călare, îmbrăcat ca un războinic, ținând un scut și o sabie.

Așa cum s-a arătat, așa a și dispărut. Am realizat că experimentasem o „apariție". Această viziune era atât de memorabilă, încât nu am reușit să mai închid un ochi toată noaptea; mă întrebam cine era, de ce mi s-a arătat mie... Atât de multe întrebări!

În dimineața următoare, am simțit un impuls puternic de a merge la librăria din apropiere să caut o carte despre îngeri. Când am ajuns la secțiunea „Metafizică", am luat prima carte despre îngeri de pe raft și am deschis-o la o pagină oarecare. Și, iată-L, era acolo - clar ca lumina zilei. Era o ilustrație a unui înger pe calul său, ținând un scut și o sabie. Cartea îl descria pe înger, ca fiind Arhanghelul Mihail.

Îmi era clar că fusesem îndrumat spre acea librărie pentru a găsi răspunsul. Primisem în sfârșit confirmarea că un înger mi se arătase.

Trei ani mai târziu, în mai, 2008, acest proces de confirmare a continuat în timpul unei călătorii în Sedona, Arizona. Devenisem interesați de labirinturi, așa că atunci când am descoperit unul la Biserica Episcopală St. Andrew am decis să mergem. Acesta era pictat pe suprafața imensă destinată parcării, iar modelul amintea de labirintul din Chartres, Franța. Pe măsură ce am înaintat, am observat cum se adunau norii deasupra noastră. Am privit în sus și, în mod incredibil, acel înger mi s-a arătat din nou, sub forma unui nor - aceeași imagine, călare, ținând o sabie. Nu ne venea să credem! Eu și Carol eram extrem de emoționați. Era ireal! Cum puteau norii să facă asta?

Din fericire, aveam aparatul foto cu mine și m-am grăbit să-l fotografiez pe Arhanghelul Mihail, înainte ca norii să se risipească și viziunea să dispară. Acum aveam dovada!

De-a lungul anilor ce au urmat, am avut peste 200 de viziuni. Viziuni cu oameni, animale și simboluri, dar niciodată, cu un alt înger.

Da, am fost salvat de un înger. Probabil te întrebi ce înseamnă toate astea. Ultimii 11 ani au shimbat totul pentru mine. Am descoperit lumea îngerilor și am simțit cum îmi transmiteau mesaje printr-o șoaptă, un gând, imagini în nori, cântece sau meditații. Cu toții putem accesa astfel de mesaje prin meditație constantă și prin răbdare.

~ Tom Lumbrazo

7

Supă de pui pentru Suflet

Nu te pune cu noi

Căci El zice și se face;
El poruncește și ce poruncește ia ființă
– Psalmul 33:9

Privind lung la chipurile ostile ce se adunaseră în jurul mașinii sale, a știut că luase o decizie greșită. Fiul meu condusese până într-o zonă izolată, lângă calea ferată, acolo unde știa că se organizau petreceri din când în când. Mai fusese acolo, așa că și-a încercat norocul, sperând că își va întâlni o parte dintre prieteni.

Nimerise într-adevăr la o petrecere, dar avea să remarce doar fețe necunoscute, neprietenoase. Singura persoană cunoscută pe care a întâlnit-o i-a spus cât se poate de clar că era mai bine să plece sau să suporte consecințele. Combinația dintre alcool și droguri duce, în orice situație, spre același rezultat: pericolul; așa că a decis să plece.

În timp ce se grăbea să se întoarcă la mașină, a auzit pași în spatele lui. Un grup de băieți îl urmăriseră.

S-a încuiat în mașină și s-a liniștit, până când și-a dat seama că mașina nu avea să pornească. Cei care îl urmăriseră deja încercuiseră mașina și-l tachinau.

Exact în acel moment, o camionetă supradimensionată a apărut de nicăieri. A parcat, dar farurile și motorul au rămas pornite. Doi bărbați masivi au coborât, iar acum grupul putea vedea cele două puști care atârnau în rastelul de arme din interiorul cabinei camionului. Bărbații au analizat situația, iar puștii s-au retras în umbră, observând.

Unul dintre bărbați stătea de pază, în timp ce al doilea s-a aplecat și i-a vorbit fiului meu.

- Ai nevoie de ajutor? l-a întrebat.

- Încerc să pornesc mașina.

- Mai încearcă o dată, i-a spus.

S-a retras și îl privea pe fiul meu cum răsucea cheia în contact. Într-o clipă, motorul s-a înecat și a revenit la viață.

- Mulțumesc, e în regulă acum!

- Bine, a spus bărbatul solid. A plecat, urmat de celălalt bărbat.

Nu au făcut niciun comentariu despre petrecere și nu i-a îndemnat pe băieți să plece acasă, ci au mers direct spre camioneta lor.

Fiul meu i-a privit urcându-se în mașină, apoi și-a trasat în minte drumul pe care să-l urmeze. Când și-a întors mașina cu fața spre drum, a constatat cu surprindere că nu mai vedea camioneta nicăieri. Nici măcar o urmă de cauciuc nu se zărea. Camioneta dispăruse. S-a grăbit să accelereze, în speranța că va repera vehiculul dispărut, dar zadarnic.

Când s-a întors acasă, afectat, fiul meu m-a rugat să mă așez și să-l ascult. Copiii noștri nu ne spun întotdeauna tot ce fac, știu, mai ales atunci când au certitudinea că nu vom fi de acord cu ei, dar el a insitat să îmi povestească întreaga întâmplare din acea noapte groaznică.

Pe măsură ce îi ascultam fiecare detaliu al destăinuirilor,

m-am cutremurat la gândul că aş fi putut primi un telefon în mijlocul nopții de la morgă sau de la spital, în loc să stau la acea masă cu fiul meu, teafăr, ascultându-i uimitoarea poveste. Fiul meu mi-a împărtăşit surprinderea, cu privire la apariția camionetei, acolo, în acel loc izolat. Nu era un drum circulat care să ducă acolo. De unde apăruseră tipii aceia? Cum de pornise maşina lui, după ce au apărut ei, şi unde dispăruseră dintr-odată? Nu existau drumuri lăturalnice pe care le-ar fi putut urma; pur şi simplu, dispăruseră.

Bărbații nu păruseră preocupați de petrecerea ce avea loc acolo şi la care participau minori ce consumau alcool şi droguri, aparent aveau un singur scop - acela de a-l proteja pe fiul meu.

După ce povestea s-a încheiat, am respirat adânc şi am zâmbit uşurată. Ştiam că acei bărbați erau îngeri trimişi de Dumnezeu, ca răspuns la rugăciunile mele constante prin care ceream protecție pentru copiii mei. Dacă până în acel moment aveam îndoieli cu privire la eficiența rugăciunilor, toate s-au risipit în acea noapte.

Ştiam că ceea ce urma să spun i-ar fi putut stârni fiului meu o reacție de uimire, dar trebuia să mă audă.

- Trebuie să-ți spun asta; cei doi bărbați erau îngeri!

În schimb, eu am fost cea surprinsă atunci când el mi-a răspuns:

- Mamă, ştiu că erau îngeri. Erau nişte bărbați extrem de solizi, iar camioneta a apărut din senin şi a dispărut imediat ce am fost în siguranță!

Am rămas tăcuți, simțind o profundă evlavie față de Dumnezeu atotştiutorul, iar îngerilor Săi neînfricați le-am exprimat recunoştința pentru ajutorul oferit fiului meu.

~ Diane Marie Shaw

8

Supă de pui pentru Suflet

Îngerul de la supermarket

Cât de frumoasă poate fi o zi,
atunci când e atinsă de bunătate!
– George Elliston

- Mă duc la Highway Market. Vrei să vii?

Mi s-a părut bine-venită invitația, mai ales că erau puține opțiunile recreative de care ne puteam bucura în apropierea campusului. Eram studenți, deci lefteri, dar chilipirurile ne așteptau la doar câteva sute de metri mai încolo. Odată, mă întorsesem de la cumpărături cu o pungă de banane de aproape cinci kilograme. Costaseră doar câțiva cenți kilogramul. Nu mă gândisem că nu aveam cum să mănânc atâtea banane, înainte ca acestea să se strice, așa că unele au sfârșit la gunoi. Totuși, având acel prețios gând în minte, anume de a economisi, eu și prietenul meu Michael am plecat spre magazin, cu dorința arzătoare de a cheltui cât mai repede cei câțiva dolari pe care îi aveam în buzunare.

Holul micuț de la intrare era extrem de aglomerat. Era

plin cu oameni care voiau să urce la etajul superior al magazinului. Am luat-o pe rampa dintre scări. Era o combinație între o scară rulantă și genul acela de bandă automată ce transportă oamenii la aeroport - la începutul anilor '80 era ceva revoluționar. Avea pereți dintr-un oțel inoxidabil șlefuit, o balustradă din cauciuc dur și o bandă de rulare acoperită tot cu cauciuc.

Pe măsură ce înaintam, am observat că doi sau trei copii se jucau pe rampa respectivă. Mergeau pe ea până sus și apoi goneau înapoi pe scări; și, tot așa, urcau și coborau, iar și iar. Nu o dată s-a întâmplat să alerge în direcția greșită pe rampă și să-i împingă pe oamenii care treceau pe acolo.

Exact când am ajuns sus, unul dintre copii s-a împiedicat și a căzut chiar în fața noastră. Purta niște șosete mai largi, iar atunci când a căzut de pe banda de rulare pe grilajul metalic, una dintre șosetele lui s-a prins în spațiul unde banda de rulare coboară sub podea. În secunda următoare, dinții metalici ai acelui mecanism ascuns a apucat șoseta, iar băiatul a început să țipe.

Cineva a apăsat repede butonul de stop și banda s-a oprit. Cu toate astea, glezna copilului era încă blocată. Am încercat să ajutăm, dar un alt bărbat a început să tragă cu forță de piciorul băiatului, înrăutățind în mod evident situația și stârnind țipete și mai puternice. Piciorul copilului devenise roșu și începuse să se umfle destul de rău.

Un tânăr care purta un șorț a blocat zona cu o bandă din plastic, ca să-i împiedice pe curioși să se apropie. Doar eu și Michael rămăseserăm pe rampă, între banda de plastic și băiat.

Brusc, cineva a strigat:

- Ajutor, avem nevoie de un cuțit ca să-l eliberăm!

Purtam întotdeauna cu mine un briceag, așa că am început să scotocesc prin buzunare. Rareori plecam undeva fără el, dar tocmai acum, când aveam cea mai mare nevoie de el, îl uitasem pe noptieră.

Ceea ce a urmat a rămas extrem de limpede în mintea mea, deși au trecut 30 de ani. Eu și Michael stăteam umăr lângă umăr. Capătul rampei unde era băiatul fusese blocat. Și, cu toate astea, o femeie a apărut în fața noastră. Nu trecuse pe lângă noi și nici nu sărise peste pereții laterali sau peste băiat pentru a ajunge acolo. N-am observat-o venind. Apăruse brusc în fața noastră. Purta un hanorac, ceea ce mi s-a părut ciudat ,pentru că afară nu era tocmai frig.

Femeia s-a întors, s-a uitat în ochii lui Michael și a spus: „Michael, dă-mi cuțitul tău." Până în acel moment, Michael nici nu realizase că avea un cuțit la el. A băgat mâna în buzunar și a scos un briceag vechi. L-a deschis și i l-a dat.

Numaidecât, femeia s-a aplecat și a tăiat șoseta, eliberându-l pe băiat. Între timp, venise și mama copilului; l-a îmbrățișat, în timp ce amândoi plângeau. Ne-am simțit ușurați când am observat că nu avea răni, iar piciorul își revenise la dimensiunea și culoarea normale.

În doar câteva secunde, atât eu, cât și Michael am remarcat că femeia care intervenise dispăruse deja. Nici de această dată nu trecuse pe lângă noi și nu ar fi avut loc să treacă nici pe lângă copil și mama sa. Eram uimiți. De unde apăruse? De unde știuse numele lui Michael și mai ales de unde știuse că avea un cuțit în buzunar, de care nici măcar el nu știa?

În anii următori, am vorbit deseori la școală despre acea întâlnire, dar nu am reușit să găsim și o explicație rațională pentru tot ce se întâmplase. Niciunul dintre noi n-a reușit să o descrie pe acea femeie, ne aminteam doar hanoracul. Toate celelalte detalii ale întâmplării au rămas foarte clare, nu și figura femeii.

Din când în când, asist la discuții despre Biblie sau aud în mass-media vorbindu-se pe tema întâlnirilor cu îngeri. De fiecare dată, îmi revine în minte acea zi, când am asistat la o intervenție divină, la momentul oportun. Cred că în ziua aceea, eu și Michael am întâlnit un înger.

~ John P. Walker

9

Supă de pui pentru Suflet

Ce știu cu certitudine

Nu vă îngrijorați de nimic, ci, în orice lucru, aduceți cererile voastre la cunoștința lui Dumnezeu, prin rugăciuni și cereri, cu mulțumiri.
– Filipeni 4:6

Era o noapte geroasă, în iarna lui 1982, și mă confruntam cu o situație care m-ar fi putut costa viața. După o săptămână petrecută cu Don, logodnicul meu, în Columbus, Ohio, mă întorceam spre micul orășel Chester, unde obținusem prima mea slujbă ca profesoară.

Fordul meu Gran Torino din 1973, de culoarea mazării, pe care frații mei îl porecliseră „Iahtul", nu era o mașină pe care să mă pot bizui și își câștigase reputația de a mă lăsa efectiv în drum în cele mai nepotrivite momente. În aceste condiții, faptul că mă aventurasem într-o călătorie pe timp de noapte, într-o zonă rurală, în toiul iernii, la minus 20 grade - și asta înainte ca vântul să se întețească - nu fusese o ideea prea înțeleaptă. Dar ce nu facem de dragul iubirii?

Mai aveam 10-15 kilometri până acasă; mergeam spre sud, pe Route 7, când motorul a început să dea rateuri. Am tras pe dreapta, doar ca să constat că motorul murise, după ce se înecase pentru ultima oară. Pentru că mă mai confruntasem cu situația asta - ce-i drept, pe zi - eram pregătită, dar totuși speriată.

Am încercat să-mi păstrez calmul; am scos racleta și lanterna din torpedou, am coborât, am ridicat capota și am reperat clapeta de pornire. Am ridicat clapa și am înfipt racleta în deschizătură, o menevră pe care o făcusem deja de prea multe ori.

Am încercat să pornesc motorul. Rrr!! Am apăsat accelerația și am răsucit cheia. Fără noroc. „Stai calmă. Inspiră adânc!" mi-am spus, în timp ce alte mașini goneau pe lângă mine pe drumul întunecat. „O să fii bine! Mai încearcă o dată", am continuat să îmi repet în minte, vrând să par mai încrezătoare decât mă simțeam de fapt.

Am coborât din nou din mașină, am repoziționat racleta cu degetele degerate de frig, deși purtam mănuși, apoi am urcat iar și am mai făcut o încercare. Și de această dată, fără noroc. Simțeam cum mă cuprindea panica.

Încă o dată. Am sărit din mașină, puțin cam prea nerăbdătoare, încuind ușa în spatele meu din obișnuință. În acel moment înspăimântător, am realizat că farurile erau încă aprinse, iar cheia rămăsese în contact. M-au cuprins mii de gânduri negre:

Nimeni nu avea să oprească, de frică să nu-l jefuiesc sau să-l atac.

Aveam să mor înghețată până dimineața.

Puteam să fiu lovită de o mașină.

Dacă făceam cuiva semn să oprească, aș fi putut da peste un violator sau un criminal.

Ar fi durat ore întregi sau chiar zile până când un ofițer

de poliție ar fi reușit să ajungă pe acestă porțiune de drum izolată.

În acele câteva secunde în care toate aceste scenarii mi se derulau în minte, am luat o decizie. Una impulsivă, dar care părea să fie singura soluție pe care o aveam în acele circumstanțe cumplite. Am făcut cu mâna mașinilor care treceau - la întâmplare - gândindu-mă cu groază la eventualele riscuri.

Aproape imediat, o mașină a oprit în dreptul meu. Geamul din dreapta a coborât, lăsând să se vadă o femeie pasager și un bărbat pe locul șoferului, ambii de vârstă mijlocie.

- Ai nevoie de ajutor? m-au întrebat. Te putem duce undeva?

- O, da, mulțumesc! am răspuns cu o voce care, cu siguranță, a trădat ușurare și îngrijorare, deopotrivă. Mașina mea s-a stricat și nu mai pornește. Am niște prieteni, familia Eichinger, în Tuppers Plains. Dacă m-ați putea lăsa la ei acasă, v-aș fi recunoscătoare!

Pe drumul scurt până la familia Eichinger am stat puțin de vorbă. Șoferul mi-a mărturisit că este pastor la mica biserică din zonă, iar cea care stătea pe scaunul din dreapta era soția lui. Le-am spus cine eram, de unde veneam și încotro mă îndreptam. Când am ajuns la casa prietenilor mei, le-am mulțumit enorm celor doi și mi-am propus, în gând, să le trimit un bilet de mulțumire, pentru că își riscaseră propria siguranță pentru a mă ajuta pe mine.

La scurt timp după această întâmplare, am început să întreb localnicii despre biserica despre care îmi povestiseră cei doi, dar, spre surprinderea mea, nimeni nu auzise de ea. Mi s-a părut ciudat. Am căutat biserica în cartea de telefoane. Nu! Nicio biserică cu numele acela nu figura în listă.

M-am gândit că poate biserica cu pricina exista într-adevăr, doar că era prea mică pentru a fi înregistrată în cartea de telefoane sau poate că adepții săi erau puțini, și atunci nu era tocmai cunoscută în cadrul comunității. Dar pentru mine nu conta. Am conștientizat în acel moment adevărul de care mama și călugărițele de la școala catolică încercaseră să mă convingă în toți acei ani ai copilăriei mele: acela că există îngeri care mă veghează. Iar eu îi întâlnisem în carne și oase.

~ Sherry A. Bentley

10

Supă de pui pentru Suflet

Mâinile de pe umerii mei

A vorbit bine cine a spus că mormintele sunt urmele îngerilor.
– Henry Wadsworth Longfellow

Eram un puşti de 9 ani, ca oricare altul, care se bucura din plin de vacanţa de vară. Locuiam împreună cu familia mea într-un mic orăşel numit Lakewood. Mă îndreptam către casa prietenului meu, situată la două străzi mai încolo, şi mă gândeam la bunica. Murise cu câţiva ani în urmă.

Bunica mea era o femeie măruntică, cu părul gri, purta ochelari şi un zâmbet minunat şi cald pe chip. Era graţioasă şi vorbea mereu pe un ton calm. Mă simţeam întotdeauna iubit şi protejat în prezenţa ei. Atunci când ea a murit, mi-am văzut mama plângând pentru prima dată în viaţa mea.

În timp ce mergeam, am devenit brusc conştient de sunetele din jurul meu - oamenii care vorbeau, maşinile care treceau, păsările care ciripeau. Simţeam chiar şi mirosul caprifoiului înflorit. Am cotit pe strada prietenului meu. Când m-am apropiat de aleea casei, am simțit o rafală de vânt ciudată; vântul nu bătea dintr-o parte în cealaltă, ci de sus în jos, învăluindu-mă din cap până-n picioare. Era ca și cum cineva ar fi pus stăpânire pe mine. M-am oprit în loc. Am simțit cum mă cuprinde un sentiment de pace și de intensă conștientizare. Nu mă puteam mișca și nu puteam auzi nimic în jur, dar vedeam tot. Aveam senzația că cineva mă prinsese între aripile sale. Apoi, am simțit cum cineva mi-a pus mâinile pe umeri și m-a tras ușor trei pași înapoi.

Câteva secunde mai târziu, o mașină dădea cu spatele pe aleea din fața mea. Era cât pe-aci să-i tai calea mașinii! Am realizat că șoferul nu ar fi avut cum să mă vadă dacă aș fi continuat să merg, iar întâmplarea avea loc cu mult înainte ca mașinile să fie prevăzute cu semnale de avertizare sonoră la mersul cu spatele. Pe măsură ce mașina s-a îndreptat spre stradă și s-a îndepărtat, am simțit cum mâinile de pe umerii mei se ridicau și o altă boare de vânt m-a învăluit - de această dată, de la picioare spre creștetul capului. Mă puteam mișca din nou în voie. M-am întors să văd persoana care îmi salvase viața, dar nu era nimeni.

Am alergat spre casă să-i spun mamei ce se petrecuse. După ce i-am povestit întreaga întâmplare, a respirat ușurată că nu pățisem nimic. Mi-a spus atunci că Dumnezeu trimisese un înger să-mi salveze viața. M-a ținut în brațe și m-a sărutat, în timp ce plângea de fericire.

Pe tot parcursul vieții, am simțit prezența lui Dumnezeu. Cred că îngerul pe care l-am întâlnit în acea zi era de fapt spiritul bunicii, trimis de Dumnezeu să mă salveze. Nu voi uita niciodată acele senzații minunate de pace, bucurie și dragoste, care au reprezentat fundamentul experienței mele.

~ Pastorul Anthony D. Powell

Capitolul
2

Îngeri printre NOI

Mesageri divini

11

Supă de pui pentru Suflet

Pe aripile unui porumbel

Amintește-ți, îngerii sunt mesagerii lui Dumnezeu, dar și mesajul Lui, mărturii ale eternității în timp, ale prezenței divinului în rândul obișnuitului. Fiecare moment al fiecărei zile abundă de urmele lor.

– F. Forrester Church

- Urmează-mă, dar în liniște! mi-a spus mama când m-a trezit din somn. Cu noaptea în cap, încă dezorientată și fără să întreb nimic, am urmat-o în dormitorul ei. S-a oprit în dreptul ferestrei și a arătat spre un gard viu ce se afla la o aruncătură de băț de peretele casei.

Mama venera natura. Reușea să vadă frumusețea în forma unei frunze sau în felul în care o picătură de ploaie se prelingea pe geam, la apus. Îmi arăta deseori astfel de priveliști. Dar să mă trezească din somn doar ca să văd o tufă? Pe bune? Abia dacă răsărise soarele. Am protestat zgomotos și am început să caut pretexte să mă întorc în patul meu cel comod.

Mama m-a prins de mână și m-a tras înapoi.

- Uite, a șoptit. Un porumbel. Era acolo, un porumbel frumos, rotofei, de un alb imaculat, ca niciun altul pe care îi văzusem până atunci. Era o priveliște copleșitoare.

- Uau! am exclamat. Ce tare!

- Acest porumbel stă acolo, plângând, de la răsărit. L-ai auzit? m-a întrebat mama.

Într-adevăr, auzisem plânsete venind dinspre dormitorul mamei. De fapt, pe parcursul câtorva săptămâni înainte, auzisem astfel de sunete aproape în fiecare noapte. Starea bunicii mele, Oma, bătrână și bolnavă, se înrăutățise. Mama primise recent vestea că Oma fusese internată din nou în spital. Pe la începutul acelei veri, mama fusese chemată la căpătâiul bunicii, atunci când aceasta se confruntase cu o problemă de sănătate. Se tot întreba dacă nu cumva era timpul să o viziteze din nou. Drumul era lung - cam 24 de ore - și știam că mama șovăise zile întregi în privința deciziei de a se duce sau nu. Voia să-i fie alături propriei mame, dar nu era convinsă că momentul era cel mai bun. În sinea ei, spera ca Oma să-și revină și de data asta.

Amândouă priveam porumbelul. Multă vreme a stat liniștit, privindu-ne la rândul său cu ochișorii lui mici și rotunzi. Apoi, în liniște, a zburat. Eu și mama ne-am uitat una la cealaltă, am ridicat din umeri și ne-am îndreptat în tihnă spre bucătărie, pentru o ceașcă de ceai, care să ne ajute să facem lumină în propriile gânduri. Pe când mama turna apa în cești, am luat cuvântul.

- A fost ciudat!

- Nu, a răspuns ea. A fost un mesaj.

- Un mesaj? Ce fel de mesaj?

- Acel porumbel a venit să îmi spună că Oma s-a dus, a răspuns mama grav.

- Ei, asta-i bună! Sunt sigură că e bine, am zis eu repede. În plus, chestii de genul ăsta nu se întâmplă cu adevărat.

- O, ba da, se întâmplă! a insistat mama. Chiar se întâmplă!

Am clipit și am sorbit din ceai. Mi-am spus că era prea dimineață ca să analizez toate astea. Un porumbel era doar un porumbel, și atât. Am mai stat puțin, apoi am plecat spre dormitor să mai dorm. Imediat ce am închis ușa, a sunat telefonul. Am rămas încremenită și am auzit vestea: în acea dimineață, Oma murise în pace.

Nu dădusem mare crezare poveștilor de la școala de duminică despre îngerii trimiși din Rai să intervină în anumite situații sau să ofere consolare. Pentru mine, conceptul de vizită a unei prezențe înaripate la momentul oportun nu era altceva decât un basm frumos. Până atunci. În acea dimineață, datorită vizitei unui porumbel, am văzut cum durerea mamei s-a transformat într-o acceptare calmă a inevitabilului. Și am simțit și eu aceeași pace în sufletul meu. Suferința bunicii mele luase sfârșit; a plecat mai departe liniștită, exact așa cum a zburat și acel porumbel. Așa cum aveam să continuăm și noi.

~ Monica A. Andermann

12

Cine era bărbatul acela?

Avea un chip ca o binecuvântare.

– Miguel de Cervantes

La prânz, în ziua de joi, 20 noiembrie 1980, temperatura în centrul orașului Toronto era scăzută, de numai 4 grade Celsius, și ningea, iar eu mergeam spre nord, pe Yonge Street, la exact 11:55. Cum de îmi amintesc astfel de detalii lumești dintr-o zi anume, de acum mai bine de trei decenii? Poate pentru că viața mea s-a schimbat din acea zi, pe care mi-o amintesc ca și cum ar fi fost ieri.

Lucram ca redactor la o revistă importantă a unei companii internaționale. Trebuia să fi fost mulțumit de cariera mea, dar, în realitate, eram profund nefericit. Mă simțeam neîmplinit pentru că visul meu era să devin un scriitor liber-profesionist și să lucrez de acasă, dar nu aveam curajul să renunț la slujba mea de corporatist. Mă bucuram de dragostea și de susținerea soției mele, Kris, profesoară, de meserie, dar nici acest lucru nu reușea să mă ambiționeze să-mi urmez visul.

În acea zi de iarnă, decisesem să parcurg pe jos scurta distanță dintre clădirea de birouri de pe King Street, unde lucram, în inima capitalei comerciale a Canadei, și Church Street, acolo unde intenționam să mă bucur de un moment de tihnă, la slujba oficiată în Catedrala Romano-Catolică St. Michael, la orele amiezei.

În ziua aceea mohorâtă și rece, trotuarele erau pline de oameni ieșiți la cumpărături și de muncitori, în pauza de masă. Nu lipseau nici obișnuiții cerșetori din colțul străzii, pe Younge Street, cunoscută drept „cea mai lungă stradă din lume". Pe măsură ce mă apropiam de Richmond Street, absorbit de propriile gânduri, un tânăr înalt, slab și cu barbă mi-a îndesat ceva în mână. Am continuat să merg. În graba mea, am reușit totuși să remarc că era destul de sărăcăcios îmbrăcat și purta o pelerină de ploaie închisă la culoare, ce părea mult prea subțire pentru a-l feri de frig într-o zi de noiembrie. Nu îmi ceruse bani și nici nu-mi vorbise, în schimb îmi dăduse ceva în mână.

Am ajuns la catedrală la timp pentru slujbă și am încetat să mă gândesc la acel străin. Acea biserică din centrul orașului Toronto, veche de 150 de ani, îmi servise drept refugiu în trecut. În timpul serviciului religios, mă rugam pentru îndrumare, putere și curajul de a-mi schimba cariera și de a-mi urma visul de a deveni un scriitor independent. Și, totuși, la sfârșitul slujbei, mă simțeam la fel de dezorientat cu privire la viitorul meu, așa cum eram și cu 45 de minute înainte.

Stăteam pe treptele bisericii și mă pregăteam să mă întorc la birou când am băgat mâna în buzunar după mănuși. Am dat de cărțulia pe care mi-o înmânase străinul. Atunci am realizat că era o Biblie în miniatură, de vreo 32 de pagini, cu copertă roșie, măsurând nu mai mult de cinci pe șase centimetri. Am deschis-o la prima pagină și am făcut ochii mari, pe măsură ce citeam cu voce tare cuvintele lui Ioan (14:27) scrise pe toată pagina: „Să nu vi se tulbure inima, nici să nu se înspăimânte!". Cuvintele mi-au răsunat în urechi ca un clopot și mi-am dat seama că acel clopot bătea pentru mine.

Fără să ezit, am fugit pe scări și am părăsit Yonge Street, îndreptându-mă spre Richmond, dar bărbatul care îmi dăduse sfânta cărțulie nu era de găsit.

M-am întors la firmă, eliberat parcă de o mare povară. Mi-am luat câteva lucruri personale de pe birou, servieta și mi-am informat șeful că nu aveam să mai mă întorc. A fost foarte înțelegător. Era perfect conștient de nefericirea mea la locul de muncă.

În dimineața următoare, am sunat la The Toronto Star și am făcut o ofertă nesolicitată. Am fost pus în legătură cu Mike Walton, un redactor al ziarului, decedat între timp. I-am spus că aveam un subiect de articol ce l-ar fi putut interesa. Am adăugat că intenționam să scriu un articol pentru *The Star*, cu titlul „101 activități gratuite de făcut iarna". Mi-a răspuns că, în eventualitatea în care aș fi reușit să-l scriu, se angaja să mă plătească cu 175 de dolari și să publice articolul anul următor. M-am ținut de cuvântul dat, și la fel a făcut și el. Articolul meu a apărut pe o pagină întreagă, în cel mai mare ziar din țară, într-o zi de duminică, pe 11 ianuarie, 1981.

Eram un scriitor liber-profesionist de bună-credință!

Astăzi, sunt un autor de carte, cu premii în palmares și sute de articole publicate în peste 65 de ziare și reviste din Canada, Statele Unite și Europa.

Lucrez din biroul meu de acasă de peste 30 de ani și continui să-mi urmez visul.

Acum, când scriu această poveste, am în față mica mea „Biblie Personală" cu coperți roșii, ce tronează pe biroul meu. Mă întreb deseori cu mirare: „Oare, cine era acel bărbat pe care l-am întâlnit la intersecția străzilor Yonge și Richmond, în acea zi hotărâtoare pentru destinul meu, din 1980?".

~ Dennis McCloskey

13

Supă de pui pentru Suflet

Un înger la cafeneaua Tim Hortons

Toți îngerii lui Dumnezeu ni se arată deghizați.
– Glynis M. Belec

Ne fugise pământul de sub picioare. Tocmai ne întâlniserăm cu medicul oncolog la spital. Cancer. Era clar: operația era inevitabilă. Prea mult de digerat, prea multe întrebări, prea multe necunoscute. Eu și soțul meu ne gândeam la ce avea să urmeze și am decis că aveam nevoie de puțin timp înainte să ne anunțăm familia. Am încercat zadarnic să înțelegem care era planul lui Dumnezeu cu noi. Cum era posibil ca El să permită ce se întâmpla? Cum era posibil ca eu să am cancer?

- Ce-ar fi să luăm prânzul? a sugerat soțul meu.

- Ce zici de Timmies?

Am aprobat. O cafenea, Tim Hortons, într-un oraș mare, unde nu ne cunoștea nimeni, părea locul perfect. Acolo puteam servi prânzul, discuta și ne puteam pregăti pentru întâlnirea cu familia. Am mers cu mașina pe acea stradă aglomerată, iar la prima cafenea Tim Hortons ieșită în cale, am parcat.

Soțul meu săa dus să dea comanda, iar eu am căutat o masă liberă. Era una lângă fereastră. Pe când mă îndreptam spre masa respectivă, o femeie cu părul grizonat - să fi avut vreo 60 de ani - mi-a atras atenția. A dat din cap și mi-a zâmbit. I-am răspuns la salut.

M-am așezat și priveam pe fereastră, gândindu-mă la diagnosticul meu și la iminenta operație. Mi-au dat lacrimile. S-a așezat și soțul meu, care tocmai venise cu mâncarea și am spus amândoi o rugăciune.

Imediat ce am rostit „Amin!", femeia s-a apropiat de mine și mi-a pus ușor o mână pe umăr. Am privit-o întrebător.

- Am ceva ce cred că îți va fi de folos acum, a spus străina.

A scos o bucată de hârtie verde din buzunarul hainei. A zâmbit și am simțit o căldură.

În tăcere, am luat hârtia din mâna întinsă către mine, iar apoi am citit, împreună cu soțul meu, poezia scrisă pe acea foaie. Când am ajuns la ultimul vers, ochii ni s-au umplut de lacrimi:

I-am cerut pentru tine fericire
În privințele toate, oricât de neînsemnate,
Dar pentru a Lui grijă și iubire
M-am rugat mai presus de toate...

M-am întors să-i mulțumesc pentru faptul că alesese momentul perfect să-mi transmită acele cuvinte. Îmi doream să îi mulțumesc pentru că îmi simțise tristețea și pentru că arătase atât de multă compasiune. Voiam să îi spun despre diagnosticul meu. Dar dispăruse. Am căutat-o cu privirea în marea de oameni de la tejghea. M-am uitat spre ușă. Nu era de găsit.

Dumnezeu s-a arătat într-un mod miraculos în ziua aceea. A ales să ne încrucișeze calea cu o străină, pentru ca noi să știm că El ne veghea și totul avea să fie bine. Am fost învăluiți de dragostea Lui și am simțit o liniște mare, ce transcende orice.

- Un înger? mi-am întrebat soțul, printre lacrimi.

- Un înger la cafeneaua Tim Hortons. A zâmbit și a sorbit din cafeaua lui, cu două lingurițe de zahăr și strat dublu de frișcă.

~ James Russell Lowell

14

Supă de pui pentru Suflet

Pe drumul cel bun

Când duhul e mâhnit în mine, Tu îmi cunoști cărarea.

– Psalmul 142:3

Un nou răsărit, o nouă zi caniculară de vară. Reușisem să mă târăsc efectiv din pat după un somn agitat, doar la gândul că urma să caut noi oportunități profesionale care să mă scape de stres. Nu mă puteam decide ce să fac, după închiderea firmei la care lucrasem timp de opt ani, în fruntea departamentului de marketing. Iubisem fiecare moment petrecut acolo și mă implicasem total. Acum mă simțeam pierdut.

Faptul că trebuia să muncesc era clar, doar că nu știam încotro s-o apuc. Să mă angajez și să mă implic 24 de ore pe zi, 7 zile din 7, așa cum se întâmplase la ultimele locuri de muncă? Sau să îmi înființez propria companie? Oare, abilitățile mele creative sau cele de scriere aveau să mă diferențieze de restul candidaților, așa cum se întâmplase în trecut? Oare, clienții urmau să-mi acorde încredere? Aveam să mă descurc din punct de vedere financiar?

Eram în dubiu.

M-am grăbit să străbat parcarea până la porțiunea cu copaci a traseului de mers pe jos din parcul districtului.

Cântecul greierilor, foșnetul frunzelor și mirosul de pământ umed - toate mi-au inundat simțurile.

De obicei, măreția sunetelor, a texturilor, a mirosurilor și frumusețea naturii îmi alinau sufletul, dar nu și în ziua aceea.

Am trecut în mare viteză pe lângă palmierii pitici, delicatele ferigi și vițele-de-vie sălbatice de pe poteca scăldată de soare. Frunzele de magnolie luceau în lumina soarelui. O pasăre a cârâit și a zburat pe o creangă în copac, dar sunetul abia dacă s-a distins de orăcăitul stăruitor a trei broaște.

Stejarii acoperiți cu mușchi verde cădeau parcă pe mine. Acea succesiune neplăcută de sunete mă călca pe nervi.

- Gata, am strigat. Gata!

Mi-am șters transpirația de pe sprânceană cu dosul palmei.

- Ce rost are?

M-am întors, cu scopul de a mă întoarce la mașină. Am tresărit la auzul unor pași în spatele meu.

- Cunoști „Epistola Apostolului Petru", capitolul 5, versetul 7? am auzit vocea unui necunoscut.

- Nu sunt sigură, am răspuns, în timp ce mă uitam în spate, la acel bărbat înalt și subțirel.

Mi-a zâmbit.

- Și aruncați asupra Lui toate îngrijorările voastre, căci El Însuși îngrijește de voi, mi-a zis.

I-am zâmbit înapoi, dar mă trecuseră fiori pe șira spinării. De unde apăruse bărbatul acela?

Pe măsură ce am continuat să mergem, mi-a vorbit despre dragostea lui Dumnezeu.

- Dumnezeu are un plan pentru fiecare dintre noi, a spus, dar uneori suntem prea speriați ca să-L ascultăm.

M-am gândit atunci cum instinctul îmi dictase să-mi înființez propria companie și cum ezitasem din cauza fricii.

- Îți este alături la fiecare pas, m-a asigurat. Continuă să mergi, iar el te va ghida în direcția potrivită. Te aude atunci când ceri ajutorul.

Mă rugasem pentru ajutor, înainte să mă dau jos din pat în ziua aceea. Era oare acel bărbat semnul pe care mi-l trimisese Dumnezeu, ca răspuns la ruga mea?

În timpul plimbării noastre, citase din Scriptură și vorbise despre cât de important era să ne punem talentele în slujba lui Dumnezeu.

- Cu toții avem anumite talente, mi-a reamintit. Unele mai mari, altele mai mici. Și Îl slăvim pe Dumnezeu atunci când le folosim întru veșnicia Împărăției Sale.

Ne-am dat într-o parte ca să le permitem alergătorilor să treacă.

- Lui Dumnezeu îi pasă de interesul pe care îl acordăm talentului pe care El însuși ni l-a dat, oricare ar fi acesta, mi-a spus cu sinceritate.

- Sunteți predicator? am întrebat.

- Nu, doar merg acolo unde Dumnezeu îmi îndreaptă pașii.

S-a rugat pentru mine și apoi a dispărut printre copaci.

După multă vreme, era pentru prima dată când țopăiam. Înființarea propriei companii îmi permitea să-mi folosesc abilitățile și să urmez calea lui Dumnezeu. M-a cuprins entuziasmul. Cu fiecare pas, respiram mai ușurată, convinsă fiind că mă aflam pe drumul cel bun.

~ Debra Ayers Brown

15

Supă de pui pentru Suflet

O stea călăuzitoare

Fie ca Dumnezeu să-ți încuviințeze mereu... o rază de Soare
care să te încălzească, o rază de Lună
care să te vrăjească, un înger păzitor, ce pe veci să te ocrotească.
Zâmbete să te înveselească.
Prietenii să te însoțească. Și, ceea ce prin rugăciune ceri,
Raiul să-ți îndeplinească.
– Binecuvântare irlandeză

În urmă cu câțiva ani, împreună cu un grup de prieteni, am decis să facem o plimbare cu mașina pe autostrăzile aglomerate din Los Angeles pentru a vizita Observatorul Astronomic din Griffith Park. Era localizat pe versantul sudic al muntelui Hollywood și auzisem că de acolo panorama orașului era impresionantă, iar edificiul în sine, construit în stil Art Deco, în anii '30, era la rândul său uluitor. Pereții Observatorului au fost realizați dintr-un strat gros de beton chiar după cutremurul din Long Beach, din 1933, și au rezistat multor oscilații ale solului până în zilele noastre.

Plănuiam să ne bucurăm de toate frumusețile primăverii pe care zona le avea de oferit, de la diminețile răcoroase până la după-amiezele însorite și calde. În acele câteva luni de primăvară, iarna cea gri rămâne o simplă amintire, iar arșița verii este încă o imagine neclară. Florile înfloresc. Viața e frumoasă.

Ajunseserăm dimineața, nu foarte devreme, și petrecuserăm un timp la Monumentul Astronomilor, ridicat în onoarea savanților care își dedicaseră viața unei înțelegeri aprofundate a stelelor și planetelor. Am citit lista cu numele acestora, câteva ne erau cunoscute din vremea școlii, altele erau complet noi.

În timp ce-mi ascultam prietenii sporovăind, mă simțeam ca o impostoare, un sentiment pe care îl mascam discret în spatele unui zâmbet.

În ultimele câteva săptămâni, devenisem din ce în ce mai neliniștită, cu privire la starea mea de sănătate. Uneori, simțeam o ușoară durere ce urca pe gât - nimic grav, dar suficient de deranjant cât să mă îngrijoreze. Eram asistentă, așa că am recunoscut simptomele. Inima mea ceda, iar gândul de a merge la un medic care să-mi confirme suspiciunea mă paraliza.

În ziua aceea, am simțit o frică mai mare. Mi se făcuse părul măciucă. Eram privită, simțeam asta. Am ezitat. Mulțimea de oameni umpluse Observatorul; poate exageram din cauza zarvei create. Mă uitam în jur, dar nu recunoșteam pe nimeni.

Atunci l-am observat pe el, un tip ca oricare altul, care se holba la mine. Probabil avea în jur de 30 de ani, purta blugi și o cămașă din chembrică. Arăta ca imaginea pe care o găsești atunci când te uiți în dicționar și cauți explicația pentru „greu de definit". Părul lui castaniu și figura se potriveau perfect lângă acea imagine.

Ne-am oprit să admirăm Rotunda Centrală, aplecându-ne peste un perete pentru a urmări mingea de alamă de peste 100 de kilograme a pendulului lui Foucault cum se balansa într-o mișcare perpetuă. Tavanul ne încântase - o frescă ce-i reprezenta pe Atlas, cele Patru Vânturi și alte personaje-cheie din mitologie.

Am simțit o ușoară împingere și m-am dat într-o parte, scuzându-mă. Era tot el, omul de la Observator.

A dat din cap cu subînțeles, ceea ce m-a făcut să simt fiori pe șira spinării.

Era ceva cu el, dar nu-mi dădeam seama ce. Aerul ce-l înconjura părea că se mișcă, precum valurile de căldură de pe plajă. O strălucire. O aură, poate? Nu știam. Nu eram școlită în astfel de lucruri.

I-am zâmbit, dând din cap aprobator.

Nu mi-a răspuns la zâmbet, nici nu a clipit. Pur și simplu, mă privea.

De la magazinul de suveniruri câțiva dintre noi am luat fie un cadou pentru cineva drag, fie o carte poștală care să ne amintească de acea zi specială. Eu am ales o pereche de cercei strălucitori pentru fiica mea.

Omul stătea lângă ușă și mă privea.

Cum ora prânzului se apropia, ne-am oprit la Cafeneaua de la Capătul Universului. Cineva din grup se întreba dacă numele se referea la un loc ori la vremurile ce aveau să vină.

Au urmat hohote de râs și numeroase speculații pe subiect, în timp ce mai gustam câte ceva de mâncare sau savuram o băutură. Cu coada ochiului, am zărit cămașa și blugii care mă urmăreau, dar nu mi-am întors capul. Nu voiam să știu dacă e el.

Grupul nostru a vizitat apoi spectacolul de lasere, o adevărată atracție care îmbina muzica și razele strălucitoare ale luminilor colorate, ce luau forma unor constelații sau a unor forme abstracte. A fost un spectacol copleșitor, dar imediat ce s-a terminat l-am remarcat din nou pe străinul care mă privea în continuare. M-am întors repede.

- Uite, acolo, lângă ușă. E tot el. I-am făcut semn prietenei mele să arunce o privire în direcția bărbatului.

- Unde? se uita ea, cu capul îndreptat exact în direcția lui. Nu-l văd, poate a plecat!

Am răspuns cu evidentă frustrare:

- Este chiar acolo, nu s-a mișcat nici măcar un centimentru. Aproape că îmi zâmbește. Te rog nu-mi spune că e doar în imaginația mea.

M-a cuprins frica. Eram urmărită? Am lăsat deoparte acel gând și m-am hotărât să mă bucur de timpul petrecut cu prietenii, să mă relaxez sub razele blânde și calde ale soarelui.

Aproape de finalul excursiei, m-am uitat fugitiv în stânga, către peretele clădirii lipsit de porți sau uși de orice fel. Bărbatul stătea sprijinit de acel perete, privindu-mă. De data aceea l-am fixat și eu cu privirea, dorind să afișez un curaj pe care nu-l simțeam de fapt. Bine ascunse în buzunare, mâinile mele tremurau.

Chipul său trăda un zâmbet cald și o compasiune vădită, în momentul în care privirile ni s-au intersectat minute în șir; sau cel puțin atât mi s-a părut că a durat totul, deși, cel mai probabil, a fost doar o chestiune de secunde. Apoi - nici nu știu cum să explic - a fost ca și cum o întreagă conversație a străbătut mintea mea, venind dintr-a lui.

„Totul va fi bine!".

Am simțit o căldură ce mă învăluia din cap până-n picioare, ca și cum primeam o îmbrățișare spirituală din interior spre exterior.

„Sunt multe de făcut."

Am respirat adânc, în timp ce continuam să-l privesc și să-l ascult.

A continuat să-mi zâmbească cu ochii.

„Voi privi îndeaproape."

Am dat din cap ușor, cu blândețe. Înțelesesem. Și mă simțeam în siguranță.

O prietenă m-a tras de mână spre un alt monument. Mi-am întors capul, sperând să-l mai surprind cu privirea pe bărbat încă o dată, dar nu mai era acolo. M-am uitat în jur, căutând posibile ieșiri pe unde ar fi putut să dispară. Nimic.

Mi-am scuturat capul. Eram sigură că-l văzusem. Iar el mă văzuse pe mine. Eram convinsă că fusese real. Încă îi simțeam căldura.

Ne-am îndreptat spre casă, iar mintea mea era plină de întrebări despre acel bărbat și mesajul pe care mi-l transmisese. Rațiunea încerca să-și croiască drum prin mintea mea, lăsând deoparte intuiția. Era un tip oarecare. Era, oare?

În lunile ce au urmat, mi-am depășit fricile și am mers la medic. Am suferit trei operații de cateterism cardiac și încă una, de triplu bypass coronarian, toate cu succes. Simțisem că totul avea să fie în regulă, la fiecare dintre ele.

Au trecut mulți ani de atunci. Dar liniștea pe care mi-a dat-o acel bărbat nu s-a pierdut. Dumnezeu mi-a trimis alinarea de care aveam nevoie, într-o manieră pe care să o pot înțelege și în care să mă pot încrede: printr-un bărbat, aparent, ca oricare altul. El mi-a dat curajul și încrederea pentru a-mi rezolva problemele de sănătate.

Îngerul meu.

Și, deși nu îl pot vedea, știu că mă veghează. Și știu că totul va fi bine.

Cum de sunt atât de sigură?

Pentru că mai am încă multe lucruri de făcut. Chiar el mi-a spus-o!

~ Nancy Zeider

16

Vandalul și îngerul

Îngerii nu sunt doar forme de inteligență extraterestră. Ei sunt forme de inteligență extracosmică.
– Mortimer J. Adler

Simțeam cărămida ca pe ceva nefiresc în mâna mea. Marginile sale aspre și greutatea prea mare nu aveau nimic în comun cu mingile de softball pe care obișnuiam să le arunc deseori. Dar eram furioasă - mai furioasă decât fusesem vreodată. Eram roșie la față, inima îmi bătea cu putere, lacrimile îmi șiroiau pe obraji și nu mă puteam gândi la nimic altceva decât la acea cărămidă și cum urma să o arunc, cu toată forța mea, în fereastra de la sufrageria proprietarului.

Pentru că era poziționată pe laterala casei, fereastra era ascunsă vederii din cauza câtorva arbuști mai înalți; la fel eram și eu. În plus, ajunsesem mai devreme de la serviciu, așa că nu era prea multă lume acasă. M-am uitat în jur, pentru orice eventualitate. Era liber. Mi-am aranjat cărămida în mână ca și cum ar fi fost o minge și mi-am luat avânt. Când am fost pregătită s-o arunc cu toată forța mea în fereastră, am auzit vocea unui bărbat. Am tresărit și m-am întors repede.

- Ce faci? m-a întrebat.

Vocea îi era calmă, dar vorbea suficient de tare, încât să-mi atragă atenția.

M-am întors și am observat că la vreo trei metri distanță de mine stătea un bărbat plinuț, cu păr rar, grizonat și un chip blând, roșiatic. Purta un costum gri din poliester, o cămașă albă și o cravată dungată, în nuanțe de galben și roșu burgundy. Mă întrebam dacă era vreun comis-voiajor. Și mai ales de unde apăruse. Cum planul meu de răzbunare se dusese pe apa Sâmbetei, am lăsat în jos mâna ce ținea cărămida.

- Ce faci? m-a întrebat din nou, la fel de calm. Ești bine?

Am reușit să bolborosesc ceva printre lacrimi.

- Proprietarul mi-a închiriat un apartament cu acces la grădină, am spus, în timp ce arătam cu degetul spre micul meu apartament din spatele casei. Proprietarul locuiește acolo, am completat, arătând spre dreapta, cu ochii către fereastra pe care plănuisem să o fac țăndări. Mă rog, locuia acolo, am continuat, până să se îndrăgostească de o femeie și să se mute în Tuscaloosa. Nici măcar nu m-a anunțat.

- Erai îndrăgostită de el? m-a întrebat bărbatul.

- Nu! Doar că s-a mutat și am fost debranșată de la utilități. Nu mai am apă caldă de cinci zile.

- Ai noul lui număr de telefon?

Acelui bărbat îi plăcea să pună multe întrebări, ceea ce în mod normal ar fi trebuit să mă scoată din sărite și mai tare, dar, surprinzător, eu începeam să mă calmez. Încă țineam cărămida, dar nu la fel de strâns.

- Ba da. De câteva zile îl tot sun de nenumărate ori pe

zi. Îmi tot spune că el este îndrăgostit, că a fost prins cu toate evenimentele din viața lui și că nu a avut timp să sune ca să-mi rezolve problema utilităților, spuneam, în timp ce dădeam din cap dezaprobator. O persoană cu 20 de ani mai în vârstă decât mine ar fi trebuit să fie mai responsabilă. Și ce-o să fac dacă voi avea un nou proprietar? l-am întrebat apoi pe bărbat. Mi-ar putea mări chiria sau ar putea fi un petrecăreț sau un om violent sau cine mai știe cum!

Bărbatul în costum gri rămăsese în același loc. M-am gândit că poate îi era frică de o fată nebună de 20 de ani, cu o cărămidă în mână și un comportament agresiv.

- Din câte înțeleg, noul proprietar nu are standarde prea mari de depășit.

- E adevărat, am spus aprobând și din cap.

- Poate ar trebui să fii mai înțelegătoare și mai încrezătoare, mai ales atunci când vine vorba despre oameni. Închipuie-ți cum te-ai comporta tu dacă bărbatul visurilor tale s-ar îndrăgosti iremediabil de tine.

Am râs.

- Nu cred să se întâmple asta prea curând. Dar dacă s-ar întâmpla, probabil aș fi și eu ceva mai uitucă.

- Te-ai simți mai bine dacă ai sparge fereastra? a întrebat.

Am privit în jos spre iarbă și spre niște furnici care-mi treceau pe la picioare. Deodată, m-am simțit rușinată. Eram mai deșteaptă și mai amabilă decât fata care stătea în acel moment în fața lui.

- Nu, am spus. Aș fi tot furioasă. Și apoi m-aș simți și vinovată.

- Mă bucur că nu ai spart fereastra. Data viitoare când vorbești cu el ascultă-l și încearcă să te pui în locul lui. Și, indiferent dacă are dreptate ori greșește, iartă-l, m-a sfătuit. Încă ceva, a adăugat. Amintește-ți să te ierți și pe tine! Cu toții avem câte o zi sau câte o săptămână mai proastă.

Spunându-mi asta, a zâmbit privind cărămida din mâna mea.

- Ai dreptate, i-am răspuns, în timp ce mergeam spre marginea casei să las cărămida în locul unde o găsisem. Îți mulțumesc că m-ai ascultat, am continuat și m-am întors în așteptarea unui „Cu plăcere", dar bărbatul durduliu nu mai era. Nu îl auzisem plecând. M-am oprit în fața casei unde nu era nimeni, nici măcar alte mașini, cu excepția autoturismului meu. Dispăruse în grabă și începusem să mă întreb cine era cu adevărat acel bărbat.

Puținii oameni cărora le-am povestit întâmplarea spun că acel bărbat trebuie să fi fost un înger. Nu exista nicio altă explicație plauzibilă, doar dacă ar fi plecat foarte repede cu mașina, dar aș fi auzit. Varianta în care ar fi alergat într-un costum din poliester, într-o după-amiază călduroasă de septembrie, în Alabama, era exclusă. Nu arăta deloc ca un alergător. Nu era comis-voiajor. Dacă ar fi fost, ar fi avut cu el mostre sau broșuri. Bărbatul care salvase fereastra proprietarului meu și, ce e și mai important, cel care îmi salvase demnitatea și conștiința era cu siguranță un înger.

Am fost vizitată de un înger întruchipat, cu înfățișarea unui bărbat durduliu, ce purta un costum gri din poliester. Îi voi fi veșnic recunoscătoare; și lui Dumnezeu, pentru că mi l-a trimis. Probabil n-aș fi fost învinuită dacă aș fi spart fereastra proprietarului, dar cu siguranță aș fi purtat povara faptei mele, una mai grea decât orice cărămidă, pentru tot restul vieții.

Iertarea celor din jur și iertarea de sine au fost printre cele mai valoroase lecții pe care le-am învățat vreodată. Într-adevăr, sunt lecții pe care le reevaluez constant, dar liniștea pe care mi-o dă lecția iertării merită. Dacă voi mai întâlni vreodată un bărbat greu de descris, care arată ca un comis-voiajor și este foarte înțelept, voi fi cu ochii pe el. Mi-ar plăcea nespus să stau mai mult timp de vorbă cu un înger.

~ Dana J. Barnett

17

Supă de pui pentru Suflet

Un mesager sălbatic

Dacă îngerii apar arareori, este pentru că noi deseori confundăm intermediarul cu mesajul.
– Eileen Elias Freeman
Manualul de instrucțiuni al îngerașului

Nu-mi amintesc de ce m-am îndreptat spre ușă să o deschid. Trebuie să fi fost weekend pentru că eram acasă în timpul zilei, și nu la serviciu. Știu sigur că era început de septembrie, în 1995, iar aerul răcoros al toamnei începuse să-și facă simțită prezența. Probabil voiam să ies să ridic corespondența sau poate auzisem ceva pe afară și voiam să verific despre ce era vorba. Nu mai știu exact cum a fost. Dar îmi amintesc foarte bine că am deschis ușa și am rămas uimită. Pe balustrada verandei, la vreun metru în fața mea, stătea o bufniță mică, cu ochi mari. Privirile noastre s-au intersectat și, pentru câteva secunde, amândouă am rămas stane de piatră. Apoi, cu o rapiditate uimitoare, micuța bufniță s-a întors, și-a desfăcut aripile și a zburat.

N-am ieșit din casă. Eram atât de uimită, încât am intrat și m-am așezat. Nu-mi venea să cred ceea ce se întâmplase.

În primul rând, era pentru prima dată când vedeam o bufniță în zona aceea și locuiam deja de 26 de ani acolo. Aveam pisici care adorau să privească păsările pe fereastră, de aceea obișnuiam să fiu destul de atentă la diversele specii de păsări ce-și făceau cuib prin apropiere. Din acest motiv, eram consternată, șocată chiar, să văd o pasăre atât de neobișnuită, în mijlocul zilei, stând pe balustrada din fața casei.

Am povestit mai multor persoane despre această întâlnire, nu doar pentru că era una neobișnuită, ci pentru că îmi lăsase un sentiment ce a stăruit zile întregi. Era genul acela de senzație pe care o trăiești, după ce te trezești dintr-un vis intens, extrem de antrenant și care persistă pe durata întregii zile.

La puțin timp după această experiență, împreună cu familia și câțiva prieteni, am plecat într-o vacanță, în Parcul Național Canyonlands din Utah. Uitasem de incidentul cu bufnița. Excursia noastră în aer liber a fost minunată, dar lipsită de evenimente notabile. Am revenit acasă, în prima săptămână a lui octombrie, iar în data de 6, tatăl meu a murit acasă, pe neașteptate. Chiar în ziua aceea, dusese în rulotă câteva lucuri pe care le folosisem în excursie. Moartea lui a fost extrem de dificilă pentru noi toți. Câteva săptămâni mai târziu, începusem să revin, încet-încet, la activitățile mele de zi cu zi, precum cititul.

Împrumutasem câteva cărți de la bibliotecă; pe una dintre ele mi-o recomandase sora mea și trata un subiect care ne interesa pe amândouă: amerindienii. Deși nu mai știu exact care era titlul cărții, îmi amintesc că mă încerca aceeași senzație copleșitoare pe care o experimentasem atunci când văzusem bufnița. În carte se vorbea despre cum anumite specii de păsări, în special bufnițele, pot fi mesageri trimiși să ne avertizeze că cineva drag urmează să treacă în neființă. Am simțit ca și cum cineva ar fi turnat apă rece pe mine, mi s-a făcut pielea de găină și mi-au revenit în minte ochii bufniței țintiți asupra mea.

Toate astea au durat o fracțiune de secundă, abia atunci am realizat de ce primisem vizita bufniței. La puțin timp după acest episod, am vorbit cu sora mea. I-am spus ce credeam despre bufnița-mesager care fusese trimisă să mă anunțe că cineva apropiat urma să ne părăsească. Probabil că amândouă citisem despre credința amerindienilor, care susțineau că păsările și animalele pot fi mesageri, precum îngerii, meniți să ne transmită anumite mesaje atunci când avem mai mare nevoie. Dar niciuna dintre noi nu făcuse legătura dintre informații până în acea zi.

Mă simt consolată și binecuvântată pentru că cineva, de undeva, mi-a trimis în cale o bufniță frumoasă, în spiritul tradiției unui popor atât de respectat. Și, slavă Domnului, că cineva m-a călăuzit să citesc acea carte ca să pot înțelege. Ceea ce nu demonstrează nimic altceva decât că Cel ce le rânduiește pe toate a știut că aveam nevoie de ajutor pentru a pune totul cap la cap.

~ Cindy V. Rodberg

18

Supă de pui pentru Suflet

De toate formele și mărimile

Trecerea lină în neființă a unui om ne amintește de o stea căzătoare; una dintr-un milion de lumini pe cerul infinit, ce se aprinde pentru o clipă doar, pentru ca apoi să dispară în noaptea nesfârșită pentru eternitate.

– Elisabeth Kübler-Ross

Priveam cum pe tata îl lăsau puterile chiar sub ochii mei. Era internat într-un azil, pentru că boala Alzheimer își continua atacul necruțător asupra creierului său. După mai bine de cinci ani în care își manifestase efectele istovitoare asupra lui, această boală ce evolua progresiv reușise până la urmă să îi răpească tatălui meu chiar și dorința de a mânca sau de a bea apă. Iar acesta era semn că timpul pe care tata îl mai avea de trăit devenea tot mai scurt; știam asta atât eu, cât și fratele meu. Trupul lui de aproape 1,90 m cântărea acum doar 64 de kg.

În acea seară de martie, am ieșit din camera tatălui meu, în jurul orei 10, și m-am îndreptat, epuizată, spre casă. Urma să împlinesc 49 de ani în trei zile, dar nu se punea problema de sărbătorit. În drumul spre casă, mă gândeam la un singur lucru - cât de norocoasă eram pentru că mă bucurasem de prezența tatălui meu timp de 49 de ani.

M-am prăbușit pe pat și am adormit aproape imediat. Pe la 1 noaptea, m-a trezit un zgomot venit din bucătărie. Zgomotul a fost atât de ciudat, încât m-a făcut să mă ridic din pat și să văd despre ce era vorba. În drumul meu, am apucat bâta de baseball pe care o țineam după ușa din dormitor. Dar acolo nu se întâmpla nimic deosebit, era pisica mea care se juca cu o pungă din plastic. De obicei, la ora aceea dormea la picioarele mele, așa că mă întrebam cum de era trează. Am verificat toate ușile și ferestrele și am ajuns la concluzia că imaginația îmi juca feste din cauza oboselii și era evident că pisica făcuse acel zgomot.

M-am băgat înapoi în pat, dar nu mai puteam dormi. În mintea mea auzeam doar cuvintele doctorului care mă avertizase că sfârșitul era aproape, așa că am decis să mă întorc la azil și să petrec noaptea în camera tatălui meu.

Am ajuns acolo în jur de 2:30 și l-am găsit pe tata stând pe marginea patului. Când m-a văzut, a zâmbit; m-am abținut cu greu să nu plâng, pentru că nu mă mai recunoscuse de mai bine de doi ani. Cu toate acestea, părea că mă știe, am văzut asta în licărirea din ochii lui, în timp ce îmi căuta mâna să mi-o cuprindă. Mi se pusese un nod în gât.

- Cum ești, tată? am întrebat, deși nu așteptam un răspuns, căci nu mai rostise un cuvânt inteligibil de mai bine de un an.

Cu un zâmbet și mai larg pe chip, mi-a făcut semn să mă așez pe scaunul de lângă pat, o altă realizare a creierului său greu încercat de boală, lucru care m-a luat pe nepregătite. M-am așezat, iar el continua să mă țină cu o mână, în timp ce cu cealaltă îmi făcea semn să mă uit spre tavan. Am făcut ce îmi ceruse, dar nu vedeam nimic. Continua să îmi arate.

- Ce vezi? l-am întrebat.

- Mama, a răspuns, în timp ce continua să îmi arate tavanul, sperând să o văd și eu.

M-a șocat și m-a surprins, deopotrivă, să-i aud claritatea din voce în timp ce a rostit acel cuvânt, pentru că boala aia urâtă nu-i dăduse voie să spună nimic atâta amar de vreme.

Nu puteam vedea nimic pe tavan, dar mi-aș fi dorit să fi văzut, pentru că era evident că el se uita la chipul propriei mame, decedată într-un accident, pe când tata avea doar 6 ani. În același accident își pierduse viața și bunicul meu.

Cred că ceea ce ne desparte de Rai este doar un văl, iar în acel moment vălul se ridicase. Și-a văzut mama exact așa cum și-o amintea în acea dimineață de noiembrie, în 1923, când îi făcea semn cu mâna, de la geamul mașinii. Două ore mai târziu avea să afle că el și frații lui erau orfani, după ce un tren al Southern Railway izbise mașina părinților săi în Pelzer, Carolina de Sud.

Timp de încă o oră, tata a privit în sus, zâmbind și făcându-mi semne să mă uit și eu. M-a întristat gândul că nu puteam să văd și eu minunea la care tot privea, dar m-am bucurat că eram acolo să-l văd pe el atât de fericit. Eram uimită de energia lui, chiar dacă nu mai spunea niciun cuvânt. Îmi dădeam seama că retrăia o perioadă fericită din viață, poate o vreme în care era doar un băiețel lipsit de griji, care alerga desculț pe o pajiște sau care prindea mormoloci în iazul de la fermă. Era probabil acea perioadă de dinainte ca toată lumea lui să se prăbușească la vârsta de 6 ani, atunci când el și frații săi fuseseră nevoiți să își câștige singuri existența și depindeau unii de alții pentru a supraviețui.

Curând, oboseala și-a spus cuvântul; ținându-mi în continuare mâna într-a lui, și-a lăsat capul pe pernă și a închis ochii. Nu i-a mai deschis niciodată. L-am ținut de mână până la răsărit, gândindu-mă la toate clipele frumoase pe care le petrecusem împreună. Medicul de gardă mi-a spus că intrase în comă. Îi vedeam pieptul ridicându-se și coborând, în timp ce respira din ce în ce mai greu; atunci i-am șoptit la ureche că era în regulă dacă simțea că era timpul să plece. Și-a dat ultima suflare pe la 4 după-amiaza. A fost îngropat trei zile mai târziu, de ziua mea.

Deși toate astea s-au întâmplat în urmă cu 13 ani, noaptea aceea a rămas o amintire prețioasă și vie în memoria mea. Mi s-a părut cumva suspect faptul că, deși eram extenuată în noaptea aceea, pisica mea, care de obicei dormea lângă mine, reușise să mă trezească dintr-un somn profund cu acea pungă din plastic. Dacă nu s-ar fi întâmplat așa, eu nu aș fi avut parte de acele ultime momente minunate din viața tatălui meu.

Cred cu tărie că îngerii ni se arată în fel și chip și mai cred că iau toate formele și mărimile. Nu vin întotdeauna învăluiți în ceață, purtând aripi sau aure și nici nu-și rostesc răspicat misiunea de fiecare dată. Uneori, trebuie să observăm, să ascultăm și să ne arătăm deschiși în a le primi mesajul. Cred că, în noaptea aceea, pisica a fost îngerul tatălui meu, iar menirea ei a fost să mă ghideze spre camera lui.

Datorită acestor ultime momente atât de speciale, știu că tata este astăzi într-un loc sigur, plin de iubire, unde nu există Alzheimer. Sunt la fel de sigură că el și „Mama" s-au regăsit; numai gândul acesta îmi dă atâtea motive să zâmbesc!

~ Carol Huff

19

Supă de pui pentru Suflet

Cuvinte de încurajare

Cred că suntem liberi, cu oarecari limite, și totuși există
o mână nevăzută, un înger călăuzitor,
care, cumva, ca un propulsor subacvatic, ne împinge de la spate.
– Rabindranath Tagore

- Am văzut-o. Am vorbit cu ea. I-am pus antigel în mașină, pentru numele lui Dumnezeu!

Era foarte posibil ca întâlnirea pe care Pastorul o avusese cu ea în acea zi să fi fost într-adevăr voia lui Dumnezeu. Pastorul B., așa cum îi spunem de ani buni, este unul dintre cei mai realiști, cu picioarele pe pământ și de nădejde oameni din St. Louis. Orice ne-ar spune, noi îl credem; din acest motiv, era imposibil să nu-i credem și „povestea cu îngerul".

El, împreună cu soția și cele două fiice, se întorcea cu mașina în Est pentru Crăciun. Se opriseră la o benzinărie, la granița dintre state; familia sa a mers la un magazin să ia câteva gustări, în timp ce Pastorul B. rămăsese în ninsoare să alimenteze. Când as-a pus în fața mașinii să curețe parbrizul, a observat la următoarea pompă de alimentare o mașină mai veche, cu capota ridicată. Văzând că la volan era o doamnă mai în vârstă, a mers să vadă dacă îi putea fi de ajutor. Femeia i-a povestit că încerca să găsească rezervorul în care să toarne lichidul de parbriz. Bineînțeles că Pastorul B. a rezolvat problema într-o clipită, mai ales că avea și o rezervă de lichid de parbriz în portbagaj.

Această femeie în vârstă, cu părul grizonat, nu avea de unde să știe că pastorul nostru trecea printr-o perioadă grea și că avea de luat o decizie importantă. Ne împărtășise deseori cum îl ajuta rugăciunea, atunci când avea nevoie de un semn din partea lui Dumnezeu care să-i spună „fă așa" sau „așa nu". Fiind un om înțelept și rațional, nu obișnuia să ia decizii pripite, necugetate, în nicio privință - cu atât mai puțin când era vorba despre un potențial program de dezvoltare, în valoare de un milion de dolari, menit să ajute sute de oameni nevoiași din comunitatea noastră.

A lăsat jos capota de la mașina femeii și s-a îndreptat spre propria mașină să lase bidonul cu lichidul de parbriz rămas. Ninsoarea se întețise și el era total nepregătit. Cu puterea specifică unui bărbat, bătrâna l-a răsucit în loc și l-a prins cu fermitate de umeri, trăgându-l spre ea până au ajuns față în față. Cu ochii săi gri ca de oțel, l-a privit drept în suflet și i-a spus încet și firesc:

- Pregătește-te pentru ce ți-a aranjat Dumnezeu!

Luând toată situația drept un „semn", Pastorul B. i-a spus:

- Puteți să așteptați aici până o chem pe soția mea, să audă și ea ce ați spus? S-a întors grăbit spre magazin, dar soția și fiicele lor ieșeau deja pe ușă.

- Fetelor, veniți aici! Vreau să ascultați ce spune doamna...

Într-o fracțiune de secundă, s-a întors spre femeia pe care tocmai o ajutase, dar în același timp își auzea familia întrebând: „Ce doamnă? Tată, e totul în regulă?". Nu doar că nu era nicio doamnă, dar nu era nici mașina ei, nici urme de cauciuri pe zăpada proaspăt așternută. De fapt, nu mai era nicio altă mașină nicăieri. Pastorul B., care încă ținea în mână bidonul cu lichid de parbriz pe jumătate plin, a fugit să vadă dacă nu cumva era umed acolo unde turnase lichid în mașina femeii și s-a uitat încă o dată atent după urmele roților. Nimic. Pastorul B. spunea că întotdeauna își închipuise că ar recunoște un înger dacă l-ar vedea. De data aceea nu era sigur ce văzuse. Dar era foarte sigur de ceea ce auzise; și i-a mulțumit lui Dumnezeu chiar acolo, atunci, în timp ce familia lui se întreba dacă nu cumva îi înghețase creierul.

Câteva luni mai târziu, când planul de dezvoltare se apropia de finalizare, aproape două mii de membri, de toate vârstele, rasele și din toate mediile s-au reunit la cele două slujbe de duminică dimineață. La rândul nostru, am învățat să trăim cu marea speranță că îngerii se pot arăta oricând, oriunde, în cel mai neașteptat mod cu putință.

~ Dr. Debra Peppers

20

Supă de pui pentru Suflet

Propovăduitorul

Rugăciunea este calea cea mai lesne de a te deschide
în fața puterii și iubirii lui Dumnezeu,
Cel care este deja acolo, în profunzimea realității.
– Episcopul James Albert Pike

Sus, pe platou, cu vedere la deșertul Sahara, se înalță orașul Jos, din Nigeria. În timpul sezonului uscat, toată zona aceasta este toridă și aridă, expusă numeroaselor furtuni de nisip și secetelor nemiloase. Pentru un băiat crescut în climatul rece și umed din nord-vestul Pacificului, nici că putea exista un mediu mai nefamiliar ca acesta.

Ajunsesem în Aeroportul Internațional din Lagos, în ianuarie, cu sinuzită severă și cam amețit din cauza nesomnului. Prima mea aventură a început în momentul în care am fost nevoit să părăsesc aeroportul, înainte ca gazda mea să ajungă; din fericire, a durat puțin și s-a terminat cu bine, iar eu am fost găsit rătăcind prin holul unui hotel din apropiere.

În cele trei luni care au urmat, am descoperit ce însemna să te afli într-o misiune pe teren, de unul singur. La misiunile creștine anterioare, ce se desfășuraseră în Mexic și în Europa, participaseră grupuri de zece sau 20 de persoane, unii dintre cei mai buni prieteni de-ai mei; fuseseră deci un fel de vacanțe ale preoților. Să ne înțelegem, munceam din greu, doar că la finalul fiecărei zile aveam camaraderia prietenilor de care să ne bucurăm. În deșert, însă, eram înconjurat de străini. Munca de îndrumător era dificilă, mai grea chiar decât munca fizică de defrișare a terenurilor sau de construire a caselor. Îmi petreceam zilele, încercând să jonglez între profesorii cu care lucram și care îmi solicitau asistența pentru a menține un anumit grad de disciplină și părinții copiilor, pe care îi îndrumam și alături de care trăiam; aceștia din urmă erau convinși că toate problemele cu care se confruntau erau din vina profesorilor.

Toate acestea, combinate cu un dor teribil de casă și un acces de malarie absolut înfricoșător, m-au lăsat complet deznădăjduit și convins că dădusem greș, dezamăgindu-mă pe mine însumi, Biserica și pe Dumnezeu.

Într-o sâmbătă, m-am trezit mai devreme, sperând să evit arșita din timpul zilei. Mi-am luat o sticlă cu apă și Biblia de buzunar, am pornit spre periferia orașului, urmând șinele ruginite ale unei căi ferate spre deșert. Am mers cam o oră sau două, în timp ce fredonam un cântec bisericesc și căutam un loc potrivit în care să mă opresc să citesc. Eram singur cu propriile gânduri și începusem să pun la îndoială scopul întregii călătorii. Ce realizam? Pe cine ajutam? Cum aveam să explic totul credincioșilor care mă trimiseseră acolo, încredințându-mi banii și rugăciunile lor, să schimb ceva în cealaltă jumătate de lume?

Temperatura începuse să crească și m-am oprit să beau puțină apă. Undeva mai în față, dincolo de porțiunea de nisip a platoului, printre unduirile valurilor de căldură, am văzut un punct mic. De unde stăteam eu, părea să fie o persoană, cineva care mergea spre mine, urmând aceleași șine de cale ferată spre oraș.

Curând, l-am putut vedea clar: era un bărbat cu pielea închisă la culoare și subțirel, ce căra un snop de surcele pe umăr, purta o pereche de blugi tociți și o cămașă albă zdrențăroasă. Mergea târșâindu-și picioarele pe care încerca să le protejeze de fierbințeala nisipului, purtând o pereche de sandale ponosite. Prima mea reacție a fost frica - atât de puțină credință îmi rămăsese. Pe măsură ce se apropia, am observat că bărbatul era în vârstă, avea cel puțin 70 de ani; arăta însă mult mai bătrân, după standardele țării mele ceva mai privilegiate, iar asta se datora cu siguranță anilor trăiți în lipsuri și în acel mediu aspru.

Când s-a apropiat de mine, și-a ridicat mâna în semn de salut, iar eu i-am zâmbit și i-am răspuns cu același gest. Văzându-mă că zâmbesc, bărbatul a început brusc un lung și cursiv monolog în limba sa maternă din care nu am înțeles o iotă. Dinții săi albi străluceau în soarele deșertului în timp ce el continua să gesticuleze, arătând spre sine, apoi spre deșertul din spate. Am dat din cap, zâmbind, apoi mi-am folosit puținele cunoștințe de Yoruba pe care le aveam ca să-i explic că nu-i vorbeam limba. Cu un zâmbet și mai larg, a continuat să sporovăiască fericit. Am luat sticla cu apă și, după ce i-am desfăcut capacul din plastic, i-am întins-o bărbatului. Zâmbetul lui ștrengăresc era acum și mai generos; a luat sticla și a băut.

Apoi, a tras de un șnur din piele ce-i atârna la gât scoțând o ploscă din piele tocită, pe care mi-a oferit-o. Am scos dopul din lemn și am băut din apa cea caldă, cu fire de praf prin ea și gust de piele tăbăcită.

Ne-am privit pentru o clipă, fără să ne putem înțelege reciproc. Bărbatul a scos apoi din buzunarul de la piept o bucată de hârtie pe care mi-a înmânat-o. Mi-a strâns hârtia în palmă și m-a bătut ușor pe piept, în timp ce îmi arăta cerul. Și-a atins fruntea cu vârfurile degetelor, continuându-și apoi călătoria spre oraș. Am rămas în loc pentru câteva secunde; simțeam soarele cum îmi ardea spatele și transpirația cum mi se prelingea pe față.

Am deschis pumnul și am văzut hârtia mică și de prea multe ori împăturită, ce descria, în limba engleză, calea spre mântuire. Erau imagini simple ce exemplificau păcatele oamenilor, o reprezentare a lui Hristos pe cruce și a modului în care el ne-a adus mai aproape de Dumnezeu. Știam foarte bine această diagramă a planului lui Dumnezeu; o împărtășisem și eu de sute de ori oamenilor din țări îndepărtate. Mă uitam la acea bucată de hârtie plină de praf și simțeam că-mi dau lacrimile. Asta era. Asta uitasem.

Cu toate întâlnirile și planurile de lecție și discuțiile și fricile, uitasem ce anume mă determinase să mă sui în acel avion, care mă adusese în acest loc necunoscut, deși mă dureau mâinile încă învinețite după un set complet de analize. Uitasem de ce îmi părăsisem familia și prietenii, căminul și traiul. Aveam din nou răspunsul chiar în fața mea, așternut pe o bucată de hârtie.

Acel bărbat, acel misionar pe care l-am întâlnit din întâmplare, de-a lungul șinelor de cale ferată, în deșert, înțelesese ceea ce eu uitasem, și anume că mesajul era cel mai important. Tot ce conta era să găsești oportunitatea de a le transmite mai departe oamenilor calea spre mântuire, dincolo de barierele limbii, mai presus de rasă sau poziție socială. M-am întors să-i mulțumesc, să văd dacă l-aș fi putut ajuta cu snopul de surcele, dar dispăruse. Dincolo de întinsul și pustiul deșert ce mă despărțea de marginea orașului, erau doar șinele de cale ferată și nisipul alb. În acea după-amiază, m-am întors în Jos, cu sentimentul că aveam din nou un scop. Poate că nu puteam să realizez tot ce aveam de făcut sau poate că aveam să eșuez lamentabil, dar puteam să profit de fiecare oportunitate să transmit acel mesaj prin cuvintele sau acțiunile mele.

Privind înapoi, mă gândesc la tot ce am învățat în lunile petrecute în Nigeria - cum arată cu adevărat sărăcia, ce înseamnă perseverența și unde ne poate conduce și cum Dumnezeu, cu dragoste și înțelepciune infinite, poate să profite de orice oportunitate, să depășească orice obstacol pentru a ne arăta nouă cât de simplă este de fapt menirea lui. Misionarul care mi-a schimbat viața a reușit asta cu un zâmbet, cu o bucată de hârtie mototolită, și nimic mai mult.

~ Perry P. Perkins

Capitolul 3

Rugăciuni ascultate

21

Supă de pui pentru Suflet

Când vezi roșu înaintea ochilor

Rugăciunea unui om bun va urca din cea mai adâncă temniță în înălțimea cerurilor și de acolo va trimite înapoi o binecuvântare.
– Joanna Baillie

Mi-am luat jacheta căptușită, m-am dus în garaj și am încălțat în grabă cizmele de cauciuc. Bătrâna cățea s-a uitat în sus spre mine de parcă mi-ar fi spus: „Chiar trebuie să facem asta? E groaznic de urât afară."

- Bine, bătrânico, te iert de data asta, i-am spus și am mângâiat-o, apoi m-am îndreptat spre țarcuri. Simțeam că merg ciudat. Urmele mai vechi de noroi de pe cizme se umpleau acum cu zăpadă și înghețau. Am dat din cap în semn de nemulțumire. Era luna mai.

Cu ceva timp înainte, Red dăduse semne că era gata să fete. Vacile din mica noastră cireadă erau blânde și docile, cu excepția bătrânei Red. Indiferent ce i-am fi oferit, ea era veșnic neprietenoasă.

Pe măsură ce mă apropiam de țarcuri, am observat că

Red nu era afară. Am zăngănit lanțul de la poartă în timp ce o strigam, ca să nu o sperii. M-am apropiat de ușa micului adăpost pentru animale și am continuat să vorbesc, încercând totodată să-mi obișnuiesc ochii cu lumina slabă dinăuntru.

- Ce faci? am întrebat, încercând să-i disting silueta în spatele adăpostului. Of! am exclamat apoi. Ai fătat deja! E totul în regulă?

Dar n-am intrat. Nu aveam de gând să rămân în aceeași încăpere cu o proaspătă mămică. Când m-am mutat să pot vedea mai bine, am surprins cu coada ochiului o mișcare rapidă a lui Red. Poc! M-am simțit împinsă spre tocul ușii. Când picioarele mele au atins din nou pământul, m-am întors ca să fug de acolo. Jap! Am fost lovită din spate și am zburat efectiv, în timp ce dădeam din mâini necontrolat. Cu una din mâini mi-am atins perechea cea nouă de ochelari, care în mod evident mi-au căzut de la ochi. Încercam să-i prind cu disperare, în timp ce mă prăbușeam pe podea. N-am reușit și am aterizat peste ochelari, care erau undeva sub piept.

M-am ridicat ușor pe mâini și pe genunchi. Trosc! Iar mă lăsase lată. Eram șocată. Mă gândisem că Red nu avea să-mi facă nimic, câtă vreme nu eram lângă nou-născut. Ei bine, situația era fix pe dos - Red era turbată! De fiecare dată când încercam să mă ridic, ea mă lovea din spate. Devenisem un soi de plug acționat de un motor bovin, căci Red mă împingea prin tot țarcul, iar eu făceam poteci prin zăpadă, noroi și băligar. Într-un final, m-am oprit, reușind să-mi croiesc drum între adăpost și un jgheab de apă.

Red stătea cu o copită pe spatele meu, iar cu alta mă lovea. Acum eram propria ei trambulină umană. Mi-am pus o mână la gât, cu gândul că mănușa mă va proteja cât de cât. De fiecare dată când ridicam capul, Red mi-l izbea cu al ei.

- Oprește-te, te rog, oprește-te! Ajutor! am strigat. În acel moment, îmi doream ca bătrâna cățelușă să fi mers cu mine. Ea ar fi putut să îi distragă atenția vacii, măcar cât să apuc să mă ridic. Mă gândeam la familia mea. Oare aveau să mă găsească acolo, moartă, călcată în picioare? Am simțit respirația fierbinte a lui Red în ceafă și i-am auzit gemetele de furie, în timp ce se lupta să mă nimicească. Ce mod de a muri, m-am gândit, cu fața-n băligar!

Deodată, mi-am ridicat capul, conștientă fiind că nu cerusem ajutor tocmai celui care mă putea ajuta. „Doamne, ajută-mă!" am strigat. Mi-am simțit încă o dată capul scufundându-se în murdărie; primisem o altă lovitură.

Brusc, Red s-a oprit, s-a întors și a fugit în cea mai îndepărtată parte a țarcului. Mi-am ridicat capul și m-am holbat la ea. Ochii ei înflăcărați nu se uitau la mine, ci la ceva deasupra mea. I-am urmărit privirea. Nu deslușeam nimic, dar ea clar vedea ceva.

M-am ridicat încet, cu un ochi la vacă și cu celălalt încercând să văd la ce se uita. Nu se mișca, părea hipnotizată. Am făcut doi pași. Ea a rămas împietrită. Ochii ei lucioși erau înspăimântători. Oare, mă lăsa să ies? M-am împiedicat de gard. Red nici măcar nu s-a clintit. Mi-a aruncat o privire fugitivă când m-am mișcat și apoi și-a ațintit din nou privirea deasupra mea.

Simțeam câte o prezență nevăzută în stânga și-n dreapta mea, care mă țineau de brațe și mă ghidau. Îmi amintesc vag că am ajuns în dreptul gardului. Ținută din ambele părți, m-am întors spre casă și mi-am oprit privirea în căpița de fân, cu gândul să mă odihnesc puțin. Ceva sau cineva mă îndemna însă să continui. Mi-am târât picioarele spre casă, sprijinindu-mă de ajutoarele mele. Știam, instinctiv, că Dumnezeu își trimisese îngerii să se îngrijească de mine. Nu îmi era teamă.

Când am pășit în casă, îngerii m-au eliberat. Am mers șontâc până în bucătărie, de unde am luat telefonul. Durerea îmi ardea coastele și pieptul. Respiram greu. Oare ce leziuni interne aveam?

La spital, personalul și alți privitori căscau ochii la hainele mele excesiv de murdare.

- M-am luptat cu o vacă și a câștigat ea, i-am spus asistentei.

Am fost dusă rapid la radiologie. După ce mi-a făcut radiografiile, medicul mi-a spus că revine imediat.

- În regulă, mai avem o plimbare de făcut, a adăugat când s-a întors.

Următoarea pe listă era o ecografie.

- Medicul o să vină numaidecât, m-a înștiințat în timp ce se întorcea în camera de urgență. Răceala lui îmi spunea că ceva nu era tocmai în regulă.

Apoi a intrat medicul. Aveam trei coaste rupte și probabil altele fisurate. Sternul era intact, dar aveam o grămadă de vânătai și destule tăieturi pe spate, în zona gâtului, unde fusesem lovită cu copitele. Nu părea să am leziuni ale coloanei. Dacă nu apucam să mă întorc înainte ca vaca să mă lovească, o lovitură în osul stern mi-ar fi putut fi fatală. Jacheta mai grea și solul umed mă salvaseră probabil de la leziuni mai serioase.

- Deși intern totul pare să fie în regulă, ne temem să nu existe totuși leziuni ale splinei. O să vă ținem sub observație peste noapte. Dacă splina este afectată, e posibil să fie nevoie de o operație de urgență, m-a avertizat doctorul.

M-am rugat. Nu aveam timp de operații. Era vremea de semănat. Medicii și asistentele m-au supravegheat pe toată durata nopții. Îmi revenea în minte atacul. Oare, îmi imaginasem acea intervenție divină? Nu, frica din ochii lui Red când se uita spre acea epifanie era la fel de reală ca durerea pe care o simțeam. Nu, ar fi fost imposibil să scap de acolo și să ajung în casă fără ajutor. Îngerii mă ajutaseră. Le simțisem atingerea. Totul avea să fie bine.

În dimineața următoare, soțul meu mi-a adus ochelarii deformați și vestea că mama și vițelul ei erau bine. Am fost externată.

A durat ceva timp până mi s-au vindecat coastele și vânătăile. Iar mie mi-a luat și mai mult timp să am curajul de a merge iar printre vacile din cireadă. Dar o vară întreagă de fripturi și hamburgeri (a făcut Red cinste cu toate) a ajutat în procesul de vindecare. O parte din ea a fost chiar uscată și trimisă unor prieteni din Siberia. Hm, Siberia - un loc potrivit pentru ea, m-am gândit eu.

Fermierii sunt deseori uciși în timpul atacurilor survenite din partea vitelor furioase, pentru că nu există scăpare, nimeni nu poate interveni. Lăudat fie Domnul pentru intervenția divină! Îi mulțumesc lui Dumnezeu pentru îngerii trimiși să mă salveze! „Nu sunt ei toți duhuri slujitoare, trimise să-i slujească pe cei ce urmează să moștenească mântuirea?" (Evrei 1:14)

~ Irene R. Bastian

22

Supă de pui pentru Suflet

O mână de sus

Pentru fiecare munte există un miracol.
– Robert H. Schuller

Cred în îngeri de când mă știu. Când eram copil și am auzit pentru prima dată vorbindu-se despre ei, credeam că erau ființe trimise de Dumnezeu să îi ajute pe oameni atunci când aveau nevoie. Credeam că existau oameni ce fuseseră salvați de îngeri, scoși din foc, ghidați prin sălbăticie sau pur și simplu consolați, atunci când aveau nevoie ori sufereau o pierdere a cuiva drag. Dar nu m-am gândit niciodată că un înger mi s-ar arăta mie și mi-ar întinde o mână de ajutor, la propriu, într-un moment crucial.

În tinerețe fusesem alpinist. Iubeam să stau în aer liber, să cutreier ținuturi neexplorate, să dorm în cort și să mă bucur de tot ce avea natura de oferit. Dar, mai presus de orice, iubeam să fiu sus, suficient de sus, cât să pot admira de la înălțime tot acel peisaj creat de Dumnezeu și să mă minunez de frumusețea și de miracolul acestei lumi.

Începusem să mă cațăr încă de pe vremea facultății,

când un prieten alpinist s-a oferit să mă învețe. La început, cădeam și mă împiedicam, mai mult decât reușeam să mă agăț de muntele pe care încercam să-l escaladez. Dar, cu timpul, ajunsesem să recunosc textura fiecărei stânci și să înțeleg de câtă răbdare și putere era nevoie pentru a petrece o zi întreagă traversând muntele. Și începusem să simt minunea de a fi mic într-un loc atât de maiestuos precum muntele pe care îl exploram.

Am trecut de la cățărarea cu frânghii la cea liberă, o experiență pe care o trăiești doar tu cu stânca. Mi-a luat mai mult timp să învăț să fac asta dar, ușor-ușor, începusem să-mi fac drum printre cei mai populari versanți. Eram tânăr, puternic și cutezător; gândeam că nu există vârf pe care să nu-l pot atinge.

Și uite-așa am reușit să fac un lucru prostesc. M-am hotărât să escaladez de unul singur o stâncă ceva mai dificil de abordat, pe care mulți alpiniști de talie mondială o considerau de-a dreptul perfidă. Și, ca să fie tacâmul complet, n-am spus nimănui unde urma să plec. Mă rog, oamenii știau în mare că urma să merg în pustietate, dar nu că aveam de gând să fac ceva atât de stupid.

Eram acolo, la vreo 90 de metri înălțime, urcam pe muntele ales de mine, atârnând de un colț de stâncă ieșit în relief, când am realizat că nu mai aveam forță să continui. Picioarele îmi erau extenuate. Aveam cârcei la degete și la mâini, iar brațele îmi tremurau. Stăteam să cad.

Am început să mă rog. La început, mă rugam la Dumnezeu să îmi dea putere să ajung într-un loc în care să mă pot odihni și unde să-mi refac forțele, dar mi-am dat seama curând că nu mai era timp pentru asta. Degetele începuseră să-mi alunece. M-am uitat în jos și am văzut pământul foarte departe de mine; pentru prima dată în viața mea, am crezut că urma să mor.

Rugăciunile mele deveniseră ceva mai arzătoare. Mă rugam la Dumnezeu și îi ceream să mă salveze. I-am spus că știam că urma să cad, dar că-l rugam să mă prindă. Apoi s-a întâmplat. Degetele mele au alunecat de pe stâncă și mi-am simțit corpul obosit căzând. Picioarele mele au trecut razant pe lângă peretele muntelui, dar erau prea slăbite pentru a face ceva. Am închis ochii, așteptând impactul cu solul.

Deodată, am simțit cum două mâini mă cuprindeau de talie. Le simțeam strângându-mă ușor. Eram ridicat. Nu-mi venea să cred, dar eram ridicat spre un loc deasupra stâncii de care eu stătusem atârnat. În acel moment, am auzit o șoaptă în ureche și o adiere plăcută și caldă. Vocea a spus: „Nu-ți fie teamă! Te țin eu."

N-am avut timp să pun întrebări. M-am uitat în sus și am văzut marginea spre care eram dus. Strânsoarea din jurul taliei devenise mai puternică, iar eu simțeam cum brațele și picioarele mele prindeau forțe proaspete. M-am agățat de un afloriment și mi-am fixat picioarele pe margine. Mâinile blânde ce mă purtaseră până acolo m-au eliberat, iar eu stăteam pe stâncă în siguranță.

Am privit în jos, să văd cine sau ce mă salvase, dar nu era nimeni. Am auzit din nou șuierul acelei adieri calde ce trecuse pe lângă mine. În acel moment, am știut că Dumnezeu îmi răspunsese la rugăciuni. Îmi trimisese un înger să mă prindă și să mă lase în siguranță înapoi pe munte. Mă salvase de propria mândrie prostească.

Imediat ce mi-am recăpătat forțele, am coborât. Am mai urcat de atunci, dar niciodată, cu atâta inconștiență. Sunt veșnic recunoscător pentru cea de-a doua șansă primită pe munte și brațelor acelui înger care mi-a întins o mână de ajutor atunci când aveam cea mai mare nevoie.

~ John P. Buentello

23

Supă de pui pentru Suflet

Dădaca din vis

Fii atent la visele tale – deseori, îngerii Domnului
îi vorbesc direct inimii, atunci când dormim.
– Eileen Elias Freeman
Manualul de instrucțiuni al îngerașului

Tocmai devenisem mama divorțată a doi copii. Îmi amintesc confuzia acelor zile; acea nouă titulatură, tristețea, furia, sentimentul că eram pierdută, fără să știu încotro s-o apuc. Un consilier la care apelasem îmi sugerase să merg la facultate, să-mi lărgesc perspectivele profesionale, pentru că nu mai activasem în câmpul muncii de șase ani. Se gândea că ar fi fost o experiență benefică pentru mine nu doar pentru că aș fi studiat ceva ce-mi plăcea, dar și pentru că m-ar fi ajutat să-mi revin din punct de vedere emoțional după divorț. Mi se părea ridicol.

Dar am făcut totuși pasul. În luna mai a acelui an, am trecut prin admitere, testări, întâlniri cu un consultant financiar, gândindu-mă în sinea mea că toată treaba cu facultatea nu se va întâmpla și nici că îmi păsa. Îmi plăcuse întotdeauna să învăț, nu îmi era teamă de eșec. Cu toate astea, mă gândeam cum aveam să procedez: cum să merg la facultate pe timpul zilei, să lucrez cu jumătate de normă seara și în weekenduri și să mai cresc și doi copii mici, care fuseseră toată viața mea timp de șase ani. Grădinița era exclusă, pentru că ei erau obișnuiți acasă, unde primeau atenție individuală, iar eu nu voiam să schimb asta, mai ales în contextul dat. Lumea, așa cum o știam eu de ani întregi, dispăruse.

„Pe cine păcălesc?" mă gândeam. „Tocmai ce le-am distrus viața, și pe-a mea, odată cu a lor, așa că ce mai contează dacă merg sau nu la facultate?".

Credeam că toți acei ani în care au stat acasă, acolo unde erau iubiți și îngrijiți de doi părinți, se duceau încet pe apa Sâmbetei. Îmi era clar că urmau să devină și ei niște statistici ale unor studii efectuate în rândul copiilor cu părinți divorțați; acei copii care nu reușesc în viață și devin delincvenți juvenili, apoi, adulți criminali ce înfundă pușcăriile tot restul vieții. Ce mă făcuse să cred că puteam să duc la bun sfârșit planul cu facultatea, în acele momente de profundă schimbare? Nici nu-mi amintesc o perioadă în care să fi simțit că eșuasem mai mult decât atunci.

Am luat examenul de admitere și chiar obținusem o bursă pentru studenții „neconvenționali", numele de cod pentru studenții „mai bătrâni" care merg pentru prima dată la facultate. Și, vai, cât era de intimidant: gândul de a merge la cursuri cu o grămadă de puști de 18 ani, proaspăt absolvenți de liceu, eu, femeie divorțată, mai în vârstă și cu doi copii. Toată situația mă băga în sperieți.

Dar nu găseam pe cineva care să stea cu cei mici. Chiar dacă toată situația cu facultatea ar fi prins contur, știam că n-aș fi plecat nicăieri fără să-mi știu copiii bine îngrijiți. Practic, făcusem totul doar așa, ca să fie, pentru că știam foarte bine că n-avea să se concretizeze nimic.

Eram disperată să găsesc acel ceva care să-mi schimbe viața - și nu ceva din categoria divorț. Am început să mă rog. Mersesem la biserică toată viața, dar credința mea se baza pe ritualuri și tradiții, pe a face lucrurile doar de dragul de a fi făcute; îmi trăiam viața bine mersi, crezând că aveam o credință solidă și că făceam totul așa cum trebuia. În vara aceea am început să mă rog cu ardoare. Îi ceream lui Dumnezeu să-mi deschidă repede toate ușile, dacă asta îi era dorința, să le așeze pe toate la locul lor și să-mi arate cât se poate de clar dacă eram pe drumul cel bun. Of, și să-mi găsească și dădaca ideală!

Săptămânile au trecut, cu facultatea totul era pus cap la cap, mai aveam de rezolvat situația cu dădaca. Dar pur și simplu nu se întâmpla. Îmi sunasem toți cunoscuții, studiasem toate grădinițele din zonă, nimic.

Într-o noapte, după ce m-am rugat și am adormit plângând din nou, am avut un vis. Se făcea că eram într-un magazin mare cu ambii copii, unul mai agitat și mai plângăcios decât celălalt, iar eu mă chinuiam să ies de acolo cu tot cu ei și cu un căruț imens, pe care abia îl puteam mișca.

Am pus căruciorul de cumpărături deoparte pentru o clipă, cât să stau puțin jos cu cei mici. Deodată, o femeie mai în vârstă s-a apropiat și s-a așezat lângă mine. Am observat că avea un soi de broșă prinsă pe bluză. S-a uitat la mine și m-a întrebat: „Știi de ce au nevoie acești copii?".

Am privit-o și, fiindcă eram prea obosită să mă cert sau să vorbesc măcar, am spus doar: „Poftim?".

„Au nevoie de câte o acadea Butterfinger." Și a scos două acadele din poșetă, oferind câte una fiecărui copil. Imediat, atât băiatul, cât și fata s-au așezat în poala ei, s-au oprit din plâns și și-au savurat acadelele Butterfinger, în timp ce-și odihnau capetele pe umerii femeii. Păreau atât de liniștiți în preajma ei.

Eram uimită. Apoi m-a întrebat: „M-ai putea duce acasă? Sunt văduvă și nu conduc."

Am acceptat. Mi-a spus unde locuia, iar atunci când am ajuns pe aleea casei, am observat că erau legături vechi de cale ferată pe toată aleea și trepte ce duceau până la ușa de la intrare. Am parcat mașina și am întrebat-o dacă avea nevoie de ajutor.

„Nu, mă descurc. Acum du-i pe copii acasă (copii care adormiseră pe bancheta din spate) și odihnește-te. Voi avea eu grijă de tine și de copiii tăi." Apoi, brusc, a dispărut.

A doua zi dimineață, m-am trezit cu un sentiment de liniște. Stăteam întinsă pe pat, bucurându-mă de acel sentiment nou.

Au trecut câteva luni și vara se terminase. Facultatea începea în două săptămâni, iar eu încă nu aveam o dădacă pentru copii. Mi-am amintit să mă rog.

– Doamne, nu știu dacă mă asculți, dar îmi amintesc de acel vis de acum câteva luni; și încerc să fiu răbdătoare și să mă încred în acel înger care mi s-a arătat. Știu că ai lucruri mai importante de făcut, dar mai sunt două săptămâni până începe facultatea și chiar am nevoie de un semn din partea ta!

Cu o săptămână înainte de începerea facultății, o prietenă mi-a dat numărul de telefon al unei bătrâne ce obișnuia să aibă grijă de copii. Era o văduvă care locuia în oraș.

Am sunat-o și, după ce am vorbit puțin, m-a întrebat dacă puteam merge să o iau de acasă; voia să cunoască copiii.

– Știi, eu nu conduc, sunt văduvă.

Mi-a dat adresa. Să fie oare...?

Am parcat pe o alee brăzdată de legături de cale ferată și trepte ce duceau spre ușa de la intrare. Mi se făcuse pielea de găină. S-a deschis ușa și am văzut-o; m-a îmbrățișat și mi-a spus:

- Mă bucur să te cunosc. Abia aștept să-i cunosc și pe copii!

În drumul spre casă, am observat că avea o broșă ce simboliza un înger, chiar acolo, pe buzunarul bluzei.

~ Patricia Beaumont

24

Supă de pui pentru Suflet

În grija îngerilor

Îngerii sunt cei care ne împart și ne gestionează binefacerile divine; ei au grijă de siguranța noastră, ei sunt cei care ne ghidează și care se preocupă constant ca niciun rău să nu se abată asupra noastră.

– John Calvin

Să ne retragem în nord, într-o pădure, pe malul unui lac era visul meu și al soțului de ani buni. Așa că atunci când am aflat, în octombrie 1995, că administrația unei stațiuni vindea căsuțele ca locuințe, am profitat de ocazie să închiriem una, cu posibilitatea de a o cumpăra ulterior. O săptămână mai târziu, după ce ne-am mutat lângă Lake George din Rhinelander, Wisconsin, la 300 de kilometri depărtare de familie și prieteni, soțul meu a murit de infarct.

În seara de după înmormântarea lui, stând în mijlocul a zeci de cutii nedesfăcute, am fost nevoită să înfrunt realitatea. Eram complet singură. După 40 de ani în care avusesem cu cine să vorbesc, cui să-i spun noapte bună, după 40 de ani, în care cineva mă ținuse în brațe, acum eram singură.

Cum să supraviețuiesc singurătății? Mai grav era că mă temeam de întuneric de când aveam 8 ani. Mă întrebam cum aveam să trec cu bine peste nopțile ce vor urma. Am mers prin casă și am încuiat toate ușile și ferestrele. Am fixat chiar și scaune sub clanțele ușilor, am tras draperiile și am aprins luminile peste tot. Am pus o lanternă lângă pat (în caz că rămâneam fără curent, mi-am spus) și cuțitul de vânătoare al soțului sub pernă.

Cu toate astea, nu puteam să dorm. După mai multe nopți nedormite, am sunat într-un final la medic. Mi-a prescris niște somnifere care-mi provocau o stare de amețeală constantă. Dar aveam nevoie de somn. Pe lângă insomnii, mai sufeream și de singurătate și nesiguranță, pentru că rămăsesem singurul locatar al stațiunii, în timpul celui mai năprasnic viscol ce se abătuse asupra comitatul Oneida, în ultimii 50 de ani.

Apoi, într-o seară de ianuarie, după trei luni de doliu, totul s-a schimbat. Stăteam pe fotoliul meu din sufragerie și mă uitam la televizor, în timp ce savuram cina și mă gândeam la viața pe care n-o mai prea trăiam, când m-am înecat cu un bob de porumb. Am sărit din fotoliu tușind și am început să mă izbesc cu spatele de un toc de ușă mai ieșit în relief, sperând că voi forța astfel bobul de porumb să-mi elibereze traheea. N-a funcționat. Ca să fie tacâmul complet, în timpul crizei de tuse și înec, vezica mea a cedat, așa că am fost nevoită să fug și la toaletă.

Cât am stat acolo am continuat să tușesc și să mă înec încontinuu. Dar tot nu reușisem să scap de bobul de porumb din trahee. Când m-a luat și amețeala, am început să mă panichez.

Așa urma să mor, înecată cu un bob de porumb? Fusesem deprimată pentru că nu mai aveam viață de când îmi murise soțul. Dar ideea că puteam muri singură m-a determinat să mă rog în liniște.

„Of, Doamne!" am spus, în timp ce lacrimile îmi șiroiau pe obraji. „Nu vreau să mor. Chiar am o viață și o prețuiesc. Dacă mă poți ajuta, te rog să o faci acum!".

Nici n-am terminat bine de rostit aceste cuvinte că am simțit o lovitură puternică între omoplați; bobul de porumb a zburat din traheea mea direct în cabina de duș.

Uimită, m-am întors pe jumătate și m-am uitat în spate, de parcă cineva ar fi fost acolo, ceea ce era imposibil, căci spatele meu se rezema de toaletă, care la rândul său era fixată pe perete. Cu toate acestea, eram sigură că simțisem o lovitură puternică pe spate.

Exact în acel moment mi-am amintit un verset din Biblie, pe care sora mea mai mare, Peggy, obișnuia să mi-l spună când eram copil, ca să mă liniștească: „Căci este scris, El va porunci îngerilor să te păzească în toate căile tale."

Am meditat la acele cuvinte și, pentru că mă simțeam profund recunoscătoare că eram în viață, am rostit cu voce tare: „Îți mulțumesc, Doamne, pentru că mi-ai trimis un înger să mă ocrotească!".

Mai târziu, în timp ce mă pregăteam de culcare, mi-am dat seama că nu aveam de ce să fiu speriată de întuneric sau de singurătate. Până la urmă, dacă un înger nu mă lăsase să mor înecată cu un bob de porumb, m-am gândit eu, atunci cu siguranță avea să mă protejeze și de alte necazuri.

Mă simțeam în siguranță pentru prima dată după luni întregi, așa că am pus cuțitul de vânătoare înapoi în cutia de pe sertarul din debara. Din acea noapte am reușit să dorm buștean, fără ajutorul somniferelor și pe întuneric. Îmi depășisem fricile de întuneric și de singurătate, pentru că Dumnezeu îmi trimisese un înger care să vegheze asupra mea.

~ Sylvia Bright-Green

Cu mașina pe gheață

Încrede-te în Domnul din toată inima ta
și nu te bizui pe înțelepciunea ta.
– Proverbe 3:5

În 1973, la 20 de ani, locuiam în Kansas City și aveam două slujbe ca să mă pot întreține și să merg și la facultate. Cu un an înainte, fusesem nevoită să renunț la Stephens College din Columbia, Missouri, din cauza lipsei banilor. Când am primit invitația de a merge la o petrecere în Columbia, acolo unde era fosta mea facultate, am profitat de șansă, ca să mă reconectez cu orașul.

Era noiembrie și am pornit la drum într-o vineri, după ce mi-am terminat schimbul, în jur de 8-8:30 seara; era un drum de două-trei ore cu mașina. Planul era să îmi petrec noaptea la un hotel din Columbia, să mă plimb prin oraș a doua zi, iar sâmbătă seara să merg la petrecere.

Corvait-ul meu decapotabil, din 1963, nu era etanș, iar la ce frig era afară, faptul că pornisem căldura în mașină chiar a ajutat. În mod ironic, chiar am fost nevoită să deschid puțin geamurile ca să intre aer curat, căci mirosul de gaze arse se impregnase în mașină.

Deși ninsese mai devreme în ziua aceea, drumurile erau curate și se circula normal. Aveam radioul dat la maximum, cântam și mă bucuram de o noapte frumoasă cu Lună. Conduceam de vreo oră, când am dat peste un petic de gheață pe care nu-l observasem și am pierdut controlul mașinii.

Pe vremea liceului, la școala de șoferi, învățasem că trebuia să apăs ușor frâna în derapaj (sistemul ABS era inexistent), dar fără folos. Mașina s-a răsucit, apoi a intrat cu fața în șanțul de pe marginea autostrăzii cu patru benzi. În același timp, a murit și motorul, iar eu stăteam într-o mașină ce rămăsese atârnată într-un unghi de 40 de grade, în deplină liniște. Eram în mijlocul pustietății și nu trecea nicio mașină. Am încercat să pornesc motorul de câteva ori, dar fără succes.

Era ger și nu vedeam decât o autostradă pustie, mărginită de copaci și razele Lunii reflectate în zăpadă. Să spun că eram speriată ar însemna să spun doar jumătate de adevăr. Nu aveam suficiente haine groase pentru a rezista peste noapte acolo. Pe vremea aceea nu existau nici telefoane mobile. Noaptea se putea termina cu bine sau tragic, în funcție de cine urma să oprească să ajute o biată femeie singură, blocată într-un șanț - asta dacă oprea cineva. Colac peste pupăză, mi-am dat seama că nimeni nu avea să-și dea seama că lipseam pentru câteva zile.

Am stat în mașină privind autostrada o veșnicie, sau cel puțin așa mi s-a părut, sperând că va trece măcar o mașină de poliție. Nimic. După un timp, una sau două mașini au trecut pe lângă mine, din direcția opusă. Nu s-a oprit nimeni. Începuse să bată vântul, îl auzeam șuierând prin plafonul decapotabil zdrențuit.

M-am decis să ies să văd dacă nu cumva era vreo casă la care puteam merge după ajutor. Am deschis portiera și am coborât cu grijă pe pământul înghețat, m-am uitat în toate direcțiile, dar nu vedeam nimic altceva decât zăpadă, copaci și o autostradă întunecată și pustie.

Nu aveam cauciucuri de iarnă, deci era greu să ies din acel șanț alunecos chiar dacă mi-ar fi pornit mașina. M-am întors în mașină mustrându-mă aspru pentru prostia mea. De ce plecasem la drum cu mașina atât de târziu? De ce riscasem să plec cu o mașină veche pe vremea aceea? De ce nu spusesem cuiva unde mergeam ca să aibă cine să mă caute în caz că nu mă întorceam?

Am respirat adânc și am început să mă rog. „Doamne," am spus. „Sunt în bucluc. Te rog, te rog, ajută-mă să ies cu bine din toate astea." Nu-mi amintesc restul rugăciunii, dar știu sigur că la un moment dat s-a transformat într-un bolborosit. Se făcea tot mai târziu, iar vântul se întețea. Îmi era extrem de frig.

După ce m-am rugat, am stat pur și simplu în mașină, fără să fac nimic, fără să mă gândesc la nimic... Stăteam doar și mă holbam la volan și la șanțul acoperit cu zăpadă.

Îmi este greu să descriu ce s-a întâmplat apoi. Dar m-a marcat suficient, cât să îmi amintesc incidentul, ca și când ar fi fost ieri, deși s-a întâmplat în urmă cu aproape 40 de ani. Cu excepția a două persoane, n-am povestit nimănui întâmplarea; îmi era teamă de ridicol.

Mi s-a părut că mai era cineva în mașină. Oare îmi pierdeam mințile? Parcă se vedea și o adâncitură în scaunul de lângă mine, de parcă cineva s-ar fi așezat acolo.

Trebuia să verific dacă într-adevăr era cineva acolo, venit să mă ajute. Nu puteam scăpa de sentimentul că nu eram singură. „Bine, Doamne, m-am gândit. Dacă Tu sau vreun înger sunteți aici să mă ajutați, atunci voi afla!".

Am răsucit iar cheia în contact și mașina a pornit imediat. Nu-mi venea să cred. Dar mă temeam ca roțile să nu se răsucească în gol, pentru că zăpada deja înghețase. „Bine, Doamne," m-am gândit. „Dacă nu am luat-o razna și tu chiar mă ajuți, am să dau în spate să văd dacă pot ieși din șanțul ăsta." Încet, mașina a urcat și a ieșit din șanț, de parcă gheața de pe jos nici n-ar fi existat.

Am dat cu spatele spre autostradă, am băgat mașina în viteză și am pornit ușor la drum. Atunci, odată cu motorul, se oprise și radioul. Am condus așa, în liniște, și aveam în continuare senzația că în autoturism mai era cineva, pe scaunul pasagerului din față.

Am decis să mai fac un „test", să mă conving că nu eram nebună. Am luat mâinile de pe volan. Ceva preluase controlul și conducea mașina. Era nevoie de o pereche de mâini pentru a conduce corespunzător, mai ales că volanul nu mergea atât de ușor ca la modelele de mașini mai noi. Cineva sau ceva îmi conducea automobilul.

Mi-a fost teamă să continui testele, așa că am pus mâinile pe volan și i-am mulțumit lui Dumnezeu pentru această binecuvântare, cu voce tare. N-am mai întâlnit nicio altă mașină tot drumul până în oraș, iar „prezența" am simțit-o până am ajuns la destinație. Nu am văzut efectiv un înger, dar nu am nici cea mai mică îndoială că o forță nevăzută m-a vegheat în noaptea aceea, în urmă cu 40 de ani.

~ Morgan Hill

26

Supă de pui pentru Suflet

Îngerul meu de zăpadă

Nu știm exact unde sălășluiesc îngerii – în aer, în neant sau pe planete. Dumnezeu n-a avut plăcerea să ne informeze care le este lăcașul.
– Voltaire

O zi călduroasă și însorită, la început de noiembrie, în Munții Sierra era o surpriză plăcută. O singură privire aruncată spre cerul albastru fără nori m-a convins să conduc 32 de kilometri în vale pentru primele cumpărături de Crăciun. Soțul meu era încântat că rămânea acasă și putea să strângă ultimele frunze căzute. L-am strigat înainte să mă urc în mașină și i-am spus să mă sune dacă vrea să-i iau ceva. Mi-a zâmbit și mi-a făcut cu mâna în timp ce mă îndepărtam.

În vale, temperaturile sunt cu opt până la zece grade mai ridicate decât la poalele munților, acolo unde locuim noi, așa că m-am bucurat de căldură și de soare cât am colindat magazinele. Pe la apus, mi-am dat seama că îmi petrecusem aproape toată ziua la cumpărături. Eram surprinsă că nu primisem niciun telefon de la soțul meu, pentru că de obicei își amintea că voia câte ceva din oraș când eram plecată.

Am scotocit prin poșetă, în căutarea telefonului; nu era acolo. Nimic surprinzător, pentru că nu era prima dată când nu-l găseam. „Probabil e pe bancheta mașinii sau a căzut pe podea," mi-am spus, grăbindu-mă spre parcare. Am pus sacoșele în portbagaj și m-am urcat în mașină, dar nici urmă de telefon mobil. După o căutare frustrantă, l-am găsit sub scaun și am răsuflat ușurată. Mă bucuram că-mi găsisem telefonul, dar și pentru că descoperisem sursa sunetului pe care-l auzisem tot drumul, la fiecare viraj.

În timp ce formam numărul de acasă, mă gândeam cât avea să râdă soțul meu când îi voi povesti. N-am apucat să-i spun pentru că am simțit panica din vocea lui atunci când mi-a răspuns.

- Am încercat să te sun. Aici a început să ningă acum o jumătate de oră, a strigat în telefon.

- Dar se anunțase furtună abia în weekend, am spus eu.

- Știu, știu, dar temperatura a scăzut brusc și iarna a venit dintr-odată, mi-a răspuns.

Încă o surpriză din partea Mamei Natură. Se întâmplă des astfel de fenomene în Munții Sierra; de aceea, păstrez întotdeauna în portbagaj o cutie cu provizii, în caz de urgență; iar de la începutul toamnei până la sfârșitul iernii nu-mi lipsesc nici lanțurile.

- În regulă, atunci mă voi opri să montez lanțurile pe cauciucuri ca să pot ajunge până acasă, am oftat.

Soțul meu a tușit nervos.

- Of, am uitat să pun lanțurile în portbagaj ieri, după ce am dat cu aspiratorul în mașină. Le-am văzut în garaj după ce am terminat de strâns frunzele, a spus.

M-am abținut să nu țip și m-am uitat repede la ceas. Cele două magazine cu piese auto erau deja închise la ora aceea.

- Câtă zăpadă s-a depus? am întrebat.

- Doar vreo 3-5 centimetri. Cred că reușești să ajungi cu bine dacă pleci acum și conduci ușor, pe urmele camioanelor, când ajungi în zona cu zăpadă.

Am închis și am trântit telefonul în poșetă. M-am ocărât că nu verificasem portbagajul după ce făcuse el curățenie. Mereu îl băteam la cap să pună lucrurile înapoi la locul lor. De obicei se întâmpla treaba asta cu lucrurile lui, dar de data aceea eram eu victima neglijenței lui. A fost nevoie să țip ca să mă eliberez de furie și să nu merg supărată acasă.

Pe la 365 metri altitudine, vedeam în fața farurilor de la mașină cum se formau vârtejuri din smocuri mari și albe de zăpadă. Mergeam cu viteză mică și mă îndreptam ușor spre altitudinea de 800 de metri, unde locuiam noi. Am început să vorbesc singură și cu Dumnezeu. „Ajută-mă să ajung acasă" devenise o incantație, căci o rosteam la fiecare câteva minute.

Cea mai mare provocare abia urma - trebuia să trec podul peste lacul de acumulare, apoi să urc și să traversez dealul. Singura variantă era să merg încet și să sper că celelalte mașini și camioane împrăștiaseră suficientă zăpadă cât să le ofere cauciucurilor mele puțină aderență. Mi-am continuat incantația. Până am ajuns la pod, ninsoarea deja se întețise. Mă abțineam să nu plâng.

Un camion trecea peste pod în fața mea. Speranțele mele creșteau. Cauciucurile lui mari urmau să formeze un făgaș perfect prin zăpadă, ca mașina mea să aibă o aderență suficient de bună, cât să urce dealul. Camionul a încetinit, pe măsură ce m-am apropiat, pentru ca apoi să se oprească. Am redus din viteză, dar în final am fost nevoită să opresc la câțiva metri distanță de el. Am privit neputincioasă cum șoferul a coborât, a dat jos zăpada de pe capotă și parbriz, a urcat din nou în mașină și a plecat mai departe.

Mașina mea își pierduse avântul. Urmele lăsate de camion au ajutat până la capătul podului, când am început să urc dealul. Apoi, vehiculul a început să se abată de la drum. Am tras de volan să o îndrept; cauciucurile se roteau, iar mașina aluneca înapoi pe pantă, spre partea înclinată a barajului: mă îndreptam direct spre apă.

„Doamne, te rog, am nevoie de ajutor acum!" am strigat. Mașina s-a oprit. Mi-am lăsat capul pe volan și am rostit: „Mulțumesc". Cineva îmi bătea în geam. L-am deschis și am văzut un tânăr cu părul creț, închis la culoare și ochi albaștri, strălucitori. Mi-a zâmbit.

- N-o să urci dealul fără lanțuri. Îți voi împinge eu mașina pe marginea drumului, iar tu poți urca dealul pe jos, mi-a spus.

Mașina părea că plutește ușor spre marginea șoselei. Tânărul a venit la geamul deschis și a dat din cap.

- Când pleci, amintește-ți să iei și cadourile de Crăciun din portbagaj! mi-a spus.

De unde știa că sunt cadouri de Crăciun în portbagaj?

Mi-am luat poșeta și am coborât din mașină ca să-i mulțumesc pentru ajutor. M-am uitat în jur. Nu era nimeni. Nu erau mașini sau camioane pe drum. M-am uitat după urme de încălțăminte, dar nu erau; se vedea doar stratul intact de zăpadă, ce creștea cu fiecare minut. Mi-am căutat telefonul ca să-mi sun soțul, dar mi-am amintit că semnalul era prost în zona aceea, chiar și pe vreme bună.

Am încălțat în grabă o pereche de cizme de cauciuc și un hanorac cu glugă pe care le țineam sub roata de rezervă, am luat sacoșele de cumpărături și am început să merg spre benzinăria din vârful dealului. Când am văzut lumina palidă deasupra ușii, mi-am dat seama că era închisă. Planul meu de a-mi suna soțul se pierduse în zăpada învolburată ce mă înconjura. Eram nevoită să merg în continuare până ajungeam la o casă de unde puteam telefona.

Imediat ce am părăsit drumul principal, un camion alb a oprit lângă mine, șoferul a coborât și s-a apropiat.

- Vrei să te duc acasă? m-a întrebat.

Am dat din cap afirmativ și a deschis portiera. A zâmbit când am început să-i dau indicații și a spus că știe unde locuiesc. M-am uitat mai atent să văd dacă-l recunoșteam și am observat câteva șuvite de păr negru și ondulat ieșindu-i din căciula tricotată.

- Ești tânărul care mi-a împins mașina spre marginea drumului, pe deal? l-am întrebat.

A zâmbit și a dat din cap aprobator.

Camionul parcă plutea pe șosea și, spre surprinderea mea, în doar câteva minute parcase deja pe aleea din fața casei mele. În mod normal, parcurgeam aceeași distanță în aproximativ zece minute, pe vreme bună. I-am mulțumit, după ce m-a ajutat să cobor din camion și m-am întors să-i fac cu mâna, dar camionul dispăruse.

Mi-am luat prin surprindere soțul când m-a văzut venind pe ușa din față, și nu din garaj. I-am povestit despre călătoria mea spre casă. Când am terminat, s-a strâmbat și m-a privit.

- N-am auzit niciun camion parcând pe alee, mi-a spus, apoi am ieșit împreună afară.

Nu erau urme de cauciucuri, doar o pătură groasă, netedă și albă de zăpadă - și pașii mei ce porneau de pe alee spre scara de la intrare.

De când am trăit acea experiență, cuvintele „înger de zăpadă" au o semnificație mare pentru mine.

~ L.A. Kennedy

27

Supă de pui pentru Suflet

Un înger pe umărul meu

Dacă rămâneți în Mine și dacă rămân în voi cuvintele Mele, atunci cereți orice doriți și vi se va da.
– Ioan 15:7

Când eram mică, am fost învățată că, la naștere, fiecărui om îi este încredințat un înger păzitor. Credeam că dacă mi-aș fi întors capul suficient de repede l-aș fi putut chiar zări pe al meu. Desigur, acest lucru nu s-a întâmplat niciodată.

Mi-am menținut credința de-a lungul anilor, dar în cele din urmă am încetat să mai cred în existența unei ființe înaripate nevăzute care-mi dădea târcoale, gata oricând să-mi ofere protecție și să-mi îndeplinească orice dorință. Clișeul „un înger pe umărul meu" devenise exact asta, o expresie învechită ce-și avea locul în cântece religioase și în visuri copilărești.

Am crescut, m-am căsătorit și am făcut un copil. Deși eram binecuvântată în multe privințe, din punct de vedere financiar abia răzbeam; cel mai greu a fost în urmă cu trei ani. Soțul meu își pierduse slujba pe care o avea de 35 de ani. Reușisem să ne cumpărăm prima locuință cu un an înainte și, deși ipoteca era mică, suma modică negociată drept plată compensatorie pe care o primise soțul pentru toți anii munciți din greu s-a epuizat rapid.

Locurile de muncă lipseau cu desăvârșire în zona rurală unde locuiam. Ne-am golit cardurile de credit în doar câteva luni pentru a supraviețui. Perspectiva era sumbră și ne forța să înfruntăm realitatea crudă a situației în care ne aflam; nu aveam alte opțiuni decât să vindem casa și să închiriem un apartament mic. Nu am fi avut niciun profit de pe urma vânzării așa că, după achitarea creditului, n-am fi avut banisă acoperim și restul datoriilor. Declararea falimentului era inevitabilă, așadar am început să acționăm în consecință.

– Trebuie să pregătim casa pentru vânzare, mi-a spus soțul cu tristețe în glas. Va fi nevoie să curățam hornul, să golim fosa septică și să zugrăvim. O să depunem și declarațiile de venit, ca să putem include și aceste cheltuieli în restul datoriilor, a adăugat, în timp ce-și freca ochii obosiți și roșii.

Am aprobat din cap și m-am ridicat să iau hârtiile. Completasem formularele pentru taxe cu câteva luni în urmă, dar nu le depusesem încă. Din cauza stabilirii sumei forfetare, știam că aveam datorii de mii de dolari. Acestora li se adăugau dobânzile și taxele ulterioare. I-am înmânat teancul gros de formulare și alte facturi și am anunțat coșarul să vină a doua zi.

– Nu uita să-i dai jacheta pe care și-a uitat-o la noi anul trecut, mi-a reamintit soțul.

M-am ocupat și de treaba asta, am luat haina și am aruncat-o pe spătarul scaunului. Când a aterizat pe scaun, o bucată de hârtie mototolită a căzut din buzunar. M-am aplecat să o ridic și am văzut ca era o bancnotă veche de 20 de dolari.

- Uau, e antică! a remarcat soțul meu.

- Vechi sau nu, tot bani sunt, am punctat eu cu amărăciune, tentată fiind să-i păstrez. Era o sumă mică, dar pentru mine era un câștig neașteptat.

M-am uitat în ochii soțului meu și am recunoscut în privirea lui tristă același gând. Desigur, proprietarul hainei nu și-ar fi amintit de acei bani; și, chiar dacă și-ar fi amintit, ce dovadă avea?

Am rămas tăcuți o bună bucată de timp. Eram întotdeauna pe aceeași lungime de undă, așa că, inevitabil, ajunsesem la aceeași concluzie. Am băgat banii înapoi în jachetă. Am reluat discuția despre ceea ce urma să facem, aruncând din când în când câte o privire lungă spre haina coșarului; însă banii au rămas la locul lor.

Ziua următoare, soțul meu a plecat la un contabil să ne verifice formularele, iar eu am rămas să-l aștept pe coșar. Onorariul lui, constând în bancnote rușinos de mici și ceva mărunțiș, era așezat frumos pe masă.

A venit, și-a făcut treaba, și-a luat banii și mi-a mulțumit peste măsură pentru că-i păstrasem jacheta atât timp.

- Îmi cer scuze, am vrut să trec de nenumărate ori să o iau, dar pur și simplu n-am reușit!

I-am făcut cu mâna la plecare, afișând un zâmbet forțat.

După ce a plecat, m-am dus să-mi fac o cafea. Una slabă, căci mai erau doar câteva fărâme de cafea pe fundul cutiei. M-am întins după laptele pe care-l drămuisem atât de bine, cât să ne ajungă până încasam următorul cec. Fusesem exagerat de zgârcită. S-a auzit ca un plescăit și, în loc de lapte dulce, am turnat peste cafea câteva cocoloașe de lapte acrit.

Se umpluse paharul! Furioasă, am aruncat ceașca ce a traversat toată bucătăria și s-a făcut țăndări, după ce a lovit oglinda din sufragerie. Șiroaie de cafea diluată se prelingeau pe tot peretele, până la cioburile de pe podea.

„De ce?" am strigat spre un Dumnezeu ce simțeam că mă abandonase. „Suntem oameni buni. Suntem corecți, muncim din greu și asta ne este răsplata?". Tunam și fulgeram. „Știu că ești ocupat. Știu că suntem nesemnificativi, dar ai putea să ne trimiți măcar un înger, dacă tot te aștepți să cred că există așa ceva, ca să ne ajute puțin? Nu-ți cer averi! Vreau doar să păstrez puținul pe care-l avem!" am strigat cu ochii în lacrimi.

Cu respirația tremurândă, am încercat să-mi vin în fire. Am luat un făraș și o cârpă și m-am aplecat să iau cioburile. Atunci am simțit o atingere blândă, mângâietoare, pe umăr. Uimită, m-am răsucit să pot vedea reflexia persoanei din spatele meu, într-o bucată mică de oglindă. Am văzut chipul frumos al unei femei, înconjurat de o lumină strălucitoare. Avea ochii cei mai albaștri pe care-i văzusem vreodată și îmi zâmbea într-un mod liniștitor, ca și când ar fi vrut să-mi spună că totul va fi bine. O secundă mai târziu, imaginea a dispărut și a fost înlocuită de aceleași cioburi de sticlă pătate cu cafea. Am rămas nemișcată, cuprinsă de un sentiment plăcut de liniște.

Eram în aceeași stare de uimire, când a sunat telefonul. M-am ridicat cu stângăcie și am luat receptorul.

– Alo? am șoptit.

– Draga mea, stai jos? Trebuie să stai jos! mi-a spus soțul cu o voce gâtuită de emoție.

– Ce s-a întâmplat?

– Nu s-a întâmplat nimic. Râdea. E totul bine! Am greșit

calculul taxelor. Avem bani de recuperat - mulți bani!

Mi-a explicat ce greșise. Sporovăiala lui n-avea niciun sens. Tot ce mă interesa era să știu câți bani aveam de recuperat. Când mi-a spus despre ce sumă era vorba, mi s-a tăiat respirația.

Era mai mult decât suficient pentru a ne acoperi toate datoriile și ne rămâneau destui bani pentru mâncare și lemne pentru iarnă. Rămăsesem fără cuvinte.

Nici n-am apucat să închid bine telefonul că a sunat din nou. Era coșarul. Mi-a răspuns la salutul prietenos cu un altul pe măsură.

- Am sunat să vă mulțumesc pentru onestitate, și-a început el discursul. Am găsit în jachetă ceva ce credeam că am pierdut pentru totdeauna - o bancnotă de 20 de dolari pe care mi-o dăruise mama acum 40 de ani, la botez. N-am cheltuit niciodată acei bani; bancnota era ultimul lucru pe care mi-l oferise înainte să moară, o săptămână mai târziu.

- Mă bucur că ați găsit-o, i-am spus, amintindu-mi cu vinovăție acele câteva momente urâte când fusesem tentată să îi fur banii.

- Fie ca îngerii să vă vegheze mereu, doamnă! mi-a spus încet, iar eu am zâmbit, în timp ce ochii mi se umpleau de lacrimi.

- Mă veghează, am șoptit, în vreme ce închideam telefonul.

~ Marya Morin

28

Supă de pui pentru Suflet

Îngerul lui Ashley

Seara, dimineața și la amiază oftez și gem,
și El va auzi glasul meu.
– Psalmul 55:17

Când a împlinit 19 ani, fiica mea ne-a anunțat că voia să se mute din micul nostru orășel de munte în Pasadena. Nu eram încântată că mezina noastră se muta într-un oraș mare, dar mi-am amintit de melodia celor de la The Beach Boys, „The Little Old Lady from Pasadena" („Micuța bătrână din Pasadena"). Prin urmare, dacă fiica mea tot era hotărâtă să se mute în sudul Californiei, acel oraș părea cea mai sigură alegere.

După primii doi ani la colegiu, ea, împreună cu Laura, colega ei de cameră, au decis să se transfere la universitate. Asta însemna să se mute din orașul micuțelor bătrâne, Pasadena. Cum erau două studente muritoare de foame, au fost nevoite să se mulțumească cu o locuință cel puțin rentabilă - ca să nu spun mai mult.

- Nu trăim în mahala, doar locuim în ghetou, glumea Ashley, încercând să ne liniștească. Avea dreptate. Nu era chiar așa de speriat, dar erau destule personaje dubioase prin zonă și se auzeau suficiente sirene, cât să determine o mamă să se roage în fiecare seară, cerându-i lui Dumnezeu să-și trimită îngerii pentru a-i proteja fiica cea mică, frumoasă și blondă ce locuia în Los Angeles.

Într-o noapte, după ce și-a parcat mașina, Ashley, luat-o pe jos spre casă; a trecut pe lângă niște tineri care observaseră că era singură. Ea și Laura își făcuseră obiceiul de a se suna reciproc atunci când coborau din mașină și vorbeau la telefon până când ajungeau cu bine în casă. Însă în seara aceea, nici Laura nu era acasă. În timp ce mergea prefăcându-se că vorbea la telefon, Ashley a auzit pași în spatele ei. Cu inima cât un purice, a început să spună o rugăciune.

În câteva minute, a auzit o voce în spatele ei:

- Scumpete, cineva te urmărește, așa că voi merge cu tine până ajungi la ușa casei!

- În mod normal, dacă un tip îmi spune „scumpete", el este cel pe care vreau să-l evit, mi-a povestit Ashley. Dar când bărbatul acela mi-a vorbit, eu m-am simțit în siguranță. De fapt, nici n-a mers lângă mine, mi-a spus, a rămas câțiva pași în spate. Am ajuns la apartament, am bagat cheia în ușă și m-am întors să-i mulțumesc, dar dispăruse. Nu avea când să ajungă prea departe, dar cu toate astea nu-l vedeam nicăieri.

Poate că Ashley n-a avut șansa de a-i mulțumi binefăcătorului său în acea noapte, dar eu nu am încetat o clipă să-i mulțumesc lui Dumnezeu pentru că a ascultat rugăciunile acestei mame îngrijorate.

~ Linda Newton

29

Puterea rugăciunii

Rugați-vă neîncetat...
– 1 Tesalonicieni 5:17

- Acele scări. Mă îngrijorează. Mă rog în fiecare zi pentru familia voastră din cauza acelor scări!

Anna, mătușa cea nebună a soțului meu, se ruga mereu pentru ceva. Pentru ea, rugăciunea era ca respirația. Nu a încetat o clipă să se roage, până în ziua în care a murit. Primea cereri de rugăciune din partea bisericilor din zonă și liste venite de la predicatori evangheliști ce apăreau la televizor. Se ruga pentru locuri de parcare, vizite la medic și comenzi la magazinele alimentare. Se ruga pentru ea însesi, de fiecare dată când urca sau cobora cele câteva trepte din apartamentul său.

Pentru familia noastră, mătușa Anna era stânca credinței. Rămăsese văduvă și nu avea copii; dar își iubea nepoții și nepoatele, strănepoatele și strănepoții ca pe propriii copii. Dacă cei mici ai mei urmau să susțină un test, o audiție sau să joace un meci important, o rugau pe mătușa Anna să se roage pentru ei, de parcă ea ar fi avut o legătură telefonică directă cu Raiul. Desigur, știau că se puteau ruga și ei, dar rugăciunile mătușii Anna păreau mai puternice în ochii lor.

În tinerețea ei, vizitase oameni care aveau nevoie de rugăciuni. Soțul meu fusese un copil bolnăvicios, iar mătușa Anna obișnuia să meargă la căpătâiul lui și să se roage pentru el. Ani mai târziu, când începuse să iasă din ce în ce mai rar din casă, se ruga și mai mult. Masa din bucătărie era un fel de „sediu al rugăciunilor", mereu ticsită de jurnale, rugăciuni scrise de mână, Biblii, cărți religioase și cereri de rugăciune - o mulțime de cereri de rugăciune.

Și, din nu știu ce motiv, mătușa Anna ne reamintea constant că se ruga pentru siguranța noastră, atunci când foloseam scările de la subsol.

Ce anume o speria la acele scări? Existau trei motive întemeiate care o făceau să se teamă de ele: o mână slăbită și doi genunchi afectați de artrită. Pentru noi însă, scările nu reprezentau un motiv de îngrijorare. Urcam și coboram acele trepte, de fiecare dată când plecam sau ne întorceam acasă. Ce-i drept, balustrada din partea stângă se simțea puțin ciudat la coborâre. Oare, acesta să fi fost motivul? Sau poate o speria cimentul tare de sub covorașele de la intrare și de la ieșire? Oricare ar fi fost cauza, noi încetasem să ne mai gândim la asta.

Poate că ar fi trebuit să procedăm fix pe dos.

Nelipsita tovarășă de joacă a fiicei mele de 4 ani era adorabila ei păpușă vorbitoare, Katie. Lauren o lua pe Katie peste tot unde mergea, ceea ce nu era puțin lucru, căci păpușa avea jumătate din înălțimea lui Lauren. Fiica mea era o fetiță micuță și tăcută, cu o claie de bucle castanii. Katie era o păpușă imensă, cu păr blond, care vorbea.

Într-o zi oarecare, ne îndreptam spre scările de la garaj. Fiul meu cel mic, A.J., se lăsase cu toată greutatea pe șoldul meu. Lauren o ținea pe Katie când a deschis ușa de la subsol și a început să coboare treptele.

Ce s-a întâmplat în continuare a durat o fracțiune de secundă, dar părea că se petrecea cu încetinitorul. Cu păpușa Katie în mâna stângă, Lauren a coborât de pe podest direct pe a doua treaptă și apoi a fost efectiv catapultată în aer. Talpa groasă de cauciuc a pantofului sport s-a înțepenit în covorașul de la intrare, proiectând-o cu capul înainte spre șirul de trepte. S-a rostogolit. Eu eram în spatele ei, incapabilă să opresc acel coșmar în plină desfășurare, imaginându-mi deja fetița rănită, sângerând, prăbușită pe podeaua din ciment.

Cu ochii în lacrimi și inima să-mi sară din piept, nu-mi venea să cred ce îmi era dat să văd în continuare. Și-n ziua de astăzi, deși am revăzut acest eveniment în mintea mea de nenumărate ori, am senzația că am privit un film din care lipseau câteva secvențe - ca și cum cineva le-ar fi tăiat la montaj. Într-o secundă am văzut-o pe Lauren zburând și în secunda următoare i-am văzut corpul răsucit pe scări, întins pe diagonală la picioarele mele, de parcă un înger ar fi prins-o în aer și ar fi așezat-o acolo, ușor. Tălpile de cauciuc ale pantofilor ei erau orientate spre mine, iar capul îi era câteva trepte mai jos. Păpușa uriașă rămăsese în mâna ei stângă, în timp ce mâna dreaptă apucase cumva balustrada.

Deși făcuse ochii mari de spaimă, Lauren n-a plâns, nici măcar n-a scâncit. M-a așteptat cuminte să o iau în brațe. S-a cuibărit în poala mea și am observat că mâna ei dreaptă - cea care apucase balustrada - avea pumnul strâns. Când și-a desfăcut degetele, o grămadă de viermișori din jeleu „de contrabandă" au ieșit la iveală. Incredibil! Era imposibil ca mânuța ei să fi prins balustrada, fără să fi scăpat bomboanele gumate.

Atunci am știut că fusesem martora unei intervenții divine.

Iisus spunea că toți copiii au „îngerii lor în ceruri" (Matei 18:10), iar în Psalmi scria așa: „Căci El va porunci îngerilor Săi să te păzească în toate căile tale și ei te vor duce pe mâini, ca nu cumva să-ți lovești piciorul de vreo piatră." (Psalmii 91:11-12)

În ziua aceea, Dumnezeu a răspuns rugăciunilor mătușii Anna. Cu siguranță, El trimisese un înger nevăzut să o ducă pe mâini pe Lauren și să o împiedice să se rostogolească pe scări.

Ziua aceea ne-a schimbat atitudinea față de rugăciune, de prezența efectivă a îngerilor și de mătușa Anna. Era atât de credincioasă, atât de sigură că Dumnezeu îi asculta rugăciunile. Se ruga pentru lucruri mărețe și mărunte, deopotrivă, având certitudinea că Tatăl ceresc se va îngriji de toate.

Ca tânără mamă, mă preocupau toate lucrurile mici sau mari ce-i implicau pe copiii mei. Urmând exemplul mătușii Anna, atât eu, cât și familia mea ne exprimăm acum toate frământările, oricât de neînsemnate, prin rugăciuni. În definitiv, Biblia spune: „Și aruncați asupra Lui toate îngrijorările voastre, căci El Însuși îngrijește de voi." (1 Petru 5:7)

Dumnezeu ne-a trimis cu siguranță un înger atunci când am avut mai mare nevoie.

~ Susan Allen Panzica

30

Supă de pui pentru Suflet

Speranță în secția ATI

Rugăciunea care începe cu adevăr și continuă în așteptare se va încheia întotdeauna întru recunoștință, biruință și slavă.
– Alexander Maclaren

Faptul că a stat în sala de nașteri, alături de sora mea mai mică, ce dădea naștere primului său copil, a fost un moment extrem de fericit pentru mama. Spunea că fusese o experiență copleșitoare și memorabilă, aceea de a-și vedea nepoata venind pe lume. Sara a fost un bebeluș mititel la naștere, dar a luat în greutate, ajungând rapid la cele 2 kilograme și 300 de grame, minimum necesar pentru a putea fi externată din maternitate. Sora mea împreună cu soțul său au dus-o pe micuță acasă.

La scurt timp, Sara s-a îmbolnăvit și a fost internată din nou în spital. Mama continua să o viziteze. Ceea ce nu știam noi la acel moment era că mama se ruga la Dumnezeu să o ia pe ea în locul fetiței. Starea Sarei se îmbunătățea din nou, asimila mâncarea și lua în greutate. A fost externată pentru a doua oară, fiind lăsată în grija părinților și a bunicii sale. Mama adora să aibă grijă de Sara.

Cam la o săptămână de când Sara ieșise din spital, mama a suferit un atac de cord și a fost dusă de urgență cu ambulanța la spital. Împreună cu cealaltă soră a mea, am mers să o vizităm. Din orașul în care locuiam până acolo făceam patru ore cu mașina.

Cardiologul ne-a informat că mama avea puține șanse de supraviețuire.

- Chiar dacă scapă cu viață, ne-a spus, nu-și va aminti nimic și va rămâne într-o stare vegetativă. În cele 40 de minute cât a durat drumul până la spital, inima ei s-a oprit de trei ori. Chiar dacă paramedicii au resuscitat-o, fiecare episod de acest gen i-a afectat creierul, din cauza lipsei de oxigen, ne-a explicat medicul și ne-a sfătuit să anunțăm familia.

Nu era deloc ceea ce voiam noi să auzim. La 55 de ani, era mult prea tânără să ne părăsească. Parcă mai ieri îl pierduserăm pe tati (de fapt, se întâmplase cu 13 ani și jumătate în urmă) și acum mama. „Te rog, Doamne, n-o lua!" am implorat.

Sora mea mai mică rămăsese acasă să aibă grijă de fetița nou-născută, iar eu și cealaltă soră am stat în camera de așteptare de la terapie intensivă. Când ne permiteau asistentele, mergeam la căpătâiul mamei, o țineam de mână și-i vorbeam. Nu ne răspundea, dar noi continuam să îi vorbim.

Într-o noapte, să fi fost miezul nopții, în timp ce stăteam cu sora mea în camera de așteptare, un preot a ieșit pe ușile de la ATI. Nu-l văzusem când a intrat acolo.

A venit direct la noi, de parcă ne-ar fi cunoscut și ne-a spus: „Mama voastră va fi bine." S-a așezat și s-a rugat alături de noi. Simțeam cum frica și deznădejdea se risipeau. Parcă optimismul meu renăscuse și mă cuprinsese o stare de bine.

Preotul cu păr negru-cenușiu părea să aibă în jur de 60 de ani. S-a uitat fix în ochii mei, când mi-a întins o carte de vizită și mi-a spus să sun dacă voi avea nevoie. Când m-a privit, m-am liniștit. Eram recunoscătoare pentru vizita preotului.

Nu-mi amintesc exact cât a stat mama inconștientă pe patul de spital, dar mi s-a părut o eternitate. Atât eu, cât și sora mea am făcut nenumărate drumuri între Norfolk, Virgina, unde locuiam și spitalul din North Carolina. De fiecare dată, starea ei era neschimbată: eram dezamăgite, dar nu ne pierduserăm speranța.

În cele din urmă, a vorbit. Fără să deschidă ochii, a strigat-o pe sora ei. Apoi a menționat numele copiilor.

Din spusele medicului, faptul că vorbea era un semn bun și totodată neașteptat. În ciuda prognosticului rezervat dat inițial de medic, mama și-a recăpătat cunoștința. Singura leziune permanentă a creierului a fost pierderea memoriei pe termen scurt. Îmi rămăsese un singur lucru de făcut înainte să o ducem înapoi în Norfolk – să-i mulțumesc preotului pentru rugăciunile sale.

Am sunat la numărul de pe cartea de vizită. Era un număr nealocat. M-am uitat în cartea de telefoane, dar nu apărea nici măcar biserica. Atunci când l-am descris pe acel preot asistentelor de la ATI și persoanei de la Biroul de informații, mi s-a spus că nimeni nu-l cunoștea și nici nu-l văzuse cineva vreodată. Era imposibil ca și eu și sora mea să-l fi visat și, în plus, aveam cartea lui de vizită.

Pentru mine nu încape dubiu că atunci când eram epuizate și fără speranță, Dumnezeu ne-a trimis un înger pentru a ne ajuta să depășim momentul. Ne-a trimis un înger cu chip de preot, ca să ne transmită mesajul miracolului ce avea să se înfăptuiască: „Mama voastră va fi bine!”.

~ Sara L. Schafer

Capitolul
4

Îngeri printre NOI

Îngeri deghizați

31

Supă de pui pentru Suflet

Un protector nemaiîntâlnit

Nu că ar fi îngerii mai sfinți decât oamenii sau că demonii i-ar face îngeri, dar ei nu așteaptă sfințenia unii de la alții, ci doar de la Dumnezeu.
– William Blake

La începutul lui 2001, fiica noastră Elisabeth era hotărâtă să plece într-o călătorie cu autobuzul din Iowa până în Ohio, pentru a-l întâlni pe tânărul căruia îi scrisese ani de-a rândul. Eu și tatăl ei nu eram tocmai încântați de decizia luată; mai cu seamă, ne îngrijora faptul că avea multe opriri prin orașele mai mari, iar ea nici nu voia să audă. Avea 18 ani, economisese destui bani pentru acea călătorie și nimic din ce-i spuneam nu avea să-i schimbe hotărârea.

Când am lăsat-o în stație, am îmbrățișat-o strâns și i-am spus să fie atentă. Pe măsură ce autobuzul se îndepărta, am început să rostesc o rugăciune, pentru ca ea să ajungă în siguranță.

Chiar în noaptea aceea, am urmărit un film polițist despre o tânără, al cărui trup fusese găsit în spatele unui tomberon, într-o stație de autobuz. „O fată nevinovată din Iowa, violată și ucisă", se plângea un polițist altuia, după ce descoperiseră identitatea tinerei. Mi-a înghețat sângele în vene. M-am uitat spre David și am văzut același sentiment de frică și în ochii lui. Ne gândeam amândoi la același lucru: n-ar fi trebuit să o lăsăm să plece.

Niciunul dintre noi n-a prea dormit în noaptea aceea, ne-am foit de pe o parte pe alta, căutându-ne reciproc mâinile. Ne rugam neîncetat pentru fiica noastră, repetând aceeași rugăciune pe care o spusesem și în stația de autobuz: „Te rog, Doamne, ai grijă de fiica noastră în această călătorie. Veghează asupra ei!".

Am oftat ușurată când Elisabeth a sunat, în sfârșit, a doua zi după-amiază să ne anunțe că ajunsese la destinație. I-am povestit despre cele văzute la televizor cu o seară înainte; așteptam să îmi spună că mă îngrijorasem degeaba, dar la celălalt capăt al firului se lăsase liniștea.

Apoi, fiica mea a început să-mi mărturisească despre popasul de cinci ore pe care-l avusese la ora 3 dimineața, într-o stație de autobuz, care era de fapt o clădire încuiată, în mijlocul pustietății. Când s-a apropiat de ușa clădirii, un munte de om cu păr lung, slinos și bicepși tatuați, proeminenți, a apărut de pe o alee din apropiere.

Speriată, fiica mea a răsucit mânerul ușii cu disperare, dar fără succes. Ușa era bine încuiată, iar înăuntru nu se vedea nicio lumină aprinsă.

Resemnată, a făcut singurul lucru pe care-l mai putea face: s-a așezat pe valiză și a început să se roage cu adevărat. A ținut privirea în pământ, încercând să evite contactul vizual cu străinul fioros ce se apropia de ea.

Când, în sfârșit, a îndrăznit să se uite în sus, bărbatul stătea chiar în fața ei. A salutat-o, iar ea, înghițindu-și frica, a șoptit un salut nesigur. În timp ce bărbatul încerca să lege o conversație relaxată, ea răspundea în monosilabe. Stătea prea aproape de ea. A întrebat-o unde mergea și i-a mărturisit că el se îndrepta spre Florida, în vizită la iubita sa. Fiica mea a început să se relaxeze, pe măsură ce și-a dat seama că, în ciuda aspectului său și a limbajului folosit, bărbatul era bine intenționat.

Pe parcursul celor două ore cât au stat singuri, afară, fiica mea a remarcat cel puțin trei mașini diferite, pline cu grupuri de tineri care dădeau târcoale; o mașină chiar ocolise stația de vreo două ori. Tinerii se uitau la fiica mea, apoi îl zăreau pe bărbatul solid ce-i stătea alături. Niciunul nu a oprit.

În jurul orelor 5:15 dimineața, a apărut o femeie cu un șirag de chei, care a descuiat ușa stației. Elisabeth l-a auzit pe bărbat murmurând ceva, înainte să dispară din nou pe aleea de unde venise. Îngrijitoarea i-a permis să intre în clădire, deși mai erau încă 15 minute până la ora deschiderii.

Imediat ce Elisabeth a fost în siguranță înăuntru, bărbatul a revenit și a încercat să deschidă ușa. Fiica mea i-a strigat că stația urma să se deschidă abia la 5:30, iar el i-a făcut semn din cap și a plecat. Nu l-a mai văzut niciodată.

Elisabeth a așteptat înăuntru aproape trei ore, dar nu l-a mai zărit pe bărbat venind în clădire sau urcându-se în autobuz.

– Mamă, dacă omul acela n-ar fi fost acolo și una dintre acele mașini pline cu tot felul de tipi ar fi oprit, cel mai probabil aș fi pățit ceva. Eram singură în toiul nopții. Poate că aș fi fost eu tânăra aceea din filmul pe care l-ai văzut.

Mi s-a tăiat respirația, dar Elisabeth a continuat:

- Mamă, unde s-a dus? Stația nu era aglomerată. Dacă într-adevăr plănuia să meargă cu autobuzul, de ce a dispărut când eu eram în siguranță, înăuntru?

Am simțit cum liniștea mă cuprindea. Am știut atunci, fără urmă de îndoială, că Dumnezeu îmi ascultase rugăciunile: El îl trimisese pe acel bărbat voinic să o apere pe fiica mea.

- Era îngerul lui Dumnezeu, i-am spus lui Elisabeth, dar ea nu părea la fel de convinsă.

- Nu arăta ca un înger și nici nu vorbea ca unul, mi-a răspuns cu nesiguranță în glas.

- Dacă ar fi arătat mai puțin amenințător, crezi că prezența lui ar fi împiedicat oricare dintre acele mașini să oprească?

Beth a tăcut și amândouă ne gândeam la ce s-ar fi putut întâmpla dacă acel bărbat cu chip cumplit n-ar fi stat atât de aproape de ea.

Dacă acea întâlnire neașteptată n-ar fi avut loc, cel mai probabil Elisabeth n-ar fi ajuns până la Ohio să-l întâlnească pe acel tânăr ,ce avea să-i devină soț și tată pentru cei trei copii.

Sunt convinsă că îngerii există, chiar dacă uneori nu-i recunoaștem atunci când ne vizitează. Uneori, îngerul trimis de Dumnezeu poate fi un bărbat masiv, voinic, cu brațele tatuate.

~ Mary Potter Kenyon

32

Supă de pui pentru Suflet

Un înger al păcii

Anvergura vieții este copleșitoare.
Îngerii sunt aici să ne ajute să o trăim cu pace, în pace.
– Levende Waters

Mersul la școală pe durata celor șase ani, în care fratele meu mai mare se lupta cu dependența de droguri a fost un chin în sine - zi de zi, îmi ascundeam suferința în fața prietenilor și mă prefăceam că nu am nicio grijă pe lumea asta. Ar fi trebuit ca toate acestea să înceteze atunci când a murit. Dar stresul provocat de uciderea lui, cu opt luni înainte, pusă pe seama unui dealer - sau cel puțin asta se bănuia - mi-a amplificat și mai tare angoasele. Mai ales în ziua în care cea mai bună prietenă a mea m-a implorat să accept să mă ducă acasă, după ore. Am văzut că avea mâinile încordate atunci când își căuta cheile. Dacă vreodată două fete ar fi avut nevoie de un miracol, acele fete eram noi.

Mandy venea de obicei singură la școală, cu mașina albastră, cât o barcă de mare, a familiei.

– Nu pot să întârzii prea mult, mi-a spus ușor stresată, ca de obicei, dar dacă tot ești în drumul meu...

Apoi, ca o completare, a șoptit:

- Mama a spus că este în regulă!

Mă trecuseră fiorii, dar am încercat să îmi ascund starea. Oare ce s-ar fi întâmplat dacă Mandy ar fi întârziat câteva minute?

La școală, Mandy era o cu totul și cu totul altă persoană. Râdea, vorbea și era grijulie. Dar când suna clopoțelul la sfârșitul orelor începea să se distanțeze ușor și să se crispeze; corpul ei se încorda, își lua cărțile, le strângea la piept și începea să alerge și să se împiedice până la mașina ce o aștepta pe bordură. Nu conta că eram într-o conversație la ieșirea din clasă. Își lua figura înfricoșată și se grăbea să iasă.

Deseori, o vedeam pe Mandy sărind în mașină, cu capul plecat. Șoferul părea să o dojenească pentru că întârziase, în timp ce-i arunca priviri tăioase și gesticula în fața lui Mandy.

Când am făcut legăturile, mi-am dat seama că biata Mandy era abuzată, cel puțin verbal.

Nevrând să-i rănesc sentimentele, m-am așezat pe scaunul din față, deși eram destul de neliniștită pentru că acceptasem să fiu dusă cu mașina de o șoferiță începătoare - care mai și tremura pe deasupra. Dar ce se putea întâmpla în doar trei kilometri?

Mandy a ieșit cu spatele din parcarea școlii și s-a oprit la semafor. Mergeam cu viteza melcului, dar mă bucuram că măcar era precaută. A virat ușor stânga, părăsind aglomeratul bulevard, îndreptându-se spre cartierul în care locuiam. În acel moment, de nicăieri, a apărut o mașină care se îndrepta spre noi.

- Mandy! am strigat la auzul sunetului metalic provocat de ciocnirea frontală a celor două mașini.

Mergeam cu cât? 25 km/h? Și, cu toate acestea, eram acolo, împietrite de frică.

Mandy s-a prins de volan; avea fața și degetele albe ca varul.

- Ce-ce f-fac? a șoptit.

M-am uitat în spate.

Habar nu aveam. Eu nici măcar nu aveam permis. Ce faci atunci când cineva îți lovește mașina? Trebuie să sunăm poliția? Toate astea se întâmplau înainte de apariția celularelor, când eram nevoiți să ciocănim pe la uși dacă voiam să sunăm pe cineva.

Celălalt șofer a ieșit din mașină trântind ușa, vizibil iritat. Aș putea fugi până acasă, m-am gândit... O iau pe mama, dar tata era plecat la serviciu cu singura noastră mașină. Biata Mandy începuse să tremure. Nu fusese vina ei. Dar cum puteam dovedi?

Exact atunci, o bătaie insistentă în geamul lui Mandy ne-a făcut să tresărim. A lăsat geamul în jos și deodată a apărut un bărbat care nu fusese implicat în accident. Era îmbrăcat ca un om de afaceri, cu un aer foarte calm. Încrezător, i-a mângâiat lui Mandy mâna ce rămăsese pe volan.

- Este în regulă! a liniștit-o el. Nu te îngrijora, am vorbit cu celălalt șofer și știe că a fost vina lui. Niciunul dintre voi nu aveți pagube majore.

Mandy îl privea fără să rostească un cuvânt, de parcă acel bărbat ar fi fost colacul ei de salvare. Era înalt și vânjos, iar felul în care se comporta și vorbea, în mod surprinzător, pe mine mă liniștea. Pacea care umpluse dintr-odată mașina părea aproape nepământeană.

- Iată ce trebuie să faci, a spus el, explicându-i lui Mandy ce să facă pentru a obține asigurarea de la celălalt șofer, ce informații ar trebui să primească și să ofere la rândul său, ce anume să caute în torpedou. Zâmbindu-i încă o dată la fel de convingător, i-a repetat să nu se îngrijoreze.

Am deschis amândouă ușile și am coborât din mașină. Cu calm, Mandy a început să vorbească cu celălalt șofer. Totul părea în regulă, iar Mandy nu mai tremura. Trecuse foarte puțin timp și m-am întors să-i mulțumesc bărbatului care ne sfătuise, dar - după ce m-am uitat pe stradă în toate direcțiile - nu am găsit pe nimeni. Nicăieri. Nici alte mașini nu mai erau pe stradă și nici la casele din apropiere nu păre să fie vreo activitate, de orice fel.

De fapt, dacă stau bine să mă gândesc, n-am auzit și n-am văzut niciun alt vehicul, cu excepția mașinii lui Mandy și a celuilalt șofer. N-am auzit nicio ușă închizându-se pe undeva, nici măcar pași. Și - mă întrebam atunci - când a avut acel bărbat timp să vorbească cu celălalt șofer înaintea noastră?

Curând, ne-am reluat drumul și am pornit spre autostradă. Mama ne-a întâmpinat la ușă, unde am și început să-i povestim ce se întâmplase.

- Rămâi la un ceai, draga mea! a insistat mama. Nu ți-ar strica să te odihnești un minut înainte de a pleca.

Eram convinsă că va refuza, dar, în mod surprinzător, Mandy ne-a urmat și s-a așezat pe fotoliu. Stăteam tăcute, cu ceștile aburinde în mâini.

- Mandy, am început eu gânditoare. Ai observat că... bărbatul acela a... dispărut pur și simplu?

A dat din cap, încet.

- Fetelor, a spus mama, eu cred că Dumnezeu v-a trimis un înger astăzi.

Lacrimile i-au inundat fața lui Mandy și am avut aceeași

tendință de a-mi stăpâni emoțiile, ca atunci când mă uitam la filmul meu preferat, „It's A Wonderful Life". Mai ales în timpul secvenței când micuța Zuzu îi spune lui Jimmy Stewart ce se întâmplă de fiecare dată când sună un clopoțel. „Așa este, draga mea!" ar fi exclamat el cu exuberanță. „Așa este!".

În acea după-amiază, mama mea a sunat-o pe mama lui Mandy, înlesnindu-i astfel șederea la povești și prăjituri pentru încă un timp. Era prima dată în multe zile când reușise să se furișeze pentru o oră, cam atât, ca să stea un timp cu noi, după terminarea orelor. N-am știut niciodată tot ce îi mărturisea mamei, dar, la puțin timp după toate astea, Mandy s-a mutat la o bunică pe care o iubea mult și care se rugase pentru ea dintotdeauna. Din ziua accidentului, amândouă am fost mai încrezătoare în viitor.

Uneori, mai mergeam pe strada aceea, în drumul meu de la școală spre casă; mă uitam prin ușile deschise ale garajelor sau ale caselor, doar ca să mă asigur. Doar că nu l-am mai văzut niciodată. Ceva din mine știa: nu fusese un bărbat obișnuit.

Amintirea prezenței lui încurajatoare, calmă, încadrată în geamul din spatele degetelor albe ca varul ale lui Mandy, ce strângeau volanul, îmi reconfirmă faptul că lui Dumnezeu îi pasă de tristețile și de fricile noastre. Atât de mult, încât El continuă să ne trimită îngeri, așa cum obișnuia s-o facă și în trecut, conform Bibliei. Iar îngerii au pentru noi aceleași mesaje. Nu-ți face griji, Dumnezeu este cu tine!

- Pam Depoyan

33

Supă de pui pentru Suflet

Îngerilor nu trebuie să le dai adresa

Momentele cele mai de preț din fluxul existenței noastre trec atât de repede pe lângă noi, că nu apucăm să vedem nimic mai mult decât nisipul; îngerii vin să ne viziteze, iar noi îi recunoaștem doar după ce au plecat.
– George Eliot

La plajă, era nebunia specifică ultimului sfârșit de săptămână al verii; desigur, voiam să iau parte la acea nebunie. Soțul meu considera că un grătar acasă era suficient. Dar blând și înțelegător cum era, iată că stăteam deja întinși cu fața în sus pe prosoapele noastre cu dungi, în culorile curcubeului, precum sardinele într-o cutie de conserve. Doar câțiva centimetri dacă ne mișcam în față, în spate sau stânga-dreapta, deja legam relații strânse cu vecinii de plajă.

Eram încântată să aud freamătul oceanului, să simt stropii de apă pe chip și gustul sărat al aerului. Soțul meu insista că ar fi putut recrea cu ușurință acea experiență și acasă – pe fundal mi-ar fi pus un CD cu sunete din natură ce ar fi imitat valurile (din acelea care combină sunetul unei viori sinistre cu cel al unei cascade), m-ar fi stropit cu apă dintr-un pulverizator și mi-ar fi dat niște chipsuri din cartofi.

L-am lăsat sub umbrelă și am pornit într-una dintre faimoasele mele aventuri pe plajă. Colecționarea de scoici, urmată de o vânătoare de pietre din sticlă de mare, o plimbare pe dig și răsplata supremă - bălăceala, scufundările, săriturile și în cele din urmă o urcare deasupra propriului meu val.

Ne-am îndreptat spre casă, scăldați și arși de soare, având amândoi o nevoie acută de a face duș. Atunci am observat că lănțișorul meu cu medalion în formă de bufniță, primit de la tatăl meu, în ziua în care împlinisem 30 de ani și pe care mi-l dăruise cu doar o săptămână înainte să moară, nu era acolo unde trebuia și unde fusese dintotdeauna: agățat chiar lângă colierul cu „Te iubesc" dăruit de soțul meu, în noaptea nunții.

Ei erau bărbații mei preferați din întreaga lume, iar acelea erau două dintre cele mai de preț daruri; acum, unul lipsea. Am căutat cu disperare în toată casa. L-am întrebat pe soțul meu dacă își amintea să mă fi văzut purtând colierul la plajă. Nu era sigur, așa cum nici eu nu eram.

Ce știam cu siguranță era că aveam inima frântă.

Am luat cheile mașinii și m-am întors la plajă. Soțul meu mi-a spus, pe bună dreptate, că îmi pierdusem mințile. Aproape treizeci de mii de oameni care fuseseră acolo și 15 kilometri de plajă - chiar credeam că era cu putință să găsesc un colier minuscul?

Știam că trebuia să încerc. Măcar exista un Birou de Obiecte Pierdute. Poate, printr-o minune, cineva îmi găsise colierul și-l lăsase acolo. Sau poate că nu, m-am gândit apoi cu cinism, dat fiindcă era un colier din aur.

Și dacă el căzuse în ocean?

Nici nu voiam să iau în calcul această posibilitate.

Am fugit spre plajă, neștiind de unde să încep. Salvamarii plecaseră de mult, dar am găsit un angajat care mătura poteca din scânduri și care avea acces la Biroul de Obiecte Pierdute. Un pachet de cărți de joc, trei scaune de plajă și cel puțin șase ventilatoare erau puse lângă perete, dar nici urmă de colier.

Am observat un bărbat mai în vârstă mergând încet pe nisip, cu un detector de metale în mână. Am fugit spre el și, abia respirând, l-am întrebat dacă nu cumva găsise un colier.

Și-a desfăcut mâna bronzată și mi-a arătat ce strânsese până atunci - monede de 5 și 25 de cenți, dar în special peni.

Bătrânul m-a îndemnat să-i las numele și adresa, arătându-se bucuros să-mi returneze colierul, în cazul în care îl găsea. Îmi venea să-l îmbrățișez, așa că asta am și făcut.

M-am asigurat chiar că avea suficienți bani pentru expedierea prin poștă a colierului, așa că i-am înmânat o bancnotă de 5 dolari, pe care el a împăturit-o și a pus-o în buzunarul vestei.

M-am grăbit spre mașină să caut ceva de scris (și ceva pe care să scriu) și am găsit un creion bont pentru sprâncene și un șervețel.

Mi-am măzgălit numele și adresa și am alergat înapoi cât de tare am putut.

Doar că bătrânul plecase. L-am căutat un timp, dar în cele din urmă am plecat spre casă.

Acasă, soțul meu cel generos s-a oferit să înlocuiască bufnița cea mică și albastră cu o alta nouă, iar eu am fost nevoită să-i refuz minunatul gest, pentru simplul motiv că acel colier pur și simplu nu putea fi înlocuit. Tatăl meu, deși fusese internat în spital mai bine de șapte luni, găsise o modalitate de a-mi cumpăra acel colier și de a nu rata aniversarea celor 30 de ani ai mei. Aflasem toată întâmplarea la înmormântarea lui.

Pe holul spitalului avusese loc un eveniment cu strângere de fonduri, la care fuseseră invitați diverși comercianți să-și vândă produsele. Evenimentul ajunsese și la urechile tatălui meu, care a rugat pe cineva din personalul auxiliar al spitalului să-l ducă într-un scaun cu rotile până acolo.

A remarcat colierul cu bufniță; era la vedere, într-o cutiuță albă, pe un colț de masă. A știut imediat că-mi găsise cadoul perfect. Tatăl meu îmi spunea mereu cât eram de înțeleaptă, chiar și atunci când eram doar o copilă; aveam o înțelepciune mai presus de vârstă, zicea el; înțeleaptă ca o bufniță bătrână.

Neavând bani să plătească colierul, tata a fost nevoit să ofere vânzătorului ceva la schimb. S-a oferit să construiască la cursul de terapie ocupațională - un suport pentru reviste sau o barcă din lemn - în schimbul cadoului de ziua mea.

Vânzătorul i-a dat tatălui meu bufnița pe datorie, iar asistenta lui preferată a dus-o acasă și a împachetat-o frumos, de parcă ziceai că era de la Tiffany.

Ulterior, am aflat că vânzătorul își pierduse recent tatăl bolnav de cancer și fusese atât de impresionat de ingeniozitatea și demnitatea tatălui meu, încât nu avea nici cea mai mică intenție de a-i lua vreun ban.

După trei zile de cercetări amănunțiteple plajă, care aveau să fie și ultimele, un pachet a apărut pe pragul ușii cu sită de la intrare.

Habar n-aveam de unde sau de la cine era, pentru că nu apărea niciun nume sau adresă în dreptul expeditorului și nici nu avea vreun timbru.

Înăuntru era o bancnotă împăturită de 5 dolari și colierul meu cu bufniță.

Am plâns. Apoi, am sărutat bufnița cea frumoasă.

După aceea, am dus colierul la locul lui. Și abia atunci am realizat cât fusesem de prostuță.

Nu se pusese nici măcar o clipă problema să scriu unde locuiam. Îngerii nu au nevoie de adresă.

~ Lisa Leshaw

34

Supă de pui pentru Suflet

Daniel și pelicanul

Dacă am fi fost toți precum îngerii,
lumea ar fi fost și ea un loc divin.
– Autor necunoscut

Cum conduceam eu spre casă într-o după-amiază, am observat cum mașinile din fața mea virau brusc pentru a ocoli ceva ce rar ne este dat să vedem în mijlocul unei autostrăzi cu șase benzi: un pelican foarte mare. După ce un șofer de 18 ani era gata, gata să-l lovească, devenise foarte clar că pelicanul nu plănuia să se clintească din loc prea curând. Iar dacă nu se urnea, restul vieții lui atârna de un fir de ață.

Mi-am parcat mașina și m-am apropiat ușor de el. Păsării nu părea să-i fie frică de mine câtuși de puțin; nici șoferii care claxonau sau care strigau la noi, în timp ce goneau cu mașinile nu-l impresionau prea tare.

Am tropăit din picioare și am dat din mâini, am strigat la el, cu gândul să-l direcționez către lacul din apropierea drumului, încercând să dirijez și traficul în același timp.

- Hai, șterge-o de-aici, uriașule, înainte să fii rănit!

După o scurtă pauză, s-a conformat și, cu mersul lui legănat, s-a suit pe bordură și apoi a alunecat ușor pe marginea apei.

Problemă rezolvată. Sau cel puțin așa credeam eu.

Cum m-am îndepărtat, cum a revenit și el pe șosea; iar claxoane, iar scârțâit de roți, iar frâne.

Am încercat încă o dată.

- Uș, pentru numele lui Dumnezeu!

Pasărea a clipit - mai întâi cu un ochi, apoi și cu cel de-al doilea, a oftat ușor și mi-a făcut pe plac, întorcându-se spre lac.

Bineînțeles, după ce am pornit mașina, povestea s-a repetat.

După încă două încercări eșuate, deja eram în pană de idei. Pe vremea aceea nu existau telefoane mobile, iar primul telefon public era la vreun kilometru și jumătate distanță. Nu aveam de gând să abandonez biata creatură lipsită de apărare ca să merg după ajutor. Cel mai probabil, l-aș fi găsit mort la întoarcere.

Așa că stăteam amândoi pe bordură, ca doi oameni ce așteptau autobuzul în stație. În timp ce-și ciugulea nonșalant penele cu pliscul, eu mă rugam pentru un miracol.

Deodată, a tras pe dreapta o furgonetă roșie din care a coborât un bărbat.

- Ai nevoie de ajutor?

Rareori mi se întâmplă să rămân fără cuvinte, dar o simplă privire aruncată acestui nou-venit foarte înalt m-a lăsat fără glas și incapabilă să mai fac altceva decât să dau din cap afirmativ.

Nu-mi fusese dat să văd un bărbat de o așa frumusețe izbitoare până atunci - era musculos, avea păr negru fumuriu, piele bronzată și un zâmbet blajin, încadrat de gropițe atât de adânci, că puteai fora după petrol în ele. Ochii lui erau hipnotizanți, clari, de un albastru senin, de Caraibe. Era parcă prea frumos să fie real.

Pe cămașa lui de serviciu din denim era brodat numele Daniel.

- Mă îndrept spre sanctuarul păsărilor de mare și aș fi bucuros să-l iau cu mine. Am o cușcă mare în spatele camionetei, s-a oferit bărbatul.

Doamne, Dumnezeule!

- Ești voluntar la sanctuar? am bombănit, încercând să-mi reiau abilitatea de a vorbi.

- Da, din când în când!

Nici în cele mai frumoase vise nu mi-aș fi putut închipui o soluție mai bună pentru dilema mea. Pasărea urma să fie salvată de un expert bine informat, care, pe deasupra, arăta ca un actor de cinema și care, din întâmplare, avea și o cușcă de mărimea pelicanului și se îndrepta spre sanctuarul păsărilor de mare.

Îl priveam pe Daniel pregătind totul pentru preluarea pasagerului și nu reușeam să scap de impresia că îl cunoșteam de undeva.

- Ne-am mai întâlnit? am întrebat.

- Nu, nu cred, a răspuns el, zâmbind din nou, cu o căldură ce ar fi putut topi chiar și ghețarii.

Am stat cu inima cât un purice cât timp bărbatul s-a strecurat lângă pelican. Privirile lor s-au întâlnit, iar pasărea supusă i-a permis lui Daniel să-i acopere fața cu un prosop și să-l așeze în cușcă. Nu s-a opus, nu a dat din aripi, nici n-a piuit - a fost calm.

- Da! am chiuit eu entuziasmată, atunci când ușa a fost zăvorâtă. Ceea ce păruse o situație imposibilă, era acum una plină de speranță. Pelicanul era în sfârșit în siguranță.

Până să plece, i-am mulțumit tovarășului meu salvator pentru ajutor.

- A fost plăcerea mea, Michelle!

Și dus a fost.

Dar stai așa, de unde îmi știa numele? Nu făcuserăm cunoștință. Eu îi știam numele doar pentru că era scris pe cămașa lui.

Mai târziu, când am sunat la sanctuar să întreb despre starea pelicanului, am întrebat dacă era posibil să vorbesc cu Daniel.

Nu auzise nimeni de el.

Începusem să cred că mintea îmi juca feste.

Am povestit incredibila întâmplare la cină; micuța noastră, Julie, era convinsă că știa adevărata identitate a lui Daniel.

- Mami, pariez că este îngerul tău. Din acest motiv te cunoștea, insista ea.

- Dar Daniel nu avea aripi, draga mea. Am zâmbit, în timp ce-i pasam soțului vasul cu fasole verde.

- Sunt mulți îngeri care nu au aripi, mami.

- De unde știi tu asta?

- Îi văd uneori. Sunt oameni ca tine, ca mine și ca tati.

Am lăsat furculița jos, acordându-i toată atenția mea micuței mele.

- Julie, de ce crezi că oamenii pe care îi vezi sunt îngeri? am întrebat-o.

- Pentru că îl au pe Dumnezeu pe chip.

După ce am spălat vasele și ne-am spus rugăciunile de seară, venise timpul să-mi limpezesc gândurile și să scap de acea confuzie ce-mi zăpăcise mintea.

Citisem undeva că cei mici au abilitatea de a vedea ceea ce noi, adulții, nu vedem; și asta pentru că inocența lor n-a fost încă alterată de scepticismul lumii adulte. Probabil că este adevărat. Fetița mea părea să știe ceva ce eu, mama ei sceptică, abia că înțelegea.

Mai mult decât atât, ceea ce spunea ea avea sens.

Mă rugasem pentru un miracol și a apărut Daniel. Iar el nu doar că știa cum să prindă un pelican, dar avea și o cușcă mare în furgonetă și se îndrepta spre un loc unde pasărea avea să fie în siguranță.

Iar strălucirea din ochii frumoși ai lui Daniel era pură și plină de afecțiune, ca privirea plină de adorație a unui tată pentru copilul său. Așa cum spusese și Julie, îl avea pe Dumnezeu pe chip.

Dacă Daniel era într-adevăr îngerul meu, atunci familiaritatea era explicabilă. Probabil sufletul meu îl știa, chiar dacă eu nu-l recunoscusem în carne și oase. Și, desigur, îmi știa numele, fără ca cineva să i-l fi spus.

Apoi mi-am amintit cât mă chinuisem să dirijez traficul în timp ce ghidam pelicanul spre marginea drumului. Probabil că nu doar pasărea se aflase în pericol atunci. Fusesem atât de preocupată de pelican, încât nu realizasem că și eu riscam să-mi pierd viața, încercând să o salvez pe a lui.

A fost o revelație valoroasă, ce mi-a inundat sufletul de smerenie - să fiu atât de prețuită de Dumnezeu, încât El să trimită una dintre gazdele divine să mă ocrotească! Auzisem că îngerii veghează asupra noastră, dar atunci am primit și dovada palpabilă a existenței lor.

Ce dar prețios!

~ Michelle Close Mills

În pană

Nu putem face toți lucruri mari.
Dar putem face lucruri mici cu iubire mare.
– Maica Tereza

Mintea mea începuse să o ia razna. Timp de aproape două ore, condusesem nou-achiziționatul nostru Jeep Cherokee la mâna a doua, pe drumul 1-79 North, prin munții din West Virginia, alături de soția mea însărcinată. Fără radio. Fără semnal la telefon. Fără semafoare. Fără spații de odihnă. Niciun alt vehicul pe drum, cu excepția mașinii noastre. Singurul zgomot pe care îl auzeam era zumzăitul ștergătoarelor ce se mișcau dintr-o direcție în alta, amintindu-mi de metronomul pe care-l folosea profesorul de pian, dintr-a cincea, ca să mă ajute să-mi păstrez ritmul. Zloata, tot amestecul acela de zăpadă, ploaie și lapoviță începuse să se strângă, făcându-mi și mai dificilă sarcina de a mă concentra la drumul din fața noastră, ce părea nesfârșit.

Era noaptea dinaintea Ajunului Crăciunului, iar noi începusem lunga și anevoioasa călătorie spre casă, către Pensylvania rurală. Făceam doctoratul în Kentucky și tocmai ce luasem vacanța de iarnă. Eu și soția mea fuseserăm nevoiți să lucrăm în ziua respectivă, așa că am pornit la drum mai târziu decât ne-am fi dorit și a trebuit să mergem cu mașina pe întuneric până acasă. Însă drumul nu ne deranja prea tare, dat fiind că opt ore mai târziu urma să savurăm lichior de ouă în fața unui șemineu, alături de familie.

Bum!!!

- Ai auzit și tu? mi-am întrebat soția.

- Da. Ce s-a întâmplat?

- Cred că am lovit ceva, am spus.

Am tras mașina pe dreapta să analizez pagubele. Mi-am luat lanterna de sub scaun.

- Avem pană! am strigat. Voi monta anvelopa superbalon.

Unul câte unul, am luat cadourile de Crăciun și le-am pus pe pământul umed. Când am ajuns în sfârșit la baza grămezii, am luat cricul, singura noastră speranță în acea noapte rece.

- Minunat, n-avem noroc, și pace, e stricat! Dealerul auto ne-a vândut o mașină cu un cric stricat! Acum ce facem?

Unul câte unul, am așezat cadourile de Crăciun - acum îmbibate cu apă - înapoi în mașină, gândindu-mă cum putusem să fac o asemenea greșeală. M-am întors pe scaunul meu și am început să mă gândesc la ce aveam de făcut în continuare. Am analizat puțin situația și am spus rapid o rugăciune. Ne-am expus opțiunile:

Opțiunea 1 - părea să fie o casă undeva mai departe. Aș fi putut să bat la ușă.

Opțiunea 2 - următoarea ieșire era la 24 de kilometri. Puteam merge pe jos până acolo, iar soția mea mă aștepta în mașină.

Opțiunea 3 - rămâneam în mașină, la căldură, până se termina benzina - cu speranța că ar fi oprit cineva și ar fi făcut o faptă bună (deși nu văzuserăm vreo altă mașină pe șosea de aproape două ore).

Niciunuia dintre noi nu-i plăceau primele două opțiuni, având în vedere că ne aflam în mijlocul pustietății, în West Virginia, așa că am ales-o pe ultima.

M-am întins pe scaun, pentru că nu mă așteptam să văd un alt vehicul în următoarele ore, dacă nu chiar niciunul. Am oprit ștergătoarele, ca să pot purta o conversație normală cu soția mea, dar, până să rostesc prima propoziție am auzit un sunet ce semăna cu cel făcut de sirene. M-am uitat în oglinda retrovizoare și am strigat de parcă aș fi câștigat la loterie: „O mașină de poliție!".

Polițistul a oprit lângă mașina noastră, întrebându-ne cu ce ne putea fi de folos. S-a recomandat agent Anderson. I-am povestit despre pană și i-am spus că nu aveam nici cric și nici semnal la telefon. Fără să ezite, agentul Anderson a sărit din mașină, a luat cricul lui, s-a lăsat pe iarba udă leoarcă și s-a apucat să schimbe cauciucul. Ne-a spus apoi să rămânem în mașină la căldură până găsea el un mecanic. Până la urmă a găsit unul, dar la 72 de kilometri distanță. Ne-a asigurat că avea să ne însoțească până la destinație. Așa că, pentru următoarea oră și jumătate, agentul Anderson ne-a urmat cu mașina, deși era de mult în afara jurisdicției lui.

Când am ajuns în sfârșit la ieșirea de pe autostradă, agentul Anderson ne-a spus să-l urmăm până la mecanic, urmând să ne ducă apoi la un hotel. Înainte să plece, m-am simțit obligat să-l întreb adresa secției de poliție, ca să-i pot mulțumi mai târziu cum se cuvenea; în plus, voiam să-l întreb ceva la care mă tot gândisem de când se oprise să ne ajute, în urmă cu câteva ore:

- Deci, de ce ați oprit?

- După o pauză mai lungă, s-a uitat fix în ochii mei și mi-a spus:

- Am oprit să vă ajut pe dumneavoastră și pe familia dumneavoastră, pentru că, acum mulți ani, cineva s-a oprit să mă ajute și pe mine!

Din noaptea aceea, cuvintele agentului Anderson mi-au răsunat mereu în minte și în suflet. Cuvintele (și acțiunile) sale mi-au dat atât de multă speranță în multe momente din viață, atunci când ne-am aflat în situații dificile și aveam nevoie de ajutor - și au fost multe astfel de momente. Totodată, cuvintele sale m-au motivat să îmi împlinesc misiunea în viață - aceea de a-i ajuta pe cei care au nevoie, pe cei care suferă, pe cei care caută compasiune, pe cei împovărați.

Adevărul este că toți avem nevoie de un agent Anderson din când în când. Viața poate deveni provocatoare - o pană, o relație destrămată, o boală neașteptată, pierderea unei slujbe sau o factură neprevăzută ce trebuie plătită. Dar, așa cum a spus agentul Anderson, el s-a oprit și ne-a ajutat, pentru că mai întâi a fost cineva care îl ajutase și pe el.

A doua zi de Crăciun, m-am hotărât să sun la secția de poliție ca să-i mulțumesc cum se cuvine agentului Anderson pentru ajutorul oferit. Mi-a răspuns șeful de post:

- Mă bucur că noaptea trecută ați primit ajutorul de care aveați nevoie, doar că la secția noastră nu lucrează niciun agent Anderson!

Nici până în ziua de astăzi nu sunt convins că există cu

adevărat un agent Anderson, care să rătăcească prin munții din West Virginia, pe autostrada 1-79 North, sau dacă este de fapt un înger; știu însă că acel act de bunătate absolut extraordinar mi-a schimbat radical viața.

~ Tom Kaden

36

Supă de pui pentru Suflet

În ceasul al doisprezecelea

Fii un înger pentru altcineva ori de câte ori ai ocazia; așa îi poți mulțumi lui Dumnezeu pentru ajutorul ce ți-a fost oferit de îngeri.
– Eileen Elias Freeman
Manualul de instrucțiuni al îngerașului

În timp ce mulți oameni cred că sunt înconjurați de îngeri și spun povești despre îngeri care i-au ajutat să scape din situații grele, trebuie să recunosc că eu mereu am fost mai degrabă în tabăra scepticilor, atunci când venea vorba despre întâlniri cu îngeri. De obicei, eu numeam coincidențe acele întâmplări - când cineva îmi povestea cum îngerul „său" îi dăduse o mână de ajutor în momentul potrivit. O sincronizare perfectă. Nimic mai mult decât a fi în locul potrivit la momentul potrivit. Asta, desigur, până să-mi întâlnesc propriul înger!

Se întâmpla în 1990, când îmi căutam o slujbă. Nu doar că speram să-mi găsesc una, dar eram destul de disperată să-mi găsesc ceva care să mă ajute să plătesc ipoteca casei pe care eu și soțul meu tocmai o cumpăraserăm. După ce am răspuns unui anunț din ziar și am obținut un interviu, într-o dimineață senină de iarnă, am pornit să-mi impresionez potențialul șef; eram puțin cam prea emoționată, dar îmbrăcată în cele mai potrivite haine posibile pentru un interviu.

Întrevederea avea loc undeva în centrul orașului, unde abia ne mutaserăm, așa că eram cât se poate de sigură că știam să ajung acolo. Pentru orice eventualitate, am plecat cu o jumătate de oră mai devreme.

A fost floare la ureche să identific clădirea, dar nu luasem în calcul și găsirea unui loc de parcare în centru, dimineața, într-o zi aglomerată de luni. Imobilul se afla în mijlocul unui complex de clădiri de birouri, restaurante și câteva case mai vechi, iar fiecare loc de parcare pe care-l vedeam era deja ocupat.

Am înconjurat zona de mai multe ori și de fiecare dată când viram simțeam cum mă cuprinde un sentiment de panică din ce în ce mai accentuat. Deși plecasem din timp, nu luasem în calcul și plimbarea zadarnică, în căutarea unui loc de parcare.

Cum mă îndreptam eu spre capătul străzii, pentru a nu știu câta oară, am observat o femeie cu păr roșu aprins care stătea în capătul unei alei, cu o mână în șold și cu cealaltă ținând o mătură pe care o folosea să dea zăpada de pe trotuar. Mi-a făcut semn cu mâna, așa că am încetinit.

- Te-ai rătăcit? m-a întrebat când am coborât geamul. Te-am văzut trecând pe-aici de cel puțin șase ori.

- Nu, nu m-am rătăcit. Încerc să găsesc un loc de parcare. Am un interviu pentru un loc de muncă în cinci minute, chiar în clădirea de peste drum.

Femeia mi-a zâmbit cu compasiune.

- Parchează pe alee, s-a oferit ea. Eu nu plec nicăieri.

- Ești sigură? am întrebat-o.

- Bineînțeles că sunt sigură! Și grăbește-te! Doar nu vrei să întârzii, nu?

Femeia mi-a indicat un loc pe care tocmai îl curățase de zăpadă, iar eu am parcat pe alee, cu profundă recunoștință. După ce i-am mulțumit încă o dată, am fugit peste drum și am ajuns la interviu cu un minut mai devreme. Când am terminat, m-am întors la mașină.

Femeia roșcată era tot afară, măturând.

- Cum a fost? m-a întrebat.

- Cred că a fost bine, i-am răspuns. Îți mulțumesc încă o dată pentru ajutor.

Mi-a zâmbit și a zis:

- Nu asta trebuie să facă oamenii, să se ajute unii pe ceilalți? Sper să obții slujba!

În seara aceea, i-am povestit soțului meu despre femeia care îmi oferise un loc de parcare în ceasul al doisprezecelea.

- Mi-ar plăcea să îi duc ceva, în semn de mulțumire, am spus. Poate o plantă sau niște prăjituri. O să-i iau mâine ceva.

A doua zi dimineață, marți, am mers iar în centru; pe bancheta din dreapta aveam o mică violetă africană. Din nu știu ce motiv, în ziua aceea erau destule locuri de parcare libere, așa că am reușit să parchez chiar în fața casei acelei străine generoase. Când am sunat la ușă, nu mi-a răspuns nimeni.

- Nu locuiește nimeni acolo! a strigat cineva la mine, după câteva minute. O vecină a apărut pe scările casei de lângă.

- Ieri, o femeie care locuiește aici m-a lăsat să parchez pe alee, i-am răspuns.

Vecina a dat din cap dezaprobator:

- Nu cred. Helen a fost internată într-un azil luna trecută, iar duminică a murit.

- Helen avea părul roșcat și ochii albaștri?

- Nu. Helen avea ochii albaștri și părul alb. Era destul de în vârstă. Probabil ai văzut pe altcineva.

Vecina a vrut să se întoarcă în casă, dar s-a oprit.

- Ce ciudat! Cred că Helen a avut într-adevăr părul roșcat, acum mult timp. Mereu spunea că părul ei avusese aceeași culoare ca cal Lucillei Ball. Apoi a văzut planta pe care o țineam. Drăguță violetă, a spus.

M-a trecut un fior rece pe șira spinării, când mi-am amintit ce spusese Helen despre a fi buni unii cu alții. Am mers spre casa vecinei și i-am oferit violeta.

- Să te bucuri de ea, i-am spus. Mi-ar plăcea să ți-o ofer!

A făcut ochii mari.

- Pentru ce?

- În semn de mulțumire pentru Helen, i-am spus în timp ce ridicam din umeri.

Spre sfârșitul acelei săptămâni, a venit și vestea că primisem slujba. Timp de câțiva ani am condus prin fața casei lui Helen de două ori pe zi. Și de fiecare dată mă gândeam la îngerul pe care îl cunoscusem și la bunătatea femeii - o bunătate pe care încerc la rândul meu să o transmit celorlalți, ori de câte ori am ocazia.

Experiența mea cu Helen mi-a arătat că întâlnirile cu îngeri nu au nimic de-a face cu sincronizările sau coincidențele ori cu a fi în locul potrivit la momentul potrivit. Au însă totul în comun: cu a fi buni unii cu ceilalți, cât de des putem.

~ Nell Musolf

37

Supă de pui pentru Suflet

Asistență rutieră

Ziua, Domnul îmi dădea îndurarea Lui, iar noaptea, cântam laudele Lui și înălțam o rugăciune Dumnezeului vieții mele.
– Psalmul 42:8

Era o după-amiază ploioasă de vară, într-o duminică; eram cu prietena mea și mergeam cu mașina de vreo oră. Conduceam prin țară, pe drumuri liniștite ce treceau doar pe lângă locuri de pășunat sau ferme de cai, și nimic altceva. Mergeam pe drumuri de pământ izolate - nu se vedea nici măcar o casă, pe o distanță de kilometri întregi. Când am virat într-o curbă, am trecut, pentru a doua oară, la 20 de minute distanță, pe lângă un restaurant de pe marginea drumului - unul care avea agățată la ușă o plăcuță pe care scria „Închis".

Cum indicatorul din bord dădea semne că rezervorul era aproape gol, am rezistat tentației de a lua cu mașina un autostopist, ce părea serios de altfel; am fi oprit să-l luăm doar dintr-un singur considerent: să ne ajute să găsim drumul. Expresia lui ne tulburase, dar nu reușeam să explicăm exact ce anume nu ne plăcuse la el.

Când am oprit la o benzinărie dintr-o zonă rurală în Lancaster County, Pennsylvania, am recunoscut amândouă că ne rătăciserăm.

Înainte de epoca tehnologiei, navigarea prin GPS și telefoanele mobile, existau hărți ale drumurilor. Din fericire, aveam o hartă a Pennsylvaniei. Tocmai ce o scosesem din torpedou, când o mașină albă a parcat lângă noi, pe partea cealaltă a pompelor de alimentare.

Pentru că ne întorceam spre casă, după o excursie de cinci zile cu cortul la un festival de muzică creștină, eu și prietena mea eram nerăbdătoare să revenim la civilizație - mai precis, la dușurile fierbinți și paturile calde. Prietena mea a studiat harta cu conștiinciozitate, iar eu am coborât din mașină, îndreptându-mă spre casieria benzinăriei.

Am zâmbit și i-am salutat din cap pe cei din mașina de lângă noi, un cuplu mai în vârstă. Bărbatul de la volan avea părul alb și purta o cămașă de aceeași culoare. Și soția sa avea părul alb și purta pe umeri un cardigan, de asemenea alb. În poală, ținea un pudel nepăsător; desigur, tot alb. Femeia mi-a răspuns cu un zâmbet și un gest din cap.

Domnul mai în vârstă a lăsat geamul jos și mi-a strigat:

- Nu vei găsi pe nimeni înăuntru, benzinăria este închisă duminica!

- Ah, în regulă, mulțumesc! am răspuns dezamăgită. Ce absurd din partea mea să cred că aș fi găsit vreo benzinărie deschisă în mijlocul comunității Amish, într-o după-amiază de duminică.

- Văd că ai plăcuțe de înmatriculare din Jersey. Te îndrepți spre casă? Ai luat-o greșit cu vreo cinci kilometri în urmă. Ar fi trebuit să întorci imediat după moara de piatră.

- Da, nu erau indicatoare. Și, mă rog... de fapt, da, ne îndreptăm spre New Jersey. Mergem în cerc de vreo oră.

- Păi, bine că măcar nu ați oprit să luați autostopistul de pe drum. Este un om tulburat! mi-a răspuns bătrânul.

M-am uitat cu neîncredere la prietena mea care ținea în mâini harta deschisă.

- De unde a știut? Nu era nimeni în spatele nostru pe drum și el a venit din direcția opusă, a zis ea.

Următorul comentariu al bărbatului ne-a întrerupt discuția:

- Dacă vreți să mergeți în spatele nostru, vă conducem noi până la autostradă și acolo, la vreo trei kilometri, în partea de est, este o benzinărie de unde ați putea alimenta.

M-am rezemat de mașină, pe geamul de pe partea șoferului.

- De unde ați știut că avem nevoie de benzină? Și de unde știți că ne-am rătăcit? l-am întrebat.

- Păi, hai să o numim intervenție divină, a glumit el. Soția lui a chicotit, iar pudelul stătea în poziție de drepți, cu codița în sus. Ne puteți urma după ce ieșim din benzinărie.

- Nici nu vă putem mulțumi îndeajuns. Sunteți foarte amabili. Vă putem oferi niște bani pentru benzină și deranj?

- O, nu, nu este nevoie. Sunt doar câțiva kilometri până acolo și e în drumul nostru.

- Atunci, vă mulțumim încă o dată!

Apoi le-am zâmbit și m-am urcat în mașină.

Cum hoinăream noi pe acele drumuri de țară, eu și prietena mea făceam tot felul de supoziții - oare, cei doi bătrâni erau îngeri trimiși să ne protejeze și să ne ajute să găsim drumul? Sau era doar o coincidență - un cuplu de bătrâni din zonă, la plimbare cu mașina, într-o după-amiază de duminică, care s-au întâlnit cu două fete rătăcite din Jersey? Făcând abstracție de cine sau ce erau, noi le eram recunoscătoare pentru ajutor.

Când ne-am apropiat de autostradă, l-am văzut pe bărbat oprind pe marginea drumului și lăsând geamul jos, arătându-ne drumul pe care trebuia să o luăm. Le-am făcut cu mâna când am trecut pe lângă ei și am semnalizat ca să le arăt că înțelesesem care era direcția bună. Pe când urcam rampa spre intrarea pe autostradă, prietena mea s-a uitat în spate să le mai facă cu mâna încă o dată. I s-a tăiat respirația - mașina nu mai era.

- Uită-te în oglindă, mi-a ordonat.

Uimite și fără cuvinte, am pornit spre casă.

Mai târziu, în noaptea aceea, cum stăteam eu întinsă pe patul meu comod, după o masă caldă și un duș răcoros, am luat Biblia și am deschis-o la întâmplare, la Capitolul 13, Evrei. Am început să citesc: „Stăruiți în dragostea frățească. Să nu dați uitării primirea de oaspeți, căci unii, prin ea, au găzduit, fără să știe, pe îngeri."

În acel moment, toate întâmplările zilei au căpătat sens. Cei care ne însoțiseră nu erau străini ce locuiau într-un oraș pustiu din Lancaster County, Pennsylvania. Am sunat-o repede pe prietena mea să-i confirm bănuiala noastră - acei doi bătrâni erau îngeri.

Astăzi, atunci când îmi pierd răbdarea în preajma oamenilor, îmi amintesc acel verset din Evrei și rememorez experiența noastră. Oare ne va crede cineva, vreodată? Probabil că nu, am bănuit încă de pe atunci. Fără să ne dăm seama, întâlniserăm îngeri care ne-au tratat cu bunătate și compasiune. Așadar, cum aș putea eu în viitor să mă port altfel decât au făcut-o ei?

~ Elisa Yager

38

Supă de pui pentru Suflet

Un șofer de autobuz binedispus

Râsul este cea mai scurtă distanță dintre doi oameni.
– Victor Borge

Aveam 16 ani și suficienți bani să-mi cumpăr un bilet de autobuz care să mă ducă departe de oraș. Destinația: casa surorii mele din Kellogg - o comunitate mică de la munte, în nordul statului Washington.

Autobuzul mergea spre nord și trecea prin Walla Walla, Washington și apoi Spokane. Se anunța o furtună de zăpadă, dar nu eram îngrijorată. Aveam câțiva dolari în buzunar și un drum deschis în fața mea.

Autobuzul Greyhound a părăsit terminalul huruind. Mă simțeam în siguranță și la căldură, lângă geam. Îmi luasem un răgaz pentru mine, trăiam clipa, fără să am vreo grijă pentru ceea ce va urma. M-a luat repede somnul și nici că m-am trezit o bună bucată de vreme. Însă când m-am deșteptat, autobuzul oprise. M-am frecat la ochi și m-am uitat în jur: eram singură în tot autobuzul.

Mi-am scuturat picioarele care amorțiseră, m-am ridicat și am început să merg pe culoar. Privind atent prin geamul ușii, am văzut terminalul. În întuneric, abia am putut să citesc ce scria pe indicatorul acoperit cu zăpadă de deasupra ușii: „Bine ați venit în Walla Walla". Obosită și înfometată, m-am întors pe scaunul meu și m-am ghemuit de frig. Între timp, a revenit și șoferul. L-am auzit urlând cu o voce aspră.

- Hei, tu de acolo!

- Of, am șoptit, făcându-mă tot mai mică în scaun.

- Se pare că ești singura pasageră, domnișoară. Ar fi bine să intri să te încălzești. Mă îndoiesc că mai plecăm undeva în noaptea asta.

Nu m-am mișcat; m-am cufundat și mai mult în scaun.

- Cum dorești! a rostit scurt.

Nu aveam dispoziția necesară să-mi fac un alt plan; aveam un nod în gât, dar mă abțineam să nu plâng. „Nu plânge!" mi-am spus. „Nimeni nu o să mă vadă plângând." Atunci a pășit el în autobuz. Era îmbrăcat în uniformă de șofer și avea o beretă ciudată și demodată. Arăta ca Moș Crăciun - un bărbat solid, cu barbă albă și bretele ce-i acopereau burtica rotundă.

- Mai bine ai veni să stai în față, domnișoară. Se pare că ești singura care merge în Spokane! a spus. M-am îndreptat ușor spre partea din față a autobuzului. Ar fi bine să te așezi pe scaunul din primul rând, a zis el râzând.

M-am așezat cu băgare de seamă pe scaunul din primul rând, vizavi de el. Pe fereastră se așternuseră cei mai mari fulgi de zăpadă pe care-i văzusem vreodată.

Și duși am fost; prin viscol, doar eu și șoferul de autobuz binedispus. Era ceva neobișnuit pentru mine să-mi asum așa un risc. Îmi amintesc că îmi trecuse prin minte gândul că toată experiența se putea termina prost. Cum stăteam eu holbându-mă în întuneric, am început să vorbim și să râdem. La un moment dat, chiar am băut ciocolată caldă din termosul lui și am râs atât de tare, că mi-a ieșit băutura pe nas, pătându-mi și haina. Nu știu când am adormit. Îmi amintesc doar zgomotul roților ce parcă-mi fredonau un cântec de leagăn.

Parcă abia ce închisesem ochii, când m-am trezit alintată de razele calde ale soarelui ce strălucea prin parbriz. M-am ridicat, m-am întins, am căscat și mi-am răsucit părul lung, ascunzându-l sub șapcă. Mi-am aruncat pe umeri rucsacul și m-am uitat în jur după șoferul cel voios. Ușile autobuzului erau deschise, așa că am coborât să îmbrățișez aerul proaspăt al dimineții. Nici urmă de șofer. Era încă destul de frig afară. Mi-am încrucișat brațele, încercând să mă încălzesc. Ușor, ușor, m-am îndreptat spre terminal. Eram în Spokane. Propabil că merserăm toată noaptea. M-am așezat și am început să mă scotocesc de mărunțiș; voiam să o sun pe sora mea, să vină după mine. Cum mergeam eu de colo colo, căutând un telefon, m-am hotărât să merg la ghișeu să întreb de șoferul de autobuz. Fusese atât de amabil, că voiam să-i mulțumesc.

– Bună ziua, i-am spus funcționarei.

– Da, destinația? m-a întrebat.

– Of, m-am bâlbâit eu. Nu plec nicăieri, tocmai ce-am venit noaptea trecută din Walla Walla.

Femeia mi-a aruncat o privire contrariată și aspră.

– În fine, am continuat. Mă întrebam dacă aş putea vorbi cu şoferul.

Şi-a luat privirea de la mine, consultându-şi documentele. Apoi s-a uitat în sus, spunându-mi:

– Nu, e imposibil să fi venit cu acea cursă, trebuie să fi fost un alt autobuz. Dă-mi biletul să văd despre ce este vorba!

Contrariată, am început să caut prin rucsac, verificând fiecare buzunar în parte. Nu-l găseam.

– La naiba! Cred că l-am pierdut, am spus, scuturând din cap. Serios, am venit cu autobuzul de acolo, i-am arătat. Apoi i-am descris şoferul şi călătoria noastră prin viscol, din Walla Walla până acolo.

Femeia mi-a aruncat o privire lungă, spunându-mi:

– Nu, n-ai fost în acel autobuz noaptea trecută. N-aveai cum, pentru că drumul a fost închis. Nu a circulat niciun autobuz pe ruta aceea, noaptea trecută. Ce pui la cale? Te droghezi sau ceva? a continuat ea.

Confuză, am început să mă îndepărtez de ea.

– Rămâi pe loc, a adăugat. Voi suna pe cineva.

Am reperat uşa, m-am întors şi am fugit. Şi am fugit, am tot fugit până am considerat că eram în siguranţă; m-am oprit în faţa unui mic magazin alimentar. M-am aşezat să mă odinesc, pe bordura acoperită cu zloată; îmi revenea în minte călătoria cu autobuzul. Ştiam că fusese reală. Altfel, cum ajunsesem acolo? Parcă şi auzeam râsul şoferului când m-am uitat în jos, la pata de ciocolată de pe jachetă. Am râs şi am plecat în căutarea unui telefon pentru a-mi suna sora.

S-a arătat îngrijorată şi fericită că avea veşti de la

mine; urma să vină după mine în vreo două ore.

Cât am așteptat, m-am tot gândit la șoferul de autobuz. Cine era el de fapt? Cred cu tărie și-n ziua de astăzi că cel care a condus acel autobuz a fost un înger.

~ Susan R. Boles

39

Supă de pui pentru Suflet

Îngerul cu cămașă în carouri

Dumnezeu nu doar că trimite îngeri în viețile noastre, dar uneori îi mai trimite încă o dată, în caz că uităm să ne luăm notițe prima dată!
– Eileen Elias Freeman
Manualul de instrucțiuni al îngerașului

Oare era înger? Chiar și acum, după 25 de ani, mi-l amintesc la fel de bine cum îmi amintesc ce-am mâncat de dimineață la micul dejun. Și e mare lucru, dacă mă gândesc la cât de prost stau cu memoria în ultima vreme.

Fiica mea era la școală în ziua aceea. Soțul meu, Buck, tocmai ce ieșise valvârtej din casă, după ce avuseserăm o altă ceartă, cine mai știe din ce motiv. Ne certam atât de des pe vremea aceea! Majoritatea neînțelegerilor erau cauzate de sănătatea lui din ce în ce mai precară și de faptul că ne străduiam să ne salvăm afacerea cu monumente, în timp ce el continua să muncească cu normă întreagă ca dispecer la 911.

Fizic vorbind, două slujbe erau mult prea solicitante pentru el, iar el voia să renunțe la slujba pe care o avea la biroul șerifului, pentru că afacerea cu monumente era mult mai rentabilă. Nu eram de acord; simțeam că afacerea cu monumente, care implica multă muncă fizică și ridicări, avea să se transforme într-un efort prea mare pentru el. În plus, dacă nu mai era angajat al comisiei districtuale, pierdea și asigurarea. Iar noi aveam mare nevoie de asigurarea medicală.

Buck aproape că suferise un atac de cord; nivelul colesterolului și al trigliceridelor era astronomic, plus că era și diabetic. Ce nu știam atunci era că în anii următori urma să sufere mai multe amputări, să-și piardă vederea, într-o proporție destul de mare, și să necesite dializă.

În acea zi călduroasă de primăvară, de acum mulți ani, am tresărit la auzul soneriei de la ușă. Ne ocupam de afacerea noastră de acasă, așadar mi-am imaginat că la ușă era un client. Mi-am atins ușor obrazul pentru a șterge o lacrimă răzleață.

Un bărbat mai în vârstă, ușor adus de spate, ce purta o cămașă roșie în carouri și salopetă, stătea pe verandă. Am deschis ușa și l-am invitat în sufragerie. I-am oferit un scaun, dar a preferat să rămână în picioare. Vorbea calm, cu o voce joasă, ce părea să fie însăși întruchiparea liniștii, dar ochii lui au fost cei care m-au fascinat cu adevărat. Erau cei mai albaștri, profunzi și blânzi ochi pe care-i văzusem vreodată. Nu mă puteam uita în altă parte.

S-a interesat de cumpărarea unui monument; ținea una din broșurile noastre. M-am oferit să-i arăt câteva monumente de piatră pe care le aveam la vânzare, dar a refuzat. Sunt convinsă că pe parcursul conversației noastre mi-a remarcat ochii roșii și fonfăiala de la care mă tot abțineam.

Acest om emana bunătate, căldură și alinare prin toți porii; era mai mult decât puteam îndura în acel moment întunecat din viața mea.

A dat să plece, dar ochii lui cristalini nu m-au slăbit o clipă. Înainte să închidă ușa în urma lui, mi-a zis:

- Se vor rezolva toate.

Am plâns și mai strașnic. Faptul că fusesem în preajma unui om care mă făcuse să mă simt consolată îmi stârnise din nou plânsul. Dar de data aceea era diferit. Suspinele erau acum purificatoare și regeneratoare. Simțeam că toate grijile mele se evaporaseră.

Nu i-am mărturisit niciodată soțului meu despre întâlnirea cu acel bărbat. În schimb, am încercat să nu intervin asupra deciziei lui. O zi sau două mai târziu, mi-a spus:

- M-am gândit la ce am vorbit. Cred că cel mai bine ar fi să vând afacerea cu monumente și să continui să lucrez la biroul șerifului. Acea asigurare medicală este mai importantă decât banii în plus obținuți de pe urma pietrelor funerare.

Câteva luni mai târziu, am vândut afacerea. De-a lungul anilor, Buck a îndurat multe internări în spital, iar ultimii ani din viață și i-a petrecut într-un azil. Așa că, într-adevăr, asigurarea s-a dovedit extrem de importantă. Cu toate acestea, ce-mi amintesc cu precădere din acea perioadă este acel bărbat ușor gârbovit, îmbrăcat în straie de fermier, care a pășit în sufrageria mea și mi-a arătat calea spre tihnă.

Un înger? Da, trebuie să fi fost un înger. Unul care mi-a alinat sufletul tulburat.

~ Shirley Nordeck Short

Capitolul
5

Îngeri printre NOI

Credința în acțiune

40

Supă de pui pentru Suflet

Băiatul de pe bicicletă

O rugăciune în sensul ei cel mai simplu este doar o dorință îndreptată spre Dumnezeu.
– Phillips Brooks

N-am dat niciodată importanță lucrurilor de natură spirituală ori sacră; asta până când Sarah, fiica mea, s-a îmbolnăvit, la doar câteva luni de la naștere. Chiar așa stând lucrurile, pe măsură ce lunile treceau și boala ei avansa, mă rugam cu disperare. Năzuiam la momentul în care Dumnezeu avea să-mi asculte rugile și să intervină. Chiar dacă în acel moment nu eram tocmai sigură cu privire la convingerile mele religioase, nu voiam ca Sarah să sufere și mai mult din pricina credinței mele îndoielnice ori a neputinței mele de a mă ruga.

Chiar și cele mai arzătoare rugăciuni ale mele erau insuficiente. La doar patru zile după ce a împlinit 2 ani, în iunie 1998, Sarah a murit în urma complicațiilor unei boli mitrocondriale. În ziua aceea, totul s-a schimbat pentru mine. Voiam să mor. Voiam să adorm și să nu mă mai trezesc vreodată. Doar așa ar fi dispărut durerea. Dar oricât de nerăbdătoare eram să-mi întâlnesc moartea, încă nu era timpul.

În perioada aceea, încă oscilam între crezuri și necredință; la fel, și soțul meu, Chris. Dar știam că trebuia să aflu dacă fiica mea era într-adevăr în Rai. Abia atunci voi fi avut speranța de a o revedea într-o bună zi. Dacă Dumnezeu era doar un mit, o născocire trainică a unei societăți învechite, atunci nu aș mai fi avut niciun motiv să trăiesc. Mă durea fiecare centimetru de carne, emoțiile mele erau sângerânde, iar mâhnirea mă paraliza.

Eu și Chris eram căsătoriți de aproape 11 ani atunci când a murit Sarah. Din ziua în care ne-am căsătorit - exceptând cele câteva ocazii în care am participat la nunți - nu mai puseserăm piciorul într-o biserică. După câteva săptămâni de la moartea lui Sarah, am mers prima dată la o biserică din apropiere, în căutarea unor răspunsuri. Exista un Dumnezeu? Dacă da, Sarah era în Rai? Era bine? Ne-am primit repede răspunsurile; și s-a întâmplat într-o manieră atât de înduioșătoare și extraordinară, cum nu îndrăzniserăm să visăm sau să ne imaginăm.

Într-o duminică, după slujbă, la doar câteva săptămâni de la moartea lui Sarah, eu și Chris purtam o discuție înflăcărată și scăldată în multe lacrimi despre existența lui Dumnezeu și a Raiului. Deveniserăm destul de sensibili la gândul că nu aveam să ne revedem niciodată fiica. Atunci când durerea era mai reală ca oricând, soțul meu și-a ridicat brațele spre cer și a strigat către Dumnezeu, spunând:

- Dă-mi un semn, arată-mi că Sarah este cu tine și că e bine!

Câteva secunde mai târziu, am auzit o voce. Ne-am uitat prin deschizătura ferestrei de la sufragerie. Lumina și briza caldă ce pătrundeau prin fereastra deschisă se contopeau cu sunetul unei voci cântând. După o privire mai atentă, am descoperit sursa muzicii.

Un băiețel la vreo 8-10 ani se plimba cu bicicleta în cerc, înconjurându-ne aleea și cânta „Amazing Grace". Avea vocea înaltă și dulce a unui băiat de cor. A dat câteva ture în jurul drumului, în timp ce continua să fredoneze. Apoi a părăsit aleea, doar ca să revină câteva momente mai târziu, fredonând un alt cântec religios. Deși nu am recunoscut melodia pe care o cânta, am înțeles suficiente cuvinte cât să îmi dau seama că își cânta dragostea pentru Dumnezeu. A mai dat o tură cu bicicleta, și dus a fost.

Cartierul în care locuiam atunci era împânzit de copilași. Îi cunoșteam pe copiii ce stăteau în apropiere - pe unii, după nume, pe alții, doar din vedere. Știam ce copii locuiesc în fiecare casă. Băiețelul acela clar nu era din cartierul nostru. Nu-l mai văzusem până atunci și nici că l-am revăzut vreodată.

Eu și Chris am rămas în loc, uluiți, încremeniți și fără cuvinte, privindu-ne unul pe celălalt. Știam amândoi că acel băiețel era un înger trimis de Dumnezeu să ne aline durerea. Chris ceruse un semn, iar Dumnezeu ni-l oferise. În acel moment, am știut, fără urmă de îndoială, că fiica mea iubită era în siguranță în brațele Domnului.

Viața mea nu a mai fost nicicând aceeași. Deși au trecut mulți ani de la moartea lui Sarah, încă îmi lipsește. Este o prezență constantă în inima și în mintea mea. Știu că nu o voi vedea niciodată absolvind liceul, mergând la facultate, căsătorindu-se sau având propriii copii. Dar mai știu și că despărțirea este doar un moment din întregul vieții noastre. În fiecare zi îi mulțumesc lui Dumnezeu pentru fiica pe care ne-a dăruit-o și pentru îngerul care ne-a arătat adevărul. Și unul, și celălalt ne-au fost alături pentru puțin timp, dar impactul pe care l-au avut asupra noastră încă stăruie.

~ Sheryl Grey

41

Îngerul plutitor

Coincidențele sunt felul în care Dumnezeu își păstrează anonimatul.
– Albert Einstein

Stăteam în liniște privindu-mi soțul de 50 de ani, pe Bruce, în timp ce o echipă de medici de la UCLA îl informau că îi rămăsese mai puțin de un an de trăit. Era nepăsător, puternic, chipeș; fizic, părea cu zece ani mai tânăr decât era de fapt. Nu putea să fie adevărat. Sigur era o greșeală. Era atât de plin de viață. Pentru el, viața era o aventură și o bucurie. La fel deveniseră și viețile noastre - a mea și a celor doi fii ai noștri - alături de el. Era imposibil ca el să fie pe moarte.

Bruce a avut multe întrebări pentru medici. Avea cancer în stadiul IV. Urma un tratament agresiv. Medicii se puseseră de acord asupra prognosticului. Șase luni, cel mult un an. Nu încăpea îndoială.

Stăteam la ușa centrului medical - singuri, într-o după-amiază mohorâtă și gri. Un bărbat și o femeie se țineau strâns în brațe. Bărbatul a lăcrimat puțin, în timp ce femeia i-a șoptit la ureche:

- Îmi pare atât de rău! Îmi pare atât de rău!

Nimeni nu intra, nimeni nu ieșea. O pereche ciudată, pierdută în propria poveste.

Bruce a respirat adânc și mi-a spus:

- Hai să mergem să mâncăm ceva!

Am mers încet până la un restaurant din apropiere; mi-a vorbit plin de optimism și pozitivism. Apoi am mers cu mașina spre casă.

Bruce n-a murit în următorul an, nici în cel care a urmat după. Timp de opt ani, a luptat cu zâmbetul pe față și curaj; a urmat o sumedenie de tratamente experimentale, operații multiple, chimioterapie și radiații.

Fiecare zi ce a urmat acelui prim an a fost un dar, iar el le-a trăit pe toate ca atare. Fără timp irosit, fără să se plângă. A trăit iubind viața și iubindu-i pe ceilalți, așa cum o făcuse dintotdeauna.

Atunci când durerile erau mai suportabile, când tratamentele erau mai puțin numeroase sau atunci când starea lui se îmbunătățea ușor, obișnuiam să călătorim prin Italia, să facem scufundări în Key West, ne vizitam familia și prietenii, mergeam la ceremoniile de absolvire a fiilor noștri, la câte o nuntă și ne țineam cei trei nepoți în brațe. Și fiecare dintre noi se amăgea, de dragul celuilalt, că el se va vindeca.

Apoi, la un control de rutină, s-au descoperit noi tumori la coloana vertebrală. Deși am rămas optimiști în sinea noastră și unul pentru celălalt, era evident că îi rămăsese prea puțin timp.

La ceva vreme după ce primisem acele rezultate, într-o dimineață, ne făceam cafeaua în noul nostru apartament, pe care abia ce îl renovasem. Bruce mi-a vorbit încet:

- Kandy, aseară m-a sărutat un înger!

- Eh, ai visat, i-am răspuns plimbându-mă prin cameră.

- Nu! a insistat el.

- Atunci, pesemne că a fost momentul acela, știi, chiar înainte să adormi, am zis eu.

- Nu, mi-a repetat. A fost real; ca acum, când stau și vorbesc cu tine.

Soțul meu era o persoană extrem de rațională. Știam că ceea ce îmi mărturisea era ceva ce el credea cu adevărat; iar în perioada aceea nu avea dureri și nici nu urma vreun tratament.

M-am așezat în fața lui, la masă. Voiam să aflu mai multe.

- Cum a fost?

- Era frumoasă. Avea un păr lung ce parcă plutea în jurul ei. Era foarte luminoasă, strălucea. Și levita deasupra mea.

Mă pierdusem atât de tare în detalii, că m-am trezit întrebând dacă avea aripi.

- Nu, mi-a răspuns el, serios.

A continuat:

- Mi-a atins fața cu ambele mâini, s-a aplecat și m-a sărutat. Apoi a dispărut...

Pentru a reda și mai precis experiența, chiar a gesticulat.

A descris totul atât de calm și de convingător, de parcă ar fi vorbit în deschiderea unui meci de baseball.

Am făcut o mică pauză, cât să asimilez tot ce îmi povestise.

- Bruce, am spus, ești binecuvântat. Ai experimentat o apariție.

Nu știam nimic altceva; credeam doar ceea ce a descris el că i se întâmplase.

Ce alinare ar fi fost dacă acesta era finalul poveștii, mai ales când mă gândesc la tot ce a avut de îndurat soțul meu. Dar nu s-a terminat așa. Abia atunci a început totul.

Cum spuneam, tocmai ce redecorasem un apartament și eu cumpărasem o masă italiană absolut încântătoare pentru holul de la intrare. Îmi doream accesoriul perfect pentru masa aceea. Într-o după-amiază, după câteva săptămâni de la discuția noastră din bucătărie, am mers la un magazin luxos de mobilă; se anunțaseră reduceri. De cum am intrat, am văzut un înger din teracotă pe un suport metalic.

Era același pe care îl văzusem cu ceva timp în urmă în magazin și care îmi plăcuse. Doar că, la momentul respectiv, nu își avea locul în apartamentul nostru. În noul apartament însă, era perfect pentru măsuța din hol. Eram încântată de-a dreptul. Mi-am amintit că nu era nici extrem de scump. Am hotărât să-l cumpăr oricum, indiferent de preț. Am observat că avea o etichetă mare, roșie.

M-am apropiat să examinez statueta: avea un chip delicat, păr lung, curgător, aripi, iar în mâini ținea cu blândețe o scoică. Deși eram hotărâtă să o cumpăr orice ar fi, din curiozitate am aruncat un ochi pe eticheta cea roșie pe care scria prețul redus. Sub preț, era scris de mână „Îngerul plutitor."

Nu-mi venea să cred. Nu putea fi o simplă coincidență.

Am dus-o acasă și am pus-o exact acolo unde mă gândisem. A rămas în acel loc în anul care a urmat; în tot acest timp, starea lui Bruce s-a înrăutățit, iar boala a continuat să-i distrugă corpul, dar nu și sufletul. Deși s-a chinuit mult până și-a dat ultima suflare, iar durerile lui au fost incontestabile, credința i-a fost neclintită.

După moartea lui, l-am chestionat multă vreme pe Dumnezeu. Mă bântuiau toate „de ce-urile" și toate „și dacă-urile". Cum era posibil ca Bruce să nu mai fie?

Am rămas la familia fiului meu cel mare pentru câteva

luni. În fiecare dimineață, înainte să plec la serviciu, mergeam pe jos câțiva kilometri, mă rugam și plângeam, iar mă rugam și iar plângeam. Nimic nu mă consola. Nu-mi găseam liniștea. Durerea era implacabilă.

Apoi, într-una dintre acele dimineți de singurătate, l-am implorat pe Dumnezeu să-mi trimită un semn că Bruce era bine. O voce slabă mi-a străpuns durerea și a spus: „Ai primit un semn când Bruce era încă aici. Îngerul lui."

Am avut multe momente de neîncredere și îndoială de-a lungul timpului. Cu toate acestea, uneori, îmi amintesc acea dimineață în care Bruce mi-a descris atât de frumos cum un înger îl sărutase. Îmi place să cred că poate acel înger i se arătase ca să-l pregătească.

Și, uneori, trec pe lângă statuia pe care am cumpărat-o atunci, o mângâi ușor pe creștet și-i spun „Bună, îngere al lui Bruce!". Îmi amintește de adevăratul înger, acela pe care soțul meu credea că l-a văzut plutind deasupra lui, într-o noapte.

Era, oare, doar o statuie din teracotă cu păr lung, curgător, denumită simplu „Îngerul plutitor", o simplă statuie dintr-un magazin pe care-l vizitasem ca să cumpăr un obiect decorativ, la doar câteva săptămâni după experiența soțului meu, ce apăruse pur și simplu întâmplător în calea mea? Să fi fost o simplă coincidență? Ori, pur și simplu, un miracol?

~ Kandy Petillo

42

Supă de pui pentru Suflet

Am vrut să fiu martora unui miracol

Nu e ca și cum noi ne rugăm și Dumnezeu ne răspunde; rugăciunile noastre sunt ele însele răspunsurile lui Dumnezeu.
– Richard Rohr

Într-o după-amiază plăcută de mai, le-am suit în dubiță pe cele două fiice ale mele, Beth și Christine, de 2 ani, respectiv 4 luni; mergeam la un eveniment special. Charles și Francis Hunter, care erau cunoscuți drept evangheliști făcători de minuni, țineau un discurs în apropiere, la Stranahan Great Hall. Iar eu eram nerăbdătoare să văd un miracol cu ochii mei.

Când am ajuns, parcarea era deja aglomerată, dar, într-un final, am reușit să găsesc un loc de parcare în capătul mai îndepărtat. În sală, am ocupat un loc lângă culoarul exterior și am întins o pătură pe podea, ca fetele să tragă câte un pui de somn, liniștite.

Deși era o după-amiază din timpul săptămânii, aproape toate locurile erau ocupate. Muzica religioasă și mesajul familiei Hunter aveau o forță deosebită; ascultam cu evlavie - eram atât de fericită să fiu acolo. Fără să vreau, am auzit oameni povestind că avuseseră probleme fizice și fuseseră vindecați, după ce Charles și Francis Hunter se rugaseră pentru ei. Era uimitor să vezi atât de mulți oameni binecuvântați de Dumnezeu.

În timpul împărtășaniei, am observat ceva ciudat. Unul dintre aprozi tot analiza zona din spate a sălii.

Când evenimentul s-a încheiat, am așteptat câteva minute ca mulțimea să se mai risipească. M-am gândit să o las pe Beth să mai doarmă puțin cât timp îmi strângeam Biblia, agenda și pătura, îndesându-le pe toate în plasa cu scutece. Christine se trezise deja și era binedispusă.

Câteva minute mai târziu, părea să fie momentul perfect pentru a ieși din sală. Într-o mână țineam plasa greoaie cu scutece și pe Beth. Cu cealaltă mână, împingeam căruciorul în care era Christine, îndreptându-mă spre ieșirea din mijloc. Deși mă simțeam copleșită, m-am uitat la chipurile frumoase ale fetelor și m-am bucurat că le luasem cu mine. Fuseseră tare cuminți pe durata evenimentului.

Cum mergeam noi spre scări, mi-am dat seama că, undeva, la fundul plasei cu scutece, erau și cheile de la mașină. Am așezat căruciorul în care se afla Christine cu grijă, în capătul scărilor, ca să pot scotoci prin plasă. M-am gândit că era mai simplu dacă scoteam cheile înainte să ajung la mașină.

În timp ce țineam o mână pe cărucior și cu cealaltă căutam de zor cheile, prin minte mi-a trecut un gând: „N-o lăsa pe marginea aceea. Știi că nu este în siguranță." Dar am ignorat avertismentul, gândindu-mă că voi reuși să scot cheile într-o clipă. Și, până la urmă, țineam o mână pe ea.

Deodată, înainte să apuc să clipesc măcar, căruciorul mi-a alunecat printre degete și s-a răsturnat, lovindu-se de podeaua rece, de piatră. Împietrisem. Nu-mi venea să cred ce se întâmplase. Christine căzuse cu tot cu cărucior la un metru și ceva distanță, cu fața în jos. Am intrat în stare de șoc; oamenilor din jur li se tăiase respirația.

„Vai, Iisuse, ajutor!". Panicată, mi-am luat în brațe copilul care țipa; gânduri negre îmi treceau prin minte. Cât de grav era rănită? Avea să supraviețuiască? Cum de fusesem atât de neatentă?

Lângă mine stătea o tânără brunetă cu păr lung și frumos, care văzuse tot ce se întâmplase. Expresia de pe fața ei era dubios de liniștită; nu schița nimic. În timp ce alții rămăseseră fără suflare, ea era calmă și foarte stăpână pe sine.

Femeia s-a apropiat încet de mine; îngenuncheasem, plângeam în hohote și-mi îmbrățișam copilul cel drag. Printre lacrimi amare, am văzut-o apropiindu-se. Și-a întins mâna spre mine ca să mă aline. Avea ochii căprui și o privire blândă, mângâietoare; îi simțeam mâinile calde peste ale mele.

Cu o fluturare discretă a mâinii, i-a făcut semn aprodului cel vigilent, care s-a instalat rapid lângă mine. Împreună, m-au ajutat să-mi strâng lucrurile și m-au însoțit la dubiță; parcarea era aproape goală. Ne-a luat ceva timp să ajungem în celălalt capăt, acolo unde parcasem. M-am simțit ușurată atunci când Christine s-a oprit din plâns.

Avea o vânătaie mică pe obrazul stâng, dar nu părea să aibă răni. Eram asistentă medicală, așa că i-am verificat pupilele cu atenție, să văd dacă își modificaseră mărimea; acest lucru ar fi indicat o comoție. Din fericire, erau în regulă.

Când am ajuns la mașină, am urcat-o pe Christine în scaun și i-am legat centura de siguranță. Am luat-o și pe Beth, cu gândul să o așez în scaunul ei, și m-am întors ca să-i mulțumesc acelei doamne drăguțe și, desigur, aprodului, dar dispăruseră. M-am uitat în toate direcțiile. Unde plecaseră? Doar fuseseră acolo în urmă cu câteva secunde. Nu-mi venea să cred că nu mai erau. Nici mașini nu erau parcate în apropiere. M-am uitat în toată parcarea aceea imensă, dar nu i-am văzut nicăieri.

Din senin, m-a cuprins un sentiment de liniște. Cumva, știam că fetița mea avea să fie bine. Chiar atunci, acolo, i-am mulțumit lui Dumnezeu pentru milostenia Lui și pentru că se îndurase de Christine. Atunci mi-a fost clar - Dumnezeu îmi îngăduise să fiu martoră la înfăptuirea unui miracol.

22 de ani mai târziu, m-au năpădit toate aceste amintiri, la recepția de nuntă a Christinei, care a avut loc chiar la Stranahan Great Hall. Da, fără să-și dea seama, Christine a ales pentru propria nuntă exact locul unde se întâmplase acel accident, în urmă cu mulți ani.

Sufletul îmi era plin de bucurie când am văzut-o pe Christine, frumoasă cum era în rochia de mireasă, dansând cu proaspătul și chipeșul ei soț. Era și Beth acolo, desigur, doamna ei de onoare care se bucura de eveniment alături de întreaga familie. Ce nuntă și ce seară frumoasă! M-am simțit atât de recunoscătoare.

Mi s-au umplut ochii de lacrimi când mi-am amintit cât de bun fusese Dumnezeu cu mine în ziua aceea, demult. Ne-a trimis îngeri atunci când aveam mai mare nevoie de ei. În noaptea aceea, nu i-am văzut printre invitați - nici pe doamna cu ochi căprui, nici pe aprod -, dar pot să pun pariu că erau prin preajmă.

~ Judy Gyde

43

Supă de pui pentru Suflet

Credință în ceață

Toate lucrurile pe care le cereți cu credință, în rugăciune, le veți primi.
– Matei 21:22

Livram ziare 7 zile din 7; era o muncă obositoare, așa că ideea de minivacanță era exprem de tentantă. O rudă care locuia în Nashville, Tennessee, mă invitase la ea de Ziua Recunoștinței; mă rugase să ajung cu o săptămână înainte de sărbătoare, ca să ne bucuăm de mai mult timp împreună. În ziua plecării, mi-am făcut somnul obișnuit de patru ore; era rutina mea de după-amiază, înainte să merg să livrez ziarele. Dar când m-am trezit, în loc să respect itinerarul obișnuit, m-am îndreptat spre autostradă. Era în jur de 2 dimineața. Mă hotărâsem să conduc până unde puteam și să înnoptez undeva prin Georgia atunci când oboseam.

Cele zece ore cât am parcurs distanța dintre Boca Raton și Atlanta au fost lipsite de incidente notabile; în drumul spre Chattanooga însă, traficul a fost mai aglomerat, așa că am avansat mai greu. După vreo 14 ore de condus, știam că cea mai înțeleaptă decizie era să opresc și să mă odihnesc. Dar ajunsesem la Chattanooga și mai aveam doar trei ore până la destinație. Și, pentru că nu mă simțeam obosită, mi-am continuat drumul.

Ceea ce nu știam eu era că pe șoseaua I-24, în zona Monteagle, acolo unde autostrada traversează Cumberland Plateau, se instalase ceața. Nu fusese ceață în zonele cu altitudine mai mică.

Am apucat să merg câțiva kilometri până să se instaleze ceața groasă; cu fiecare minut, era mai densă. În scurt timp, abia dacă mai vedeam în fața mea. Simțeam ca și cum aș fi coborât un deal, dar nu reușeam să ajung jos, unde speram că drumul era drept. Am schimbat viteza într-o treaptă inferioară, ca să merg mai încet; bătrâna mea mașină Plymouth se chinuia să mențină o viteză sigură în viraje și în panta aceea, ce părea să nu se mai sfârșească. Mâinile îmi transpiraseră; am apucat volanul și am apăsat frâna.

Voiam cu disperare să găsesc un loc unde să trag pe dreapta și să mă odihnesc; dar tot ce puteam să disting prin geam era parapet după parapet. Mă rugam cu voce tare: „O, Doamne, fă să se termine coșmarul ăsta, te rog!". Aproape imediat și de nicăieri, mi-au apărut în față stopurile unei alte mașini. Aleluia, nu eram singură! Din fericire, și mașina cealaltă mergea cu aceeași viteză ca și mine, așa că m-am putut ghida cu ușurință după luminile ei din spate. Am răsuflat ușurată și i-am mulțumit lui Dumnezeu că mă ajutase să ajung din urmă acea mașină, ce părea să fie singura de pe drum, cu excepția vehiculului meu. Curbă periculoasă după curbă periculoasă, am condus, coborând încontinuu, kilometru cu kilometru, până am ajuns într-un final pe drum drept. Era încă ceață, iar mașina din față continua să-mi fie călăuză și salvator. Mă hotărâsem ca imediat ce coboram muntele să las geamul jos și să-i mulțumesc persoanei din acea mașină din tot sufletul meu. Sau puteam să claxonez ca să-i atrag atenția în timp ce o depășeam. Eram dispusă să fac orice.

Pe măsură ce ne apropiam de capătul defileului, ceața se ridica și puteam vedea muntele în oglinda retrovizoare. Și când te gândești că voiam să trag pe dreapta, când de fapt nici nu aveam unde să opresc! M-am cutremurat când m-am gândit că puteam să trec printr-un parapet dacă n-ar fi fost mașina din fața mea. Dar deja mă întrebam unde dispăruse deschizătorul de drumuri cel neînfricat. Mașina fusese acolo cu o secundă în urmă și nu trecusem pe lângă nicio ieșire; aveam în față doar drumul ce ducea spre Nashville. Am accelerat puțin și, deși vedeam mașini pe contrasens, pe sensul meu de mers eram singura. Nu era niciun autoturism nici în spate, nici în față.

Mi-au trebuit câteva minute să procesez tot ce mi se întâmplase. Am oprit pe marginea drumului ca să-mi găsesc resursele necesare pentru a-mi păstra prezența de spirit. Mi s-au umplut ochii de lacrimi când am realizat ce se petrecuse. Dacă până în ziua aceea nu crezusem în îngeri păzitori, ei bine, de atunci am crezut cu siguranță. O mașină apăruse de nicăieri atunci când aveam cea mai mare nevoie; iar când pericolul a trecut, mașina a dispărut la fel de repede. Cred cu tărie că Dumnezeu a trimis pe cineva în munți în noaptea aceea - să mă liniștească și să-mi alunge teama de a nu reuși să stăpânesc mașina în acele curbe periculoase. Nu m-am mai îndoit o clipă! Slăvit fie Domnul, căci mi-a fost călăuză pe acele drumuri de munte periculoase și încețoșate!

~ Trish Castro

44

Supă de pui pentru Suflet

Am înțeles ideea

Îngerul Domnului își așază tabăra
împrejurul celor ce se tem de Domnul și-i salvează.
– Psalmul 34:7

Era una din zilele acelea splendide de primăvară, când totul pare să fie exact așa cum trebuie. Eram profund fericită, aveam un soț minunat, un fiu de un an și o slujbă de organist pe care o iubeam, la biserica unde mergeam încă din copilărie. Era joi seara și tocmai ce se terminaseră repetițiile pentru cor. Cum mă simțeam extrem de binedispusă, am condus toată lumea afară, apoi m-am încuiat în biserică, dornică să strecor în programul meu o mică repetiție suplimentară la orgă, înainte să mă întorc acasă, la familia mea.

Aruncându-mă pe bancă, am scos postludiul de duminică (o compoziție vibrantă de Bach), am dat volumul la maxim și am început să cânt. Acea lucrare muzicală atât de grandioasă se potrivea perfect cu starea mea exuberantă; dintr-odată, am simțit o împunsătură fermă și caldă în spate. Instantaneu, m-a învăluit o adiere electrizantă, ce mi-a dat senzația ciudată că părul meu lung până în talie se făcuse măciucă.

Uimită și îngrozită, am înlemnit, degetele mi-au rămas suspendate deasupra claviaturii, abia dacă mai respiram, iar urechile îmi erau ciulite, încercând să surprind orice mișcare. Cu inima ce stătea să-mi sară din piept, mi-am tras sufletul, m-am întors și... nu am văzut pe nimeni!

Sau poate căzuse cineva în spatele băncilor din apropiere?

Brusc, acea adiere ce mă învăluise s-a domolit și m-am calmat puțin. M-am ridicat, enervată de această perturbare ivită parcă din altă lume; cu pași mari, am mers prin toată biserica, am inspectat băncile, camerele din spate, ferestrele și ușile. Toate erau bine încuiate. Nimic nelalocul său, dar, cu toate astea, simțisem ceva - sau să fi fost oare imaginația mea zburdalnică?

Ușor sceptică și dornică să-mi reiau repetițiile, m-am întors la orgă și am început să cânt cu foc, aceeași muzică de Bach. Dar, imediat - nici două măsuri mai târziu - am simțit din nou acel deget ferm și stăruitor în spate; simțeam în aer o încărcătură energetică cu un caracter imperios incontestabil.

N-am mai avut nicio îndoială. M-am oprit din cântat și am șoptit cu o convingere ușor nefirească:

- Bine, Doamne, am înțeles ideea. Plec!

Neliniștită, dar suspect de curajoasă, am oprit orga, mi-am luat lucrurile și am ieșit din biserica pe care o știam și-o iubeam încă din copilărie. Când am ajuns afară, am analizat serios împrejurimile. Seara aceea de primăvară încă era încântătoare și caldă. Ciripitul păsărilor era grozav de plăcut. O briză blândă scutura frunzele. Cu toate acestea, eram convinsă că tocmai se întâmplase ceva semnificativ și nu mă puteam abține să nu mă întreb... Oare aveam să aflu vreodată ce se petrecuse?

A doua zi dimineață, devreme, am fost trezită brusc din somn de sunetul telefonului.

- Wendy, a strigat părintele Barret, preotul nostru, ai observat ceva neobișnuit seara trecută, în biserică?

Mai că mi-au ieșit ochii din orbite. Eram complet trează, iar povestea din seara precedentă tocmai ce fusese și ea deșteptată.

A urmat o pauză.

- Deci, a oftat în sfârșit părintele Barret, mă bucur că ai plecat când ai plecat, pentru că cineva a intrat cu forța în biserică și a furat tot aurul și argintul. În această dimineață, când a fost interogat de poliție, un vecin și-a amintit că a văzut o autoutilitară închisă la culoare parcată lângă biserică, în curtea bibliotecii, după ora închiderii. Probabil te-au așteptat să pleci!

Am simțit furnicături în tot corpul. În mintea mea se derulau toate evenimentele inexplicabile ce se petrecuseră cu o seară înainte; acum începuseră să aibă sens.

- Cineva te-a vegheat, Wendy, a adăugat cu blândețe părintele Barret.

Știam că avea dreptate. Îngerul meu păzitor a insistat... să mă sâcâie până l-am crezut orbește că era timpul să plec. În zilele și anii ce au urmat, m-a bântuit gândul că biserica mea mult iubită ar fi scăpat de batjocura de a fi jefuită, dacă eu aș mai fi stat. Poate că acei indivizi răi s-ar fi răzgândit și ar fi plecat. Într-o mare măsură, m-am simțit responsabilă și purtam povara gândului că-mi abandonasem biserica într-un moment dificil.

Aveam 28 de ani când s-au întâmplat toate astea; acum am 59. Mi-am continuat viața, am avut încă doi fii frumoși, iar astăzi sunt bunica a trei nepoți. Dar atunci când vine vorba despre lecții importante de viață, se pare că învăț încet; spun asta pentru că abia recent am realizat că, de fapt, nu-mi părăsisem biserica. Pentru acei hoți fără suflet, eu eram doar un om de sacrificiu, un bun de care se puteau lipsi în comparație cu valoarea acelor metale prețioase. Abia acum realizez că am fost într-un real pericol și mă bucur că mi-am urmat instinctul. În acea noapte frumoasă de primăvară, nimeni nu se aștepta de la mine să fiu eroina care să salveze situația. Din contră, am făcut exact ce trebuia să fac:

SĂ MĂ OPRESC.

SĂ IES.

SĂ MERG ACASĂ.

SĂ RĂMÂN ÎN SIGURANȚĂ.

Fiind mult mai înțelept decât mine, îngerul meu păzitor a avut grijă ca eu să trăiesc încă o zi, să fiu alături de familia mea și să apreciez multele binecuvântări pe care viața continuă să mi le ofere.

~ Wendy Hobday Haugh

45

Supă de pui pentru Suflet

Nici vorbă de accident

Dacă veți cere ceva în Numele Meu, voi face.
– Ioan 14:14

Toate mergeau prost în dimineața aceea. Soțul meu urma să fie externat din spital după operația de cancer, iar eu încercam cu disperare să termin tot ce aveam de făcut, înainte să merg după el. Factura de curent avea scadența depășită. Trebuia să merg la sediul furnizorului și s-o plătesc înainte de ora prânzului, altfel rămâneam fără curent. Uitasem cu desăvârșire de acea factură în toată harababura ultimelor două săptămâni. Tot în dimineața aceea, chemasem pe cineva să repare aerul condiționat; și pentru că fusesem nevoită să aștept meșterul eram deja în întârziere.

Am încercat să mă calmez și să ajung la societatea de electricitate în timp util; mi-am luat poșeta și carnetul de cecuri și am plecat să plătesc factura. Îmi tot spuneam să mă liniștesc. „Dumnezeu e sus și o să ne ajute să trecem și peste asta."

Cum mergeam eu spre centru, m-am hotărât să o iau pe drumul mai pitoresc, cel de lângă cimitirul vechi. Nu știu din ce motiv, acel drum mă liniștea. Era un cimitir special pentru comunitatea noastră, ce data de pe vremea războiului civil. Cole Younger, membru al faimoasei James-Younger Gang, era îngropat acolo, dar și mulți părinți fondatori ai orașului. În timp ce treceam pe lângă cimitir, meditam la cât de amabil și bun creștin devenise Cole, după ce fusese eliberat din închisoare. Se transformase într-un soi de mentor pentru tinerii cu probleme; toată lumea îi spunea „Unchiul Cole". Fusese totodată părintele fondator al mișcării timpurii *Youth for Christ* din regiunea noastră. Din acest motiv, orașul celebra anual *Zilele Cole Younger*. Făcuse mult bine orășelului nostru, iar noi ne străduiam din răsputeri să îi păstrăm vie amintirea.

Când am trecut pe lângă cimitir, am spus o rugăciune pentru toți strămoșii noștri îngropați acolo. Imediat ce am ajuns la colțul cimitirului, am văzut o mașină venind cu viteză. N-am apucat să văd decât o scânteie maronie ce avea să-mi lovească portiera de pe partea șoferului. Îmi amintesc că mi-am spus „O! Dumnezeu să mă ajute!". În secunda următoare, micuța mea mașină cu motor de 4 cilindri a decolat de parcă era rachetă. Era incredibil cât de tare accelerase. M-am oprit abia în curtea din colțul opus al drumului. Când am ridicat privirea, am văzut că și celălalt vehicul aterizase în aceeași curte. În mașină erau o femeie și o fetiță.

Am coborât și ne-am analizat mașinile; în mod surprinzător, nici noi, nici mașinile nu aveam vreo zgârietură. Cum reflectam la cât de norocoase fuseserăm, am auzit fetița spunând:

- Mami, ai văzut îngerii care ne-au împins mașina?

Am început să ne hlizim și să admitem că, da, erau îngeri printre noi, doar așa, ca să-i facem ei pe plac. Apoi, am remarcat un camion de bere imens, ce tocmai parcase pe bordură. Șoferul a venit să se asigure că eram în regulă. Alb ca varul, a exclamat:

- N-am crezut niciodată în îngeri, până acum. Eram chiar în spatele vostru și mi-am dat seama că impactul era inevitabil. Dintr-odată, îngerii v-au înconjurat mașinile. Am văzut cum mașinile au trecut efectiv una prin cealaltă și, cu toate astea, nu aveți nici măcar o zgârietură, nici voi, nici ele!

Incredibil. Un copil și un străin văzuseră ceva ce niciuna dintre noi nu reușise să înțeleagă. Știam că am fost extrem de norocoase, dar nu aveam nici cea mai mică idee cât de binecuvântate fuseserăm de fapt. Dumnezeu este sus, iar îngerii Lui veghează asupra noastră.

~ Christine Trollinger

46

Supă de pui pentru Suflet

Adus de îngeri

Rugăciunea nu înseamnă să înfrângi împotrivirea lui Dumnezeu, ci să pui stăpânire pe bunăvoința Lui.
– Richard C. Trench

Stăteam în pat. M-am ridicat în capul oaselor imediat ce am început să simt presiune și o durere acută. Apoi, am respirat ușurată. Așteptam cel de-al treilea copil și fusesem internată de Ziua Mamei, când se declanșase travaliul. Până seara, am fost externată, pe motiv că avusesem contracții Braxton Hicks sau „travaliu fals". 48 de ore mai târziu, pe la 2 dimineața, mi s-a rupt apa. Năşteam, în sfârșit. Burta mea imensă de gravidă atârna așa greu de corpul meu micuț, că trebuia să mă rostogolesc pe o parte ca să mă pot ridica din pat; apoi trebuia să mă ridic și să-mi cobor picioarele pe marginea patului, după care trebuia să le înfig bine în podea și să mă țin de burtă, pe măsură ce mă ridicam în picioare.

Când m-am întins după telefon, mi-am dat seama că sângeram abundent și că era cât pe-aci să nasc acasă, fără ajutor. Soțul meu muncea de noapte, iar ceilalți doi copii dormeau. M-am înfășurat în cearșafuri până a sosit ajutorul. Soția preotului i-a luat pe cei mici la ea acasă, iar eu m-am grăbit spre spital.

În momentul internării, am sesizat o urmă de îngrijorare în rândul personalului de la spital; se preconiza, deci, o naștere dificilă. Aveam nevoie de o transfuzie, iar grupa mea sanguină este una rară. Doza comandată la banca de sânge era pe drum. După alte investigații, s-a constatat că bebelușul era în pericol, așa că am fost dusă la radiologie.

Medicul mi-a dat vestea proastă cu blândețe. Copilul avea cordonul ombilical înfășurat de mai multe ori în jurul gâtului, iar canalul de naștere era blocat de niște tumori mărite sau excrescențe.

- Copilul tău este mort, iar viața ta atârnă de un fir de ață. Urmează să vină un chirurg. Între timp, mi-a spus medicul încetișor, dacă vrei să îndrepți ceva, acesta este momentul să o faci.

- Nu, am răspuns.

Pe drumul până la sala de operații, am dat cu ochii de un ceas mare, care indica ora 8. Am fost anesteziată și m-am pierdut în inconștiență. Trupul meu zăcea pe masa de operație, în timp ce replica sa spirituală levita deasupra. Din blocul operator s-a deschis un tunel imens, întunecat. La capătul său, o mare lucioasă și netedă ca sticla. Dincolo de mare, în vârful unui deal înalt, se distingea un întreg oraș, învăluit în lumini albe. Când am simțit îngerii ademenindu-mi spiritul într-acolo, am spus: „Nu pot să vin acum. Copilașii mei au nevoie de mine."

Am deschis ochii; eram într-o rezervă, pe un pat de spital. A intrat o asistentă care a anunțat repede, mai departe, că m-am trezit. Apoi s-a întors spre mine și mi-a spus că îmi va aduce copilul. Mi-am amintit cuvintele medicului și, gândindu-mă că poate greșise camera, i-am șoptit că nu am niciun copil. Dar aveam! Dormisem timp de două zile. Asistenta mi-a explicat că, în timpul operației, atunci când monitorul nu mai indica prezența semnelor vitale, chirurgul a căzut în genunchi și și-a ridicat mâinile în rugăciune. Probabil că a văzut și el îngerii, căci s-a ridicat repede și a continuat operația, salvându-ne pe amândouă.

Tumorile au fost îndepărtate chirurgical. Toate fuseseră benigne. După câteva zile de recuperare, în care fusesem ținută sub observație, eu și fetița mea sănătoasă plecam în sfârșit acasă.

~ Vi Parsons

47

Supă de pui pentru Suflet

Cumpărătoarele

Rugăciunea este dorința cea mai sinceră a sufletului,
fie că e rostită ori niciodată exprimată.
– James Montgomery

Mi-a luat un an să înțeleg ce s-a întâmplat și să pot povesti episodul; totul a început la o sesiune de cumpărături, în miez de noapte. Tatăl meu era pe moarte. L-am lăsat cu fiul meu, iar eu am mers la un magazin alimentar să iau ceva ce mă gândeam că i-ar plăcea să mănânce. Am intrat în magazin, sperând să dau peste cineva cunoscut, căruia să-i povestesc despre starea tot mai precară a tatălui meu.

Împingeam căruciorul dintr-o parte în alta a culoarelor, încercând să-mi păstrez stăpânirea de sine. Am luat un produs de pe raft și m-am întors să-l pun în coș. Atunci am văzut două femei venind spre mine. Nu aveau nici coș, nici cumpărături. Una dintre ele era extem de înaltă, în timp ce a doua era foarte scundă. Dar nu diferența de înălțime m-a surprins, ci chipurile și ochii lor atât de blânzi și drăgăstoși.

Femeile au venit glonț la mine; una dintre ele chiar mi-a luat produsul din mână și l-a pus în coșul de cumpărături.

Stăteau pur și simplu și-mi zâmbeau, de parcă ar fi așteptat să spun ceva. Am început să le povestesc despre tata. Mi-au zâmbit și mi-au spus cât de mare era dragostea pe care Dumnezeu i-o purta tatălui meu; că Dumnezeu avea să-l vindece, chiar dacă nu pe acest pământ. Au continuat să-mi spună că Dumnezeu stă într-un loc frumos, acolo unde și tatăl meu urma să meargă curând. M-au îndemnat să nu-mi fie frică și m-au asigurat că se vor ruga pentru mine chiar acolo, în magazin. Când s-au întors să plece, m-a cuprins un sentiment de liniște. Le-am privit îndepărtându-se pe culoar.

Cred că Tatăl nostru ceresc mi-a trimis acei doi îngeri, pentru ca eu să primesc mesajul Lui. Îi sunt atât de recunoscătoare pentru dragostea ce le-o poartă copiilor săi; o dragoste atât de mare că a transformat o sesiune de cumpărături din miez de noapte într-un sentiment de liniște, ce întrece puterea mea de înțelegere.

~ Ruth Ann Roy

48

Supă de pui pentru Suflet

Șoferul de pe bancheta din spate

Împrietenește-te cu îngerii și păstrează-i în suflet;
Căci, deși nevăzuți, ei sunt pururea cu tine.
– St. Francis de Sales

Acum șase ani, viața mea părea că se oprise în loc. Credința mea pălea în fața experiențelor dureroase prin care trecusem de-a lungul anilor; începusem chiar să pun la îndoială existența lui Dumnezeu și a spiritualității, în general. Mă îndoiam chiar și de mine. Eram o mamă bună? Care era scopul meu pe această lume?

Îmi amintesc că eram pe autostradă și conduceam spre Chicago; mă însoțeau fiul meu de 4 ani, Dylan, și o mulțime de gânduri și griji. Tot drumul mi-am pus o grămadă de întrebări. De unde scoteam banii de chirie? Cine va avea grijă de Dylan sâmbăta următoare, când eu trebuia să merg la serviciu? Apoi, mi-am amintit că și mașina avea nevoie de un schimb de ulei.

Traficul încetinea. Autostrada se gâtuia întotdeauna

chiar înainte de intrarea în Chicago, în zona unde din patru benzi pe sens se făcea una singură. După ce mașina mea s-a oprit, am auzit o voce strigându-mi în urechea stângă: „Virează la dreapta, acum!".

Fără să ezit o clipă, am apucat volanul, am apăsat pedala de accelerație și am tras mașina într-o parcare de TIR-uri, pe o rampă amplasată numai bine, în dreapta mea.

Câteva secunde mai târziu, am auzit un scârțâit puternic de roți. M-am uitat spre locul din care venisem și am văzut cum un Cadillac imens a izbit mașina verde care se aflase în fața noastră, înainte să ies de pe banda respectivă.

Spatele mașinii verzi arăta acum ca un acordeon. Am rămas fără aer. Puteam fi noi în locul celor din mașina aceea!

Mi s-a făcut rău de la stomac, la gândul că fusesem pe cale să-mi pierd fiul sau că ceva cumplit i s-ar fi putut întâmpla.

M-am uitat în oglinda retrovizoare, sperând că Dylan era în regulă, de parcă noi fuseserăm implicați în accident. Spre surprinderea mea, el se juca liniștit cu figurina lui Spider-Man, șuierând și fâsâind de parcă Spider-Man ar fi fost în plină acțiune, sărind de pe o clădire pe alta.

Încă speriată, m-am concentrat rapid asupra drumului. Am început să conduc preventiv. Aveam ambele mâini pe volan și eram extrem de atentă la tot ce se întâmpla în jurul meu. Ce se petrecuse? A cui era vocea pe care o auzisem? Ceilalți șoferi erau bine? Și cum de reușisem să reacționez atât de prompt?

Vocea era a unui bărbat. Părea o voce umană. Și se auzise tare, ca și cum cineva care stătea pe bancheta din spatele șoferului s-ar fi aplecat și și-ar fi apropiat gura de urechea mea stângă, după care ar fi rostit acele patru cuvinte: „Virează la dreapta, acum!".

Nici nu avusesem timp să mă gândesc sau să mă întreb dacă nu cumva auzeam voci închipuite. Am reacționat imediat, de parcă cineva m-ar fi ghidat.

Singura explicație pe care o aveam era că un înger intervenise în ziua aceea, din două motive. În primul rând, pentru ca eu și fiul meu să rămânem teferi și nevătămați. Și, în al doilea rând, pentru a confirma că Dumnezeu și îngerii există cu adevărat și că totul avea să fie bine pentru mine și fiul meu. Cred cu tărie că tot ce s-a întâmplat atunci a fost felul în care Dumnezeu a ales să-mi atragă atenția și să mă ajute să-L regăsesc.

Imediat după accident, am început să cred din nou. Nu mi-am mai pus la îndoială scopul vieții. De atunci, viața n-a mai fost atât de complicată și încerc să nu mă mai consum pentru toate mărunțișurile. Deși nu voi ști poate niciodată cu certitudine a cui era vocea pe care am auzit-o în ziua aceea, eu am convingerea că cel care mi-a vorbit era îngerul meu păzitor.

~ Kristen Nicole Velasquez

49

Supă de pui pentru Suflet

Credință la Cape May

Îngerii ne ajută să ne conectăm cu o energie puternică și blândă, deopotrivă, ce ne încurajează să ne trăim viața la intensitate maximă.
– Denise Linn

- Mergem să luăm micul dejun, ești gata? mă întrebă Walter, soțul meu, în timp ce intra în cameră.

- Sunt gata. Eram în vacanță, în locul nostru preferat - Cape May, New Jersey - și eram cazați la hanul nostru favorit.

Am ezitat puțin înainte să intru în camera unde se servea micul dejun. Nu sunt mizantropă, doar timidă; am o leziune la măduva spinării care mă obligă să merg ajutată de un cadru; este un subiect despre care mi-e greu să vorbesc cu străinii.

Am intrat, oricum. Ne-am așezat și, la scurt timp, încă două femei ni s-au alăturat la masă. Am făcut cunoștință și le-am spus că locuiam la nord de New Jersey, la nici trei ore distanță.

S-au prezentat și am aflat că se numeau Mary și Michele.

- Eu și Michele suntem din Pennsylvania. Ne leagă o prietenie de mulți ani. Din când în când, facem câte o escapadă de weekend împreună, ne-a mărturisit Mary.

Michele ne-a împărtășit o întâmplare cu fiul ei, de pe vremea când era bebeluș, iar eu i-am povestit la rândul meu o întâmplare cu Jeff, fiul nostru, de când era și el mai mic.

Michele și Mary păreau două persoane cumsecade și le-am plăcut de cum le-am văzut. Mă simțeam în largul meu conversând cu ele, astfel că m-am relaxat.

La un moment dat, Michele s-a scuzat. Trebuia să meargă în cameră să-și sune familia.

Mary ne-a dat câteva detalii despre călătoria lor; ne-a mărturisit că Michele era o persoană foarte spirituală, evlavioasă, care o luase în vacanță pe Mary pentru că aceasta trecea printr-o perioadă mai dificilă.

- La cum stau lucrurile în ziua de astăzi, uneori mi-aș dori să primesc un semn de la Dumnezeu, să știu că încă ne veghează, a spus ea cu tristețe.

I-am zâmbit și m-am gândit că povestea mea ar putea să o ajute. Cumva, mi-am spus că nu mă deranja să mai spun încă o dată ce mi se întâmplase.

I-am povestit despre cele două operații pe măduva spinării, despre cele aproape șase luni petrecute în centrul de reabilitare, despre grijile pe care mi le făcusem pentru Jeff, care avea 4 ani atunci, și despre dorința mea de a face lucrurile bine de dragul lui. Și cum, într-o zi, am decis să sun la clinica de psihiatrie din districtul nostru, pentru a cere câteva sfaturi.

În loc să fiu redirecționată de la un departament la altul, cum mă așteptam să se întâmple, am început să vorbesc chiar cu doamna ce-mi răspunsese la numărul principal de telefon. Când i-am explicat că aveam nevoie de sprijin să-l țin pe Jeff departe în tot acel proces, s-a oferit să mă ajute.

Am făcut cunoștință. I-am spus numele meu, destul de neîncrezătoare în promisiune.

- Numele meu este Norma.

- N-am cum să-l uit - este numele mamei mele.

Cu fiecare cuvânt, deveneam mai sceptică.

I-am spus despre toate încercările prin care eu și familia mea trecuserăm în anul anterior, despre faptul că starea mea de sănătate se îmbunătățise, dar că nu era nici pe departe la nivelul la care mă așteptasem eu. Iar asta mă deprima. Și nu-mi doream să-i transmit fricile mele și lui Jeffrey.

- Mă bucur că ai sunat, mi-a spus Norma. Ai trecut prin multe. Te înțeleg perfect în legătură cu operația - eu sunt asistentă medicală calificată.

Timp de câteva luni, am continuat să o sun pe Norma. Conversațiile noastre erau prietenoase, presărate din plin cu înțelegere și sfaturi bune pentru mine. Pe măsură ce starea mea se îmbunătățea datorită ajutorului ei, apelurile telefonice s-au rărit progresiv. Dar pe Norma o simțeam mereu aproape, chiar dacă era doar în gândurile mele.

- A fost un incident la un moment dat, am ținut să-i precizez lui Mary, care mi-a rămas în minte. Într-o zi, în timp ce vorbeam cu Norma, i-am mărturisit că nu înțelegeam cum de putuse Dumnezeu să îngăduie tot ce se petrecuse cu mine și familia mea, dar mai ales tot ce trăia Jeffrey. I-am spus cât de vinovată mă simțeam pentru toate gândurile acelea. Nu voi uita niciodată cuvintele ei de consolare: „Nu-ți face griji, Donna. Dumnezeu este învinuit pentru multe lucruri. Este obișnuit să fie învinovățit pentru tot ce se întâmplă pe acest pământ. Îți înțelege frustrările și furia."

M-am simțit ușurată să aud asta. Era exact ceea ce aveam nevoie să știu: că Dumnezeu mă înțelegea și că nu era furios pe mine. Sfatul oferit de Norma m-a ajutat în multe feluri. Îmi era prietenă, dar îmi vorbea de parcă știa exact ce crede Dumnezeu despre mine.

La scurt timp după acel episod, mi-am dorit ca Norma să știe ce impact avusese nu doar asupra mea, ci și asupra lui Walter și a lui Jeffrey. Influența ei fusese absolut miraculoasă - cel puțin la fel de miraculoasă ca prima noastră convorbire telefonică.

Am format numărul care mă pusese în legătură cu singura persoană care mă ajutase, fără să-mi spună măcar care era numele ei de familie, fără să-mi ceară bani pentru sfaturile oferite sau pentru timpul pe care îl pierduse ascultându-mă. Totuși, de data aceea, Norma n-a răspuns.

Am continuat să-i povestesc lui Mary: când dispecera a răspuns, am cerut să vorbesc cu Norma. Ce a urmat m-a lăsat fără cuvinte. „Îmi pare rău, nu este nimeni aici cu acest nume. Îmi puteți spune și un nume de familie?".

„Nu, nu mi-a spus niciodată numele ei de familie. Dar am vorbit cu ea de multe ori pe numărul acesta."

Uimirea mea s-a transformat în neîncredere, pe măsură ce continuam discuția. „Îmi pare rău, nu este nimeni aici cu numele Norma și nici nu a fost vreodată, cel puțin de când lucrez eu aici."

I-am mulțumit dispecerei și am închis telefonul, convinsă fiind, mai mult ca oricând, că Norma chiar era un înger.

Când mi-am terminat istorisirea, Mary a zâmbit, chiar dacă ochii i se umpluseră de lacrimi. M-a lua de mână și mi-a spus:

- Ce poveste! Îți mulțumesc că mi-ai împărtășit-o! Te deranjează dacă i-o spun și lui Michele? Sunt sigură că-i va plăcea și ei cel puțin la fel de mult.

A doua zi dimineață, pe partea cealaltă a ușii erau agățate o plasă și un bilet de mulțumire din partea lui Mary și a lui Michele; îmi lăsaseră mai multe daruri, printre care și o ilustrație ce reprezenta un înger victorian. Ce omagiu încântător adus îngerului meu, Norma, care mă ajutase din nou și-mi ajutase și noile prietene.

~ Donna Lowich

50

Supă de pui pentru Suflet

Fie lăudat!

Aduceți-vă aminte de minunile pe care le-a făcut,
de minunile Lui și de judecățile rostite de gura Lui...
– 1 Cronici 16:12

Suferisem arsuri, în urma unui incendiu, și aflasem că aveam nevoie de grefe de piele pentru anumite zone ale corpului. Mi se mai spusese și că mâna îmi fusese atât de grav afectată, încât era puțin probabil să-mi mai pot mișca degetele, darămite să mai pot cânta la chitară. Vestea mă descurajase, mai ales că în trei zile urma să concertez la o cântare creștină; mă vedeam nevoit să contramandez. Și, ce era și mai grav, se părea că nu aveam să-mi recapăt mobilitatea totală a mâinii niciodată.

În noaptea aceea, după ce am venit de la spital, m-am întins pe pat, descurajat și epuizat. Eram mult prea obosit să mă mai rog. Voiam doar să dorm și să mă pregătesc pentru următoarea vizită la spital. În dimineața următoare, urma să-mi fie îndepărtate bucățile de piele arsă și apoi să mi se recolteze țesut sănătos din alte părți ale corpului, care să fie folosit ulterior pentru a reface zonele afectate.

După vreo două ore de somn, m-a trezit o senzație de căldură în tot corpul. Am deschis ochii; în fața mea, un înger imens mă privea și-mi zâmbea cu gura până la urechi. Era atât de mare, că trebuia să stea gârbovit ca să nu atingă tavanul. Din acest motiv, deși stătea spre capătul patului, fața îi era la doar câțiva centimetri de mine.

Nu mi-a fost dat să văd ochi mai strălucitori și mai voioși vreodată și nici vreun zâmbet care să egaleze căldura și bunătatea zâmbetului său. Cumva, în momentul acela, știam că totul va fi bine. Îngerul nu mi-a promis vindecarea sau izbăvirea de la durerea mea. A spus doar: „Slăvește-L!".

M-am dat jos din pat, am îngenuncheat și am spus: „Doamne, nu înțeleg de ce s-au întâmplat toate astea, dar știu că mă iubești și că te îngrijești de viața mea. Eu sunt împăcat cu orice decizi tu pentru mine; mă las în mâinile tale!". În timp ce eu mă rugam, îngerul și-a îndreptat chipul spre cer, i-a adus slavă lui Dumnezeu și apoi a dispărut. Ce mi s-a părut ciudat a fost că, atunci când s-a înălțat, tavanul a dispărut și cerul tot, plin de stele, s-a deschis în fața mea. Este ultimul lucru pe care mi-l amintesc din noaptea aceea.

A doua zi, cum m-am trezit, am dat cu nasul de oglinda din baie. Când m-am uitat mai atent, am observat că toate arsurile de pe față dispăruseră. Am încercat să-mi mișc degetele prin bandaje și, spre surprinderea mea, am și reușit. Era incredibil, căci după ce degetele mi se topiseră efectiv în incendiu, nu le mai puteam simți. Am îndepărtat tifonul și le-am privit: erau cât se poate de normale. Eu și soția mea abia așteptam să mergem la spital pentru control. Medicul mi-a analizat toate porțiunile de piele, pe care le văzuse cu doar o zi înainte; i se citea uimirea în ochi când a spus: „Este un adevărat miracol!".

De atunci, ori de câte ori mă confrunt cu situații provocatoare și sunt tentat să mă plâng sau să mă descurajez, mintea îmi fuge la cuvintele rostite de acel înger: „Slăvește-L!".

~ Ken Freebairn

Capitolul 6

Îngeri printre NOI

Oaspeți divini

51

Supă de pui pentru Suflet

Fără să știu, am primit în casă un înger

Îngerii pot zbura direct în miezul problemei.
– Autor necunoscut

„Se va sfârși vreodată viscolul ăsta?" mă întrebam, în timp ce fulgii imenși de zăpadă cădeau neîncetat, îngreunând vizibilitatea chiar și în miez de zi. Vremea nu mă ajuta deloc; eram deja îndurerată și depresivă, iar faptul că eram închisă în casă îmi înrăutățea și mai mult starea. Familia mea locuia într-un clădire de apartamente cu două etaje, în Baza Forțelor Aeriene Loring din Limestone, Maine.

Tatăl meu murise cu puțin timp înainte, chiar în iarna aceea. Se întâmplase în lunea de dinaintea sărbătorii de Ziua Recunoștinței, în jurul orelor 5, după-amiaza. Pregăteam cina, iar bucătăria răsuna de râsete și scâncete de vioiciune. Soțul meu, Jim, se juca cu cei doi copii ai noștri, Patrick și Kristi, în sufragerie. A sunat telefonul. Era cumnatul meu, Harry, care insista să vorbească cu Jim.

Jim, palid tot și tremurând, mi-a spus:

- Tatăl tău a murit lângă crescătoria de pești, în timp ce cârpea un năvod în după-amiaza asta, la serviciu. Râdea și vorbea cu un coleg când i s-a făcut rău de la inimă. Înmormântarea va avea loc vineri, ca să avem și noi timp să ajungem.

N-am avut timp să procesez vestea și să îmi plâng durerea. Trebuia să mâncăm, să ne facem bagajele și să plecăm cât mai repede cu putință. Dar în timpul acesta, îl tot întrebam pe Dumnezeu: „De ce a trebuit să ne mutăm noi în august din Little Rock AFB, Arkansas, care era la 30 și de kilometri de orașul meu natal tocmai aici, la 3 kilometri de granița cu Canada? De ce n-am rămas acolo? De ce n-am fost împreună în ultimele lui luni de viață? De ce l-ai luat tocmai în săptămâna Recunoștinței?".

Pentru că nu mai decola niciun avion din pricina furtunii de zăpadă, am fost nevoiți să punem bagajele în mașină și să conducem peste 950 de kilometri până la casa părinților lui Jim din New York și acolo să ne odihnim câteva ore înainte să ne continuăm drumul. Era o călătorie periculoasă - pe viscol și în întunericul nopții. Mai aveam încă 1.900 de kilometri de parcurs până ajungeam la destinație. Ne-am oprit doar să mâncăm și să ne odihnim câteva ore; Jim avea nevoie de somn. Aveam inima frântă, dar nu voiam să plâng în fața copiilor. Nu voiam să-i supăr mai mult decât erau deja. Călătoria era una dificilă pentru ei.

De Ziua Recunoștinței, când ne-am oprit să mâncăm, am văzut familii sărbătorind; iar în mine se ducea o luptă teribilă cu durerea și revolta provocate de moartea tatălui meu. Încă nu puteam să accept sau să înțeleg de ce Dumnezeu îl răpise de lângă mine. Cu câteva zile înainte de moartea lui, primisem o scrisoare de la mama, în care îmi povestea că erau bine și că tata plănuia să se pensioneze în februarie. Voiau să ne viziteze la sfârșitul primăverii următoare. Eram furioasă pe Dumnezeu și refuzam să cred că era lângă mine să-mi aline durerea sau că mă iubea. Îl întrebam mereu de ce a permis să se întâmple asta.

Câteva săptămâni mai târziu, în plină furtună de zăpadă - alta - eu eram la fel de îndurerată și mă confruntam cu aceeași depresie. Nu mă ajutaseră nici sărbătorile de iarnă. Nu puteam dormi noaptea, iar când reușeam totuși să adorm, mă trezeam plângând. Simțeam că pereții mă strâng. Făceam mecanic toate treburile de peste zi.

Eram sus, împreună cu cei mici. Ei dormeau, iar eu încercam să mă odihnesc, când s-a auzit soneria de la ușă. Am coborât, surprinsă fiind că cineva ar putea să mă viziteze pe așa o vreme. Erau minus 5 grade. Am deschis ușa și o doamnă tare plăcută și prietenoasă m-a rugat să o las să intre. S-a prezentat și mi-a mulțumit că o invitasem înăuntru.

- Poți intra, dar, ca să fiu sinceră, nu prea am dispoziția necesară să primesc musafiri. Mi-am pierdut tatăl acum două luni.

- Îmi pare nespus de rău. Înțeleg prin ce treci, pentru că și mie mi-a fost tare greu să accept moartea tatălui meu, mi-a spus cu multă compasiune.

După această mărturisire, mi-am permis să o întreb:

- Cât timp ți-a luat până ai reușit să dormi din nou o noapte întreagă? Eu mă trezesc plângând și apoi nu reușesc să mai adorm. Sunt foarte obosită. Și sunt și tare furioasă, pentru că Dumnezeu mi l-a luat după doar trei luni și jumătate de când fuseserăm transferați din baza de lângă orașul meu natal.

Mi-a vorbit încet, pe un ton încurajator.

- Ai răbdare și dă-ți timp să te vindeci. Nu te abține să plângi. Lasă-ți lacrimile să cadă până vor seca. Plânsul te va ajuta să te eliberezi de tot ce simți; nu-ți fie teamă să-i spui lui Dumnezeu că ești furioasă din pricina morții tatălui tău. El vrea să-i spui tot ce simți. Abia atunci el te va ajuta să te vindeci. Atunci când te agăți de furie, ea se va transforma în amărăciune și te va îndepărta de Dumnezeu. Cu timpul, vei vedea că te vei trezi plângând din ce în ce mai rar. Mulțumește-i mereu lui Dumnezeu pentru alinare, înțelegere, iertare și dragoste. Și cere-i să te sprijine cu puterea lui, la începutul fiecărei zile.

A stat cu mine până nu mai rămăsese sentiment nespus sau întrebare nerostită. Când s-a ridicat să plece, m-a îmbrățișat și mi-a spus că o să fiu bine. Apoi a plecat.

După vreo două zile, am vrut să o sun să-i mulțumesc pentru vizită și să îi spun cât de mult mă ajutase. Nu i-am găsit numele în cartea de telefoane. Mi-am întrebat toți vecinii dacă nu cumva trecuse pe la ei. Nimeni n-o văzuse și nici nu vorbise cu ea.

Când mi-am dat seama că n-aveam să-i dau de urmă, mi-am amintit ce ne învățase mama, pe mine și pe frații mei. Ea întotdeauna primea cu bucurie străinii și le oferea mâncare sau apă. Ne spunea să nu alungăm pe nimeni, căci Biblia spune așa: „Să nu dați uitării primirea de oaspeți, căci unii, prin ea, au găzduit, fără să știe, pe îngeri." (Evrei 13:2)

Oare, fără să-mi dau seama, găzduisem un înger? Nu pot să afirm asta cu certitudine, dar știu și cred că Dumnezeu mi-a trimis acea doamnă ca să mă ajute să trec peste durere, depresie și furie.

~ Minnie Norton Browne

52

Supă de pui pentru Suflet

Terapie spirituală

Atunci I s-a arătat un înger din cer, ca să-L întărească.
– Luca 22:43

Răbdarea. Unul dintre punctele mele forte; sau cel puțin asta susțineau colegii mei profesori, prietenii și familia. Atunci când am fost nevoită să fac eforturi considerabile pentru a-mi îngriji soacra rămasă văduvă, am început să mă întreb dacă nu cumva păcălisem pe toată lumea... inclusiv pe mine. Mama căzuse în bucătărie chiar în ziua în care împlinise 82 de ani. Fiul ei cel mare, Danny, tocmai ce se pregătea să o aducă de la vreo 80 de kilometri distanță, la noi acasă; pregătiserăm o cină specială. Charles făcuse lasagna, preferata întregii familii. Deși suferea din pricina durerilor, mama a insistat ca Danny să o aducă la petrecere. A doua zi, înainte să o ducă înapoi acasă tocmai în Mississippi, Danny a mers cu ea la doctor.

O săptămână mai târziu, într-o joi dimineață, am primit un telefon de la unchiul Thomas. El și mătușa Louise trecuseră să vadă ce făcea mama. Știau că fusese diagnosticată cu fractură de os pelvian și că medicul îi prescrisese niște medicamente împotriva durerii.

- Charles, mama ta zace pe podea, la capătul patului, înfășurată toată în cearșaf și cuvertură. Vorbește aiurea și nu se poate ridica. Cred că a stat așa toată noaptea, ne-a explicat unchiul Thomas.

Ne-am lăsat baltă toate planurile din ziua aceea și ne-am grăbit spre casa ei din Summerville, Georgia. După încă o vizită la medic, am aflat că nu avea alte fracturi, dar că i se recomandase să se mute la un azil. Medicul avea indicii că mama suferea de demență în fază incipientă, aspect pe care reușise să ni-l ascundă. Odată cu trauma suferită, în urma căzăturii și tratamentul administrat împotriva durerii, simptomele demenței s-au agravat. Nu putea locui singură în acele condiții, așa că am rămas cu ea.

Din echipa care se ocupa de îngrijirea ei la domiciliu făcea parte și o fizioterapeută brunetă și minionă, care trebuie să fi avut între 30 și 40 de ani. Era extrem de răbdătoare atunci când o ajuta pe mama să-și facă exercițiile de recuperare de care avea nevoie după fractura pelviană.

Fizioterapeuta mi-a înmânat o bandă elastică galbenă, spunându-mi că o pot folosi pentru a face exerciții cu mama.

- Uite! Acum putem face exerciții împreună, am exclamat. Mi-am înfășurat capetele benzii pe mâini, mi-am așezat piciorul pe mijloc și am ținut-o strâns, în timp ce-i întindeam piciorul și i-l lăsam înapoi pe podea; opunea ceva rezistență. Privirea mamei, deloc încântată, mi-a dat de înțeles că refuza să facă exerciții.

Cu vocea ei blândă, fizioterapeuta i-a spus mamei:

- Este suficient pentru astăzi. Vreți să vă ajut să vă întindeți puțin ca să dormiți?

Deși de obicei se împotrivea atunci când venea vorba de somn, mama a fost de acord. La puțin timp după, fizioterapeuta mi s-a alăturat în bucătărie.

- Vrei ceva de băut? am întrebat-o.

- Nu, mulțumesc.

Mi-a zâmbit și, uitându-mă la ochii ei blânzi și căprui din spatele ochelarilor, am simțit o conexiune.

A tras un scaun de la masă și s-a așezat. Am procedat și eu întocmai.

După ce mi-a ascultat grijile și frustrările, mi-a spus:

- Ce-ar fi să ne rugăm?

Apoi s-a ridicat să plece.

- Îți mulțumesc tare mult! Chiar m-a ajutat.

Am îmbrățișat-o. Pe măsură ce se îndepărta, simțeam cum mă cuprindea o senzație de liniște reconfortantă.

S-a întors câteva zile mai târziu, pentru încă o ședință de exerciții. După ce a terminat sesiunea de recuperare cu mama, toată atenția ei s-a concentrat asupra mea.

- Am adus câteva cărți care cred că îți vor plăcea. Sunt ale fiicei mele, dar nu se supără că le împrumuți. Sunt printre preferatele ei, așa că te rog să mi le returnezi după ce le citești. Mi-a zâmbit și mi-a oferit două cărți de ficțiune istorică, scrise de Judith Pella - *Frontier Lady* și *Stoner's Crossing*.

- Mulțumesc, i-am spus, în timp ce mă uitam la coperți și răsfoiam una dintre cărți. Par interesante.

Vizitele repetate ale fizioterapeutei au ajutat-o pe mama să-și îmbunătățească mobilitatea. Își făcea mereu timp să stea cu mine la povești și să se roage alături de mine.

- Astăzi este ultima zi de terapie, i-a spus mamei. Continuați să faceți exerciții ca să vă recăpătați forțele.

- Nici n-am terminat de citit prima carte, i-am spus când se pregătea să plece.

- Este în regulă. Păstrează-le până le termini de citit, mi-a răspuns.

- Dacă nu găsim altă soluție mai bună, eu voi fi tot aici, cu mama. Ți le pot trimite prin poștă după ce le termin. Îmi dai adresa ta?

- Nu, nu trebuie să faci asta. Locuiești în Dalton, Georgia, așa-i?

Am aprobat din cap.

- Mai merg pe acolo din când în când și aș putea să trec eu să le iau.

- Bine, cum preferi, am răspuns cu oarecare ezitare.

- Da, a venit replica ei, blândă, dar fermă.

O lună sau două mai târziu, mama a căzut din nou destul de rău și a avut nevoie de spitalizare la Spitalul Redmond Park din Rome, Georgia, și ulterior de recuperare la Clinica Wood Dale din Dalton, Georgia.

Suzanne, infirmiera care se ocupa de ea, îi stabilise mamei, împreună cu medicul, un plan de îngrijire după episodul petrecut la ziua ei, cu cinci luni înainte. Îi administra tratamentul și se asigura că mama avea acces la toate resursele de care avea nevoie. Tot Suzanne se ocupa și de coordonarea vizitelor din partea specialiștilor și verifica tot ce avea legătură cu tratamentul ei. În ziua aceea, ne sprijinea cu câteva detalii organizatorice și avea nevoie de informații pentru a se ocupa de transferul în spital și apoi la centrul de recuperare.

Voiam să mă asigur că îi puteam returna cărțile fizioterapeutei, așa că am rugat-o pe Suzanne să mă ajute să iau legătura cu ea.

Suzanne s-a oprit din scris, ridicându-și privirea spre mine. A spus, contrariată:

- Nu-mi amintesc de acea fizioterapeută.

Cum de nu și-o amintea? De ce fusese fizioterapeuta atât de evazivă atunci când am încercat să îi aflu adresa? De ce a insistat să mă contacteze ea pe mine? Cum să explic ajutorul oferit mamei prin fizioterapie și sprijinul emoțional oferit mie prin „sesiunile" de terapie spirituală?

Acum, 16 ani mai târziu, cărțile sunt încă pe un raft în casa mea. Le-am citit în întregime acum mulți ani, dar n-am mai auzit nimic, niciodată, despre acea fizioterapeută și nici nu mi-a mai fost dat să o revăd.

„Să nu dați uitării primirea de oaspeți, căci unii, prin ea, au găzduit, fără să știe, pe îngeri." (Evrei 13:2)

~ Pamela Millwood Pettyjohn

53

Supă de pui pentru Suflet

Îngerii de pe marginea drumului

Dragostea este unica filosofie a îngerilor.
– Terri Guillemets

Mașina răsuna de râsete; ne întorceam de la Funland - eu, tata, vărul lui, Richard, și sora mea mai mare. Petrecuserăm o zi întreagă bucurându-ne de curse și răsfățuri dulci în micul parc de distracții din orașul natal al tatălui meu. Era un moment de respiro bine-venit după tensiunea acumulată, în urma divorțului iminent al părinților mei. Asta trebuia să fie acea vacanță „tată-fiice" în Maine - șansa de a evada, de a uita de suferință pentru o vreme și pur și simplu de a ne distra.

- Mașinuțele bușitoare erau cele mai distractive, a spus sora mea, zâmbind ștrengărește. Mai ales când rămâneai blocat într-un colț și toată lumea venea să-ți lovească mașina.

- Da, dar eu mi-am luat revanșa la bărcuțe, am contracarat, apucându-i pantalonii scurți, încă uzi.

Pe locurile din față, tata și Richard se amuzau pe seama tachinărilor noastre, fericiți să ne vadă distrându-ne de minune. Chicotelile copioase ale lui Richard s-au transformat rapid într-un acces de tuse violent, după ce s-a înecat cu sucul de portocale. Tata s-a uitat în treacăt la vărul lui, timp în care și-a luat privirea de la drum și... Poc! În clipa aceea, toată lumea noastră a fost dată peste cap, ceea ce a condus la înfăptuirea unei întâlniri extraordinare.

Micul nostru Renault Le Car arginitiu a derapat spre axul drumului, chiar în calea unui camion de aproape o tonă ce gonea pe șosea. Rezultatul impactului frontal: scârțâit de frâne, fiare strivite și geamuri sparte. Centura de siguranță s-a înțepenit, rănindu-mi pielea atunci când mașina a început să se rotească incontrolabil pe mijlocul drumului. Am strâns tare din ochi ca să nu amețesc și mai mult; singurul gând ce-mi trecea prin mintea mea de copil de 7 ani era: „Iisuse, ajută-ne! Te rog, Iisuse, ajută-ne!".

Mașina s-a oprit brusc pe marginea drumului, lângă un câmp; aproape la fel de brusc pe cât începuse să se rotească. Liniștea mormântală ce se așternuse în mașină era deopotrivă dureroasă și înfricoșătoare.

- Tati?

Șoapta mea răsuna în deplină tăcere.

-Tati?

Tatăl meu, încă amețit de pe urma impactului, s-a răsucit în scaunul șoferului.

- Fetelor... fetelor... Sunteți bine?

Când s-a întors să ne privească, am încremenit și n-am reușit să scot o vorbă. Avea fața plină de sânge și de cioburi.

În ciuda rănilor evidente, tata a coborât și ne-a ajutat pe mine și pe sora mea să ieșim din mașină. În afară de o rană la genunchi ce sângera, și aceea din cauza unei zgârieturi mai vechi de la care se luase coaja atunci când sora mea se lovise de scaunul din față, reușisem amândouă să ieșim în siguranță din mașina făcută praf. Apoi, tata a încercat în repetate rânduri să îl trezească pe Richard. Nicio reacție. Impactul cu parbrizul îl lăsase inconștient și rănit.

Câmpul lângă care aterizase mașina se afla în apropierea unui drum ceva mai puțin circulat, la periferia unui orășel. Toată întâmplarea se petrecea pe vremea când nu existau telefoane mobile, așa că era puțin probabil să primim vreun ajutor prea curând. Tot ce putea spera un tată cu doi copii mici și un membru al familiei în stare de inconștiență era ca cineva să treacă din întâmplare pe drum și să se oprească pentru a ne ajuta.

Tata ne-a dus ceva mai departe de șosea și de mașina avariată, pe câmp. Nu mică ne-a fost mirarea când am pășit pe acel câmp și am observat două femei care stăteau acolo pur și simplu. Deși nu le cunoșteam, ne-au zâmbit și ne-au salutat de parcă ne-ar fi așteptat de când e lumea și pământul. Una dintre ele s-a îndreptat spre rămășițele mașinii și l-a încurajat pe tata:

- Nu-ți fie teamă și nu-ți face griji pentru fetele tale. Rezolvă ce ai de rezolvat. Avem noi grijă de copii.

L-am văzut luând-o la vale pe drum; se îndrepta spre o casă ceva mai îndepărtată, probabil în căutarea unui telefon; m-a surprins că tatăl meu cel protector ne lăsase cu două străine. Cum de ne-a lăsat singure, mai ales când ne era atât de frică? Nu-i stătea în fire să facă una ca asta.

Atunci, mâna puternică a femeii din spatele meu a cuprins-o pe a mea, alinându-mă, iar teama mi-a dispărut. Am simțit o liniște profundă. Pentru prima dată după un an de tensiuni, nu-mi mai era teamă. Chiar dacă eram în mijlocul unei crize.

În scurt timp, au venit și mașinile de poliție, și ambulanțele cu sirenele pornite și semnalele luminoase aprinse. Eu și sora mea stăteam pe câmp, în deplină siguranță, alături de cele două femei, în timp ce polițiștii și medicii se înghesuiau la locul accidentului. Curioasă ca întotdeauna, am profitat de ocazie să analizez cele două străine care ne supravegheau.

Deși aveam încredere în foarte puțini adulți, ele aveau ceva care mă făcea să mă simt liniștită și în siguranță; dar ce anume? Aparent, nu se remarcau prin nimic special. Amândouă păreau de vârstă mijlocie, de înălțime medie și aveau părul grizonat, la nivelul umerilor. Purtau haine simple. Nu erau neapărat atractive, dar, cu toate astea, aveau o frumusețe ce venea parcă din interior și care era cât se poate de evidentă atunci când îmi zâmbeau. Vorbeau puțin, iar atunci când o făceau, ne încurajau și ne spuneau că totul avea să se rezolve. Nu le mai întâlnisem până atunci, dar cumva mă simțeam mai confortabil în preajma lor decât dacă pe acel câmp mi-ar fi fost alături membrii propriei familii. Nici măcar nu le știam numele.

Cele două străine săritoare ne-au fost alături atunci când paramedicii ne-au examinat pe mine și pe sora mea; și atunci când au decis să o ducă la spital pentru investigații amănunțite, alături de tata și Richard. Între timp, venise și bunicul meu să mă ia.

Înainte de plecare, am apucat mâna femeii care stătea mai aproape de mine și i-am șoptit un mulțumesc; apoi am vrut să plec. Femeia care continua să mă țină de mână mi-a rostit numele, spunându-mi să nu îmi fie teamă.

M-am întors să le mai fac o dată cu mâna, dar dispăruseră. Într-o zonă plană, în câmp deschis, unde nu existau clădiri sau mașini, ele parcă se evaporaseră. Acel sentiment inexplicabil de calm a stăruit și mi-a încălzit inima chiar și după ce m-am urcat în camionul bunicului. Totul avea să fie bine.

Sunt multe lucruri în viață pe care îmi este greu să le explic. Cu toate acestea, știu că un lucru e cât se poate de clar. În ziua aceea, Dumnezeu și-a trimis doi îngeri să-mi ajute familia. Prin acei „îngeri de pe marginea drumului", doi bărbați răniți și două fetițe speriate care aveau mare nevoie de ajutor au primit dragostea și alinarea Lui. Eram doar un copil în acea zi fatidică, dar amintirile și promisiunea pe care El mi le-a dăruit vor rămâne cu mine pentru totdeauna. El ne trimite îngeri să meargă înaintea noastră, să ne fie alături sau să ne urmeze. Indiferent cine ești și încotro te îndrepți, amintește-ți că nu ești niciodată singur.

~ Jo Brielyn

54

Supă de pui pentru Suflet

Îngerul cu broscuță albastră

În Rai, un înger nu e nimeni în mod special.
– George Bernard Shaw

Eram fiica pe care mătușa Bea n-a avut-o niciodată. În copilărie, fusese răpită și trecuse printr-un viol, în urma căruia nu mai putea avea copii. Când mama a fost diagnosticată cu cancer, imediat după nașterea mea, mătușa Bea a îngrijit-o. Aveam 14 ani când mama a murit. Multe rude îmi deschiseseră ușile caselor lor, dar cum aș fi putut să o las pe mătușa Bea, care mă îngrijise încă din pruncie? De ce mi-aș fi dorit să locuiesc cu oameni pe care abia dacă-i cunoșteam? Mătușa Bea avea nevoie de mine, așa cum și eu avem nevoie de ea.

Când am crescut, m-am mutat în Los Angeles. Mătușa Bea a rămas în San Antonio; își administra propriul magazin alimentar din cartier. Eram îngrijorată pentru mătușa mea bătrâioară: era singură, în mahala, iar vânzările din magazin abia dacă îi asigurau traiul.

Într-o noapte, la ora la care nu m-aş fi aşteptat să primesc un telefon de la ea, mătuşa Bea m-a sunat; abia respira şi o simţeam neliniştită. Mi-o şi imaginam pe mătuşa mea de 75 de ani, la peste 2.000 de kilometri distanţă, singură, vulnerabilă, încercând din răsputeri să vorbească în engleza ei stricată, atunci când nu era nimeni în preajmă să-i înţeleagă limba maternă, spaniola.

- Au intrat nişte băieţi în magazin, mi-a spus cu vocea tremurândă. Au furat sucuri şi bere din frigider şi au fugit. Am strigat după ei să stea pe loc, dar a trebuit să fug după ei.

- Unde eşti acum? am izbucnit, aproape să mă pufnească plânsul.

Îmi închipuiam casa de marcat golită; şi o cameră rece de spital - pansamente!

- Sunt în sufragerie. Tocmai ce-a plecat poliţia. Magazinul este închis.

- Eşti rănită, mătuşă Bea?

- Doar la genunchi, mi-a răspuns suspinând. Picioarele mele au cedat când i-am fugărit pe băieţi. Am căzut şi i-am văzut cum se pierdeau în depărtare. Am strigat la ei, apoi m-am uitat spre cer şi am început să mă rog.

Slavă Domnului că nu avusese loc o confruntare!

- Apoi am văzut fata, a spus mătuşa Bea.

- Era şi o fată? am rostit pe nerăsuflate.

- Nu era cu băieţii, mi-a explicat ea. La început am crezut că eşti tu. Am văzut-o abia când am ieşit din magazin. M-a ridicat de jos şi m-a întrebat dacă sunt în regulă.

O clientă, m-am gândit. Probabil că-i văzuse pe băieţi fugind din magazin şi i se păruse ceva suspect.

- N-a cumpărat nimic, a continuat mătuşa Bea. Doar m-a ridicat, m-a ajutat să intru înapoi în magazin şi să sun după ajutor. Când am terminat de vorbit cu poliția, a plecat.

Probabil nu a vrut să fie implicată, am bănuit eu. Și probabil s-o fi gândit că mătușa Bea nu mai era capabilă să-și desfășoare activitatea după acea încercare grea. Desigur, mătușa era întotdeauna capabilă să facă asta.

- Cum arăta? am întrebat, gândindu-mă că poate era cineva cunoscut din cartier.

- Era înaltă și slabă, a început mătușa Bea. Avea pielea deschisă la culoare și arăta ca o americancă. Avea părul lung, șaten deschis, ca al tău, și îi cădea drept pe spate. Presupun că mașina, broscuța aceea albastră pe care am văzut-o parcată în fața magazinului, era a ei. Nu mai era nimeni în preajmă și nici nu a mai oprit vreo mașină.

Eram la peste două mii de kilometri, în apartamentul meu din Califonia, și o ascultam, fascinată, pe mătușa Bea cum îmi descria fata care-i sărise în ajutor. Eu eram înaltă și slabă. Eu îmi purtam părul lung și auriu lăsat pe spate. Deși aveam origini mexicane, tenul meu era alb ca al unei irlandeze. După descriere, oricine m-ar fi putut confunda cu fata aceea. Și asta nu era tot.

Pe vremea când m-am mutat în Los Angeles, mă îndrăgostisem de extravaganța pitorească a broscuțelor Volkswagen Beetle. Mașinile acelea micuțe cutreierau autostrăzile din LA de parcă erau niște insecte uriașe. În câteva luni, îmi schimbasem deja spațiosul și greoiul Pontiac cu o broscuță drăguță, ca cerul de albastră. În San Antonio, unde temperaturile sunt ridicate și climatul este unul umed, aceste mașini fără radiatoare, răcite cu aer, erau la fel de rare ca furtunile de zăpadă.

Peste două mii de kilometri mă despărțeau de iubita mea mătușă Bea. Cu toate acestea, cineva care semăna cu mine și conducea aceeași mașină ca mine a fost în magazinul mătușii mele. Acest înger a ajutat-o pe mătușa Bea să depășească acea ticăloșie și încercare grea. Acel înger a cerut ajutorul poliției și apoi s-a făcut nevăzut.

Draga mea mătușă Bea a murit acum 30 de ani, dar încă le împărtășesc oamenilor această întâmplare prin care ea a trecut. Inevitabil, toți cei care ascultă povestea zâmbesc și spun: „Fata aceea era un înger." Eu o numesc povestea îngerului cu broscuță albastră.

~ Susana Nevarez-Marquez

55

Supă de pui pentru Suflet

Ajutor divin

Rugăciunea este mortarul care ține casa laolaltă.
– Maica Tereza

Din ziua în care a venit pe lume, știam că asta se va întâmpla. Băiețelul nostru s-a născut cu o boală genetică necruțătoare. Am încercat să înghesuim o viață întreagă de fericire în cei câțiva ani pe care îi avea de trăit; în secret, în adâncul sufletului, îmi doream pentru el, dar și pentru noi, ca sfârșitul să-i fie lin.

În dimineața aceea fatidică, ceva îmi spunea să îi pregătesc micul lui dejun preferat. Dar eram atât de epuizați după o noapte nedormită că am preferat să îi dau niște resturi din ziua precedentă; o decizie pe care o regret și astăzi. A adormit apoi pe un teanc de pături groase. De obicei nu-l deranjam, dar o voce îmi spunea să îl pun în pătuțul lui. Mă bucur că, în ciuda oboselii mele, am reușit să fac măcar atâta lucru.

A făcut o criză puternică și a murit în somn.

Durerea era atât de apăsătoare, că nu am vrut să mă ridic din pat zile întregi. Dar ceilalți doi copii ai mei - și ei cu inimile frânte - mă priveau, înspăimântați. Trebuiau să fie hrăniți, schimbați în haine curate. Aveau nevoie de o mamă care să-i ajute să depășească momentul și să meargă mai departe, oricât de dureros ar fi fost.

Am coborât totuși din pat, parcă împotriva voinței mele, și am început să fac câte ceva, așa, ca să fie - am pregătit niște spaghete cu carne și sos, am băgat blugii murdari și câteva tricouri în mașina de spălat, apoi am spălat vasele și am ascultat câteva rugăciuni înainte de culcare. Mă minunam de faptul că mâinile mi se mișcau independent de voința mea, de parcă cineva sau ceva mă ducea de colo colo, mișcându-mi corpul. Îmi vedeam mâinile umblând încoace și încolo. Dar nu pentru că le mișcam eu. Mă simțeam ca o marionetă.

- Cineva sau ceva mă ridică din pat și îmi mișcă corpul împotriva voinței mele, i-am spus soțului meu. Cufundat în propria-i durere, s-a rezumat doar să dea din cap.

Într-o noapte, după ce copiii se culcaseră, am rămas pe canapea să-mi plâng amarul. Cum era posibil ca o inimă atât de îndurerată să mai bată încă? Și totuși, în ciuda durerilor fizice și emoționale atât de chinuitoare, inima mea continua să bată. Nu voiam să mai trăiesc. Nu, fără băiețelul meu iubit.

„Dumnezeule!" am invocat. „Lasă-mă să mă duc după el." Am izbucnit în hohote de plâns, capul îmi plesnea de durere, mă simțeam pustiită; îmi rămăsese doar acea durere mistuitoare. Am primit, în schimb, alte răspunsuri la rugăciuni. Cu voia lui Dumnezeu, nopțile mi s-au umplut cu vise în care retrăiam bucuria de a-mi revedea băiețelul. Treptat, mi-am recăpătat forțele, iar ajutorul meu nevăzut s-a retras ușor, ușor, lăsându-mi o senzație abia sesizabilă de calm și milostenie.

Într-o zi, vecina mea a trecut să vadă cum mă simțeam. Mi-a povestit cum, în ziua morții lui Alex, a văzut paramedicii, poliția și mașina firmei de pompe funebre perindându-se prin fața casei noastre. Văzuse și mașinile rudelor care împânziseră aleea din fața casei și strada, așa că nu îndrăznise să deranjeze. Dar, a doua zi, l-a găsit pe băiețelul ei de numai 4 anișori, aplecat peste pervazul geamului de la baie, făcând cu mâna și purtând o discuție tare amicală.

Pentru că fereastra cu pricina era orientată spre o zonă mai puțin frecventată a curții noastre, s-a panicat, neștiind cu cine putea să vorbească fiul ei.

- Cu cine vorbești? l-a întrebat pe băiețelul ei cu ochi mari. Băiatul a coborât în grabă de pe pervaz.

- Cu îngerii.

Cu o privire întrebătoare, vecina a continuat.

- Ce îngeri?

- Îngerii și băiețelul din casa lui Lori.

Șovăitoare, s-a uitat pe fereastră, analizând împrejurimile.

- Unde sunt?

A arătat spre acoperișul casei mele, apoi a tulit-o pe ușă să-și ia prânzul, lăsându-și mama perplexă. Din motive necunoscute, ea nu vedea nici îngerii, nici băiețelul cu care vorbise fiul ei.

Încă pe stradă, sprijinită de mașina mea, mi-a explicat de ce nu îmi povestise până atunci întâmplarea.

- Nu voiam să îți imaginezi că fiul meu e nebun pentru că vorbește cu îngerii și cu Alex, mai ales că nimeni altcineva nu i-a văzut.

Nebun? Din contră! Fără ajutorul ceresc eu nu aveam cum să supraviețuiesc acelor ultime săptămâni. Am simțit-o pe pielea mea. Era de așteptat ca un copil inocent, cu inima curată să poată vedea aceste ființe angelice, spre deosebire de noi, cei înrăiți de lumea cinică în care trăim. M-am simțit recunoscătoare să știu că băiețelul meu a fost însoțit de îngeri în drum spre Rai; aceiași îngeri care m-au ajutat și pe mine să depășesc momentul dificil al dispariției lui.

Îmi spun povestea tuturor oamenilor, chiar și celor care nu cred neapărat în îngeri sau în viața de apoi. Reacțiile sunt împărțite. Dar chiar și cea mai puternică îndoială se transformă în mirare. Iar cei care se minunează ajung un pas mai aproape de credință. Cât despre cei care cred, aceștia zâmbesc pentru că povestea mea este o dulce confirmare a prezenței îngerilor printre noi.

~ Lori Phillips

56

Supă de pui pentru Suflet

Înapoi la treabă

Suntem ca niște copii ce așteaptă să fie luminați și
îndrumați de învățătorii lor;
iar Dumnezeu s-a învrednicit și ne-a binecuvântat
cu îngeri care să ne fie profesori și călăuze.
– Sf. Thomas Aquinas

În august 1995, după ce mă mutasem la 2.900 de kilometri depărtare, într-o zonă rurală, fără prieteni sau familie, am suferit un accident; un impact frontal cu mașina unui șofer băut, ce conducea cu viteză. Din fericire, și eu, și soțul meu de atunci am scăpat cu viață; dar aveam un umăr dislocat, ambii genunchi zdrobiți și coloana fracturată. Din soția și mama sănătoasă, pasionată de munca celor nouă acri de pământ proaspăt achiziționați, ajunsesem o persoană incapabilă să facă ceva fără ajutor.

Aveam dureri înfiorătoare, eram depresivă și furioasă – pe celălalt șofer, deși murise, pe Dumnezeu pentru că îngăduise tot ce se întâmplase și chiar pe propria familie care aștepta să revin la cea care fusesem înainte. Stăteam când pe pat, când pe scaunul cu spătar rabatabil, poziționat lângă fereastra mea de la etajul doi, de unde admiram natura. Soțul mă părăsise și mă simțeam vinovată ori de câte ori trebuia să îi cer ajutor fiicei mele de 13 ani.

O vecină mi-a adus un scaun cu rotile folosit. Nici măcar nu l-am încercat. Văicăreala e boală grea. L-am lăsat lângă pat, acolo unde a stat zile întregi. Într-un final, am reușit să mă ridic din pat și să-mi urc picioarele imobile în scaun. Ce libertate! În ciuda independenței proaspăt redobândite, majoritatea lucrurilor pe care doream să le fac implicau folosirea picioarelor sau presupuneau să ies din casă. Eram în continuare inutilă. Drumurile și potecile pietruite de la țară nu se pretează scaunelor cu rotile. Un alt vecin mi-a oferit un cadru, spunând: „Dacă tot te-ai dat jos din pat, încearcă ceva nou." Da, sigur, mă gândeam eu.

În urma unei tornade, am observat scurgeri prin acoperișul casei. A trebuit să trimit cereri de ofertă. Dar descrierea problemei fără a le putea arăta efectiv contractorilor ce era în neregulă n-a funcționat. Plecau cu prea multe întrebări la care nu le puteam oferi răspunsuri. Aveam totuși nevoie ca cineva să-mi repare acoperișul, așa că i-am sunat înapoi pe doi dintre contractori. Mi-a luat mai bine de o oră să mă târăsc cu cadrul până afară, timp în care mă străduiam din răsputeri să nu urlu de durere. Deși costurile erau rezonabile, amândoi puteau începe reparațiile abia peste câteva săptămâni. Atunci mi-am spus că n-o să mai încerc să merg. Niciodată.

A doua zi, m-am trezit cu doi domni la ușă. Fuseseră recomandați de un alt contractor care nu dorise să-mi facă o ofertă, pentru că avea lucrări în afara orașului. „Domni" e mult spus. Bărbatul mai în vârstă arăta de parcă băuse mult la viața lui și nu-și mai tunsese sau pieptănase părul, nici barba de ani buni. Ucenicul lui mai tânăr era proaspăt ieșit din închisoare și avea nevoie de un loc de muncă. Amândoi purtau haine ponosite și bocanci plini de noroi.

Cu toate acestea, eram disperată. Mai mult decât atât, spre deosebire de toți ceilalți, bărbatul mai în vârstă mi-a spus că putea începe imediat. Așa că m-am târât iar din casă. Bărbatul cel vârstnic vorbea calm, iar tânărul era blând și respectuos; mi-a adus chiar și un scaun să mă așez. Amândoi au făcut tot ce le-a stat în putință să mă facă să mă simt în largul meu și amândoi aveau câte un zâmbet pregătit. După ce au făcut toate măsurătorile și au înțeles cum voiam să fie realizate reparațiile, mi-au înmânat o carte de vizită și mi-au promis că vor reveni cu un deviz cât mai curând.

Înainte de a pleca, bătrânul m-a întrebat ce mi se întâmplase. După ce i-am povestit, mi-a spus că știa exact cum mă simțeam.

– Acum vreo zece ani, am căzut de la etajul trei al unei clădiri, m-am izbit de un perete de beton și mi-am fracturat coloana în două locuri. Am stat șapte ani în spital și mi se spusese că n-am să mai merg niciodată!

Eram uimită. Omul șchiopăta puțin, dar, cu toate astea, mergea de colo colo și chiar s-a cățărat pe locuința mea de două etaje.

– Nu, să nu fiți uimită, mi-a spus. Medicii sunt foarte bine intenționați, dar nu iau niciodată în considerare planurile lui Dumnezeu. Eu mi-am spus așa: probabil voi îndura dureri toată viața mea, dar n-am de gând să stau și să-mi irosesc timpul; așa că a trebuit să mă concentrez pe a face cât mai multă mișcare, fără să mă mai gândesc la cât de dureros era lucrul ăsta.

Rămăsesem pierdută în propriile mele gânduri. A făcut o pauză, apoi a agăugat:

- Și dumneavoastră puteți face asta. Poate că nu veți fi ca înainte. Dar dacă nu încercați, nici n-o să aflați vreodată!

În zilele ce-au urmat, m-am gândit încontinuu la ce-mi spusese; dacă el reușise, poate că și eu puteam, chiar mai mult sau mai bine. Făceam progrese în fiecare zi. Aș minți să spun că a fost ușor sau că nu aveam dureri. Spre surprinderea mea și a fiicei mele, bombăneam din ce în ce mai puțin și realizările erau din ce în ce mai mari. Fiecare zi era prilej pentru o nouă mică victorie sau o bucurie.

Pentru că nu primisem devizul de la cei doi vizitatori, am încercat să-i sun. Numărul lor de telefon nu exista. Contrariată, am sunat contractorul care-i recomandase, rugându-l să-mi dea un telefon când se întorcea în oraș. I-a luat cinci zile să revină cu telefonul. Șocul meu a fost și mai mare atunci când mi-a spus că el nu trimisese pe nimeni la mine acasă. I-am spus numele celor doi bărbați, numărul de telefon și i-am și descris.

- Nu, nu știu pe nimeni cu numele acestea. N-am auzit de ei. Și dacă v-aș fi recomandat pe cineva, cu siguranță n-ar fi fost cineva care să se potrivească descrierii dumneavoastră, mi-a spus el.

Eram sigură că în orașul meu mic, unde „toată lumea știe pe toată lumea", cineva îi văzuse pe cei doi bărbați. Măcar vecinul meu invalid, care locuia la intersecția șoselei principale cu drumul de țară înfundat, unde locuiam eu; el stătea tot timpul afară, așa că era imposibil să nu-i fi văzut. Ei bine, nimeni nu știa nimic despre acei doi bărbați și nimeni nu văzuse pe cineva care să le semene. Nimeni nu auzise de ei. Cu cât întrebam mai multă lume, cu atât păream mai nebună în ochii oamenilor.

În ciuda acestui mister, eu aveam altă stare de spirit. Eram din ce în ce mai puternică. Nu eram pe deplin refăcută, dar eram cu fiecare zi mai capabilă. Picioarele și degetele începuseră să mi se miște. Nu la capacitate maximă, dar se mișcau. Pentru prima dată după multă vreme, îndrăzneam să visez la un viitor.

Acei bărbați nu aveau aripi sau aure. Dar mi-au ieșit în cale și m-au încurajat atunci când eu renunțasem să mai lupt. După vizita lor, viața mi s-a schimbat în feluri pe care nici nu mi le imaginasem vreodată. Mă simt cu adevărat binecuvântată, așa cum spune și în Evrei 13:2, i-am găzduit, fără să știu, pe îngeri.

~ Kamia Taylor

57

Supă de pui pentru Suflet

Tată, fiu și frate

Dar dacă se găsește un înger mijlocitor pentru el, unul din miile acelea care vestesc omului calea pe care trebuie s-o urmeze.
– Iov 33:23

Eu și fiul meu, Mike, am avut o relație destul de tumultuoasă de când fosta mea soție m-a sunat și mi-a spus așa: „Vino și ia-l. Nu pot să fac nimic de el!".

Eram încântat că-mi recuperasem fiul și abia așteptam să-mi folosesc propriile metode pentru a-l educa. Mike avusese probleme cu legea în repetate rânduri. În ziua în care l-am luat, i-am spus că eu nu voi tolera un astfel de comportament. Cât locuia la mine, avea să răspundă în fața legii dacă intra cumva în bucluc. Desigur, la cei 14 ani ai lui, crezând că le știe pe toate, nu m-a ascultat. La nici două luni de când se mutase cu mine, era deja închis într-o școală de corecție din districtul nostru.

Acesta a fost doar începutul dintr-un șir lung de evenimente; de fiecare dată promitea să stea departe de probleme și de fiecare dată revenea la vechile lui obiceiuri. Am trăit momente minunate împreună, dar am trecut și prin suferințe teribile. Când avea 30 de ani, lucra pentru un bărbat care-și câștiga existența tăind bușteni. Într-o noapte, Mike a fugit cu camioneta bărbatului, în care erau două motoferăstraie și alte echipamente pentru exploatarea forestieră. Nici eu, nici bărbatul respectiv nu știam unde se dusese. Fuseseră anunțate organele competente, dar nici urmă de Mike sau de camionetă.

Stilul meu de viață se îmbunătățise mult: călătoream cu rulota mea și îmi câștigam existența din vânzarea de bijuterii pe la diverse evenimente. Participam la un eveniment în Quartzsite, Arizona, când am primit vestea, din surse neoficiale, că Mike murise într-un accident în California. Am aflat că se căsătorise cu o femeie cu doi copii; făcuseră și împreună un copil. Cea mică rămăsese cu bunicii, în timp ce tatăl, mama și frații ei au plecat la magazin. Toți patru au fost victimele unui accident de tren, în drumul spre casă, din cauza unei treceri nesemnalizate la nivel cu calea ferată. Aveam o nepoată pe care nu o cunoscusem niciodată și de a cărei existență nici măcar nu știusem. Și rămăsese orfană.

Mă aflam la peste 1.100 de kilometri de locul unde fiul meu urma să fie înmormântat, așa că am plecat într-acolo a doua zi, devreme. Am ajuns în acel orășel a doua zi dimineața, cu doar 45 de minute înainte de înmormântare. La intrarea în biserică m-a întâmpinat un bărbat; mi-a explicat că era diacon și că i se spunea fratele Bob. Mi-a spus că familia soției fiului meu îi ceruse să mă sprijine pe parcursul întregului proces, de vreme ce nu cunoșteam pe nimeni acolo, nici măcar pe ei. De fapt, cu trei zile înainte de înmormântare, nici nu știam că fiul meu se căsătorise sau că devenise tată.

Sicriele erau într-o cameră alăturată celei principale din

biserică. Fuseseră lăsate acolo, ca familia să poată sta în intimitate, lângă cei dragi, înainte de slujbă. Fratele Bob era un bărbat mai degrabă scund și corpolent, dar, cu toate acestea, a reușit să-mi sprijine trupul de peste 130 de kilograme atunci când aproape am leșinat, la vederea lui Mike în sicriu.

Știa multe despre trecutul lui Mike. Îmi amintesc că mi-a spus să nu mă învinovățesc pentru tot ce fusese între noi. Că erau alți factori ce conduseseră la acel moment și care nu mi se datorau. Mi-a citat câteva pasaje din Biblie pentru a-mi alina durerea și s-a rugat alături de mine. Ba chiar mi-a găsit un loc în biserică înainte de începerea slujbei și apoi s-a retras pentru a-și îndeplini alte sarcini.

După slujbă, a urmat o ceremonie la cimitir, lângă mormânt. Apoi, ne-am întors la biserică unde ne aștepta o masă mare pregătită de voluntari. După ce am terminat de mâncat, l-am căutat pe preotul Paul Simmons să-i mulțumesc pentru minunata slujbă. L-am întrebat unde îl puteam găsi pe fratele Bob ca să-i mulțumesc și lui pentru ajutor. Mi-a aruncat o privire întrebătoare:

- Cine?

- Diaconul dumneavoastră, fratele Bob.

- Îmi pare rău, dar noi avem un singur diacon și acela este fratele Luke. Este un tânăr înalt, cu părul roșcat.

Am mers la fiecare membru al familiei, întrebând dacă nu cumva îl văzuseră pe acel bărbat ce-și spunea fratele Bob. Le-am explicat că era scund și solid, că purta un costum negru, cămașă albă și o cravată în stil western. Era și chelios. Nu-și amintea nimeni să-l fi văzut; în plus, mi-au spus că ei nu desemnaseră pe nimeni anume care să mă ajute. Le-am spus tuturor că vorbisem cu el în camera alăturată celei principale, înainte ca slujba să înceapă. În continuare, nimeni nu își amintea de el. Se pare că doar eu îl văzusem, iar pentru mine a fost cât se poate de real; la fel de real ca tastatura pe care o folosesc acum să scriu.

La întoarcerea în Quartzside, am avut mult timp să reflectez. Și am ajuns la o concluzie. Toți cumnații fiului meu fuseseră extrem de prietenoși și săritori, dar fratele Bob fusese trimis special pentru a mă ajuta pe durata acelui întreg proces îngrozitor. Presupun că îngerii iau multe forme și mărimi. Nu e musai să aibă aripi și aure aurii. Pot fi scunzi, solizi și cheliosi, dar tot îngeri sunt.

~ Gary R. Hoffman

58

Supă de pui pentru Suflet

Îngerul nopții

Căci El va porunci îngerilor Săi să te păzească în toate căile tale și ei te vor duce pe mâini, ca nu cumva să-ți lovești piciorul de vreo piatră.
– Psalmi 91:10-11

Aveam 10 ani atunci când am spionat-o prima dată pe bătrână; se legăna în scaunul din nuiele, în colțul dormitorului meu. Eram suficient de mare cât să realizez că o străină venise în toiul nopții, dar prea mică să înțeleg motivul vizitei sale. Stăteam în vârful patului, în picioare, cercetând imaginea femeii ce se reflecta în întregime în oglinda din stânga mea - blândețea ei m-a determinat să tac, deși eram tentată să țip. Din motive neștiute de mine, simțeam că pot avea încredere în acea străină, așa că m-am băgat în pat.

O căldură palpabilă se răspândise în toată camera; ea continua să se legene, cu mâinile împreunate în poală, afișând o blândețe cu care doar o bunică poate fi înzestrată. Instinctiv, am știut că intențiile ei erau bune. Pericolul zăcea în camera de alături - o mamă abuzivă care venea deseori la căpătâiul meu să-și dezlănțuie furia. În noaptea aceea, mama își petrecuse timpul uitându-se la televizor. În timp ce vizitatoarea mea se legăna în scaun, am adormit cu zgomotul televizorului răsunându-mi în urechi.

În noaptea următoare, mi-am tras cuvertura peste cap, la primul scârțâit al ușii de la dormitor. Crâmpeie de lumină venite din hol brăzdau întunericul, iar eu înțepenisem, așteptând să se stârnească furia mamei. Mă prefăceam că dorm, sperând că poate așa avea să-și piardă interesul, că va găsi altceva de făcut în afara camerei sau că o vor cuprinde remușcările și va pleca. Din nefericire, n-a fost așa; dar, în cele din urmă, a obosit bătându-mă și a ieșit. Îmi înghițeam lacrimile și mă uitam la balansoarul ce stătea gol.

Pe parcursul celor cinci ani care au urmat, imaginea drăgăstoasă a străinei a stăruit în colțul camerei mele. Când o auzeam pe mama venind, aruncam o privire spre scaun și o vedeam pe acea femeie făcându-mi semn cu capul, dându-mi încredere și oferindu-mi puterea de a îndura totul. Acel suflet senin nu se afla acolo pentru a lupta în locul meu, ci doar pentru a mă asigura că nu eram singură. Pe parcurs, au fost și încercări ori momente de îndoială. Au fost și momente când n-a fost acolo. Momente când venea mama. Momente când aș fi vrut să mor. Cumva, pe la 15 ani, știam că aveam o misiune de îndeplinit.

În anul următor, mama a plecat fără să-și ia măcar rămas-bun. Din nefericire, dus a fost și îngerul meu păzitor. Cel mai probabil, plecase să-i ofere alinare unui alt copil înspăimântat. Cu toate acestea, după 30 de ani, îngerul meu nu a fost uitat. În fiecare noapte, atunci când îngenunchez la căpătâiul copiilor mei, spun o rugăciune de recunoștință: „Mulțumesc, îngerul meu din noapte, trimis de Tatăl Atotputernic, pentru că mi-ai dat forța să îndur toate rănile copilăriei! Și, mai presus de toate, îți mulțumesc pentru siguranța copiilor mei - pentru că am ales să nu repet actele de violență pe care eu le-am trăit, ci să îți urmez exemplul, ocrotindu-i pe cei vulnerabili. Amin!".

~ Cathi LaMarche

59

Supă de pui pentru Suflet

Cowboy-ul

Copiii au deseori prieteni imaginari.
Eu bănuiesc că jumătate dintre ei sunt de fapt îngerii lor păzitori.
– Eileen Elias Freeman
Manualul de instrucțiuni al îngerașului

Aveam 7 ani atunci când am văzut cowboy-ul. Fratele meu avea 3 ani și făcuse o adevărată obsesie în jurul ideii de cowboy. Purta pălăria lui albă și tocul pentru cele două pistoale oriunde mergea. Suferea și de o boală severă, ce îl forța să se legene în față și-n spate, încercând din greu să respire și care-i provoca stări de delir, cauzate de febră. În primă fază au spus că avea bronșită astmatică. Mai apoi, au realizat că de fapt suferea de o serie de infecții febrile și astm datorat alergiilor. Tot ce știam eu era că mama abia dacă apuca să doarmă noaptea. Părinții mei erau foarte îngrijorați.

Ora de culcare însemna spray nazal și vaporizatoare; iar dacă dorea, avea voie să doarmă cu tocul pistolului. Dar în noaptea aceea abia dacă am băgat de seamă tot acest ritual, pentru că prietena mea, Kelly, rămăsese la mine.

Ne-am jucat, am mâncat câteva gustări, am încercat să ne speriem reciproc cu fel de fel de povești cu fantome, apoi ne-am pregătit de culcare în sufragerie, chiar lângă dormitorul fratelui meu. Kelly stătea pe canapea, iar eu eram pe fotoliul pentru două persoane. Mama stinsese luminile și se dusese sus, la culcare; eu și Kelly vorbeam în șoaptă, când ceva i-a atras atenția prietenei mele. S-a ridicat, s-a uitat pe hol și mi-a șoptit să merg pe canapea, lângă ea.

Am mers și am văzut ce vedea și ea. Era un cowboy străveziu, exact cum erau cei din filmele western la care se uita tata uneori și ca figurinele de plastic din setul Fort Apache, cu care se juca fratele meu. A mers pe hol până în dormitorul fratelui meu. Eu și Kelly priveam doar. Eram fascinate. Era o prezență extrem de liniștitoare și, în ciuda poveștilor cu fantome pe care ni le spusesem, nu ne era frică. Exact în acel moment, l-am auzit pe fratele meu strigând:

- Mama! E un cowboy la mine în cameră!

În vocea lui se simțea entuziasmul, nicidecum spaima. Mama a coborât numaidecât și, după o vreme, l-a adormit din nou. Am adormit și noi - eu și Kelly.

A doua zi dimineață, la micul dejun, mama m-a mustrat aspru pentru că „îmi făcusem de cap" în camera fratelui meu pe timpul nopții. Eu și Kelly eram confuze. Mama era extrem de supărată, continuând să ne spună că n-ar fi trebuit să-i umblăm prin lucruri și că era extrem de important ca fratele meu să aibă vaporizatorul mereu la îndemână și ventilatorul orientat spre el tot timpul. Habar nu aveam despre ce vorbea. Ne spunea că era evident faptul că mutaserăm împreună ventilatorul, fiind unul destul de mare, și că nu pricepea de ce făcuserăm asta. În cele din urmă, fratele meu i-a întrerupt tirada, explicându-i:

- Mamă, probabil cowboy-ul a mutat ventilatorul!

Da, avea sens. Eu și Kelly am aprobat - cu siguranță că el fusese. Deslușisem misterul sau cel puțin asta credeam noi.

Mama s-a înfuriat și mai tare. A crezut că ne băteam joc de episoadele de delir ale fratelui meu și că nu-i arătam nici ei respectul cuvenit. Deja mă îngrijorasem. Nu doar că îmi era afectată integritatea, dar și viitoarele vizite peste noapte puteau fi compromise. Eu și Kelly i-am explicat exact ce văzusem cu o seară înainte, iar fratele meu i-a spus și el versiunea lui.

Mă întreb și acum dacă ce a urmat a fost din cauză că nu o mințisem niciodată sau pentru că eram toți trei extrem de relaxați, ori pentru că fratele meu dormise tot restul nopții. Sau poate că a fost o intervenție divină. Cert este că, dintr-odată, furia mamei a dispărut și ea ne asculta cu mare atenție. Ne credea. Eram curioși să știm cine era acel cowboy și mai ales de ce venise. După ce ne-am tot gândit câteva zile, tot mama ne-a oferit explicația. Ne-a spus că acel cowboy era îngerul păzitor al fratelui meu și că venise să-l protejeze, și nu să sperie pe cineva. Cel mai probabil, tot acel aer de la ventilator îi făcea rău și din acest motiv îngerul mutase aparatul. Avea sens. Eu și Kelly adoram să spunem acea poveste. Noi văzusem un înger, iar colegii noștri de clasă erau fascinați.

După acel episod, mama a mai avut câteva întâlniri „cu scântei" cu îngerul păzitor al fratelui meu. Nu l-a văzut niciodată, dar vedea urmările vizitelor lui. De exemplu, evitarea unui accident de mașină care l-ar fi putut răni sau chiar ucide pe fratele meu, aflat pe bancheta din spate. Mama mea a fost oprită în trafic și s-a prins strâns de volan, ca să fie pregătită pentru impactul cu mașina ce se apropia mult prea repede din spate. A privit în oglinda retrovizoare cum frânele scârțâiau și apoi cum mașina părea să se ridice ca să evite coliziunea. A văzut ramura aceea uimitoare care atârna aparent de nicăieri pentru ca el s-o apuce pentru a se salva de la înec într-un pârâu cu ape învolburate. Eu nu am revăzut cowboy-ul niciodată, dar știam că era prin preajmă. Deși nu mi-am văzut propriul înger păzitor, aveam certitudinea că îmi era mereu alături. Așa era corect, de altfel.

După câtiva ani, uitasem de cowboy. Mă temeam pentru viața fratelui meu, devenit între timp soldat în Marină, care lupta în războiul din Golful Persic. Părinții mei se uitau non-stop pe CNN și verificau zilnic listele cu victime. Mai aveam puțin și ne lăsau nervii, pentru că nu știam dacă era mort sau viu.

În acea perioadă, am primit un telefon de la o femeie pe care mama o cunoscuse cu ani în urmă. Înțelegea cât de ciudat avea să sune ce voia să-mi spună, dar trebuia să-mi transmită un mesaj pe care îl primise în vis. Mama nu era acasă, așa că eu am fost cea care a preluat acel mesaj urgent și neobișnuit. Mi-a spus că avusese un vis în care se făcea că îngerul fratelui meu îl veghea și-l ocrotea; iar noi nu aveam de ce să ne îngrijorăm pentru că el urma să supraviețuiască războiului. Eram uimită. Cowboy-ul era acolo! Cum putusem să uit? Printre lacrimi de bucurie, i-am povestit și ei întâmplarea cu acel cowboy. Ce bine că sunase și ce mesaj venit la fix pentru noi! Le-am spus părinților mei despre visul femeii și parcă mai scăpaserăm de griji. Fratele meu chiar s-a întors acasă după război, avându-l alături pe cowboy, n-am nicio îndoială.

Chiar și copiii mei știu povestea cu lux de amănunte. Suntem foarte atenți cu îngerii noștri păzitori și le suntem exprem de recunoscători. La fel de recunoscătoare mă simt și pentru că am avut șansa de a zări un înger. Experiența aceea mi-a întărit credința, mi-a format personalitatea și a avut un impact de neuitat asupra vieților celor apropiați - prieteni și familie. Am fost binecuvântată de cowboy-ul fratelui meu în atât de multe feluri!

~ Kristine Peebles

60

Supă de pui pentru Suflet

Misiunea

Cei mai buni tovarăși ai noștri n-au niciodată mai puțin de patru picioare.
– Colette

Cu toții știm pe cineva care iubește îngerii. Știi, genul acela de persoană care are câte un bibelou din porțelan sau un fleac cumpărat dintr-un magazin cu nimicuri în fiecare colțișor al casei? Eu mi-am imaginat întotdeauna îngerii ca pe niște prezențe dulci, feminine, cu șuvițe de păr strălucitor, căzându-le pe spate în cascade, cu pielea ca de porțelan și ochii de culoarea Mării Caraibelor. Asta până când... am întâlnit unul.

Nu în chip de femeie, ci de felină. Nu avea șuvițe de păr ce-i cădeau pe spate în cascade și nici tenul porțelanat pe care mi-l imaginam eu, ci o blană moale, mătăsoasă, de culoarea cârtiței. Avea ochi expresivi și splendizi, de culoarea turcoazului, deși se uita puțin cruciș. Da, îngerul meu era o pisică siameză!

Fiica mea, Jessica, avea 9 ani pe vremea aceea. Căzuse de pe barele de cățărat de la locul de joacă. În urma pățaniei, rămăsese cu o fractură de coloană și un ghips drept suvenir; asta după opt ore petrecute la urgențe. Un cadou perfect, de altfel, primit cu o săptămână înainte de vacanța de vară. La controlul de o săptămână, după mai multe radiografii și un consult, chirurgul ortoped ne-a dat vești dezamăgitoare.

Deși la exterior totul părea să fie în regulă, în realitate oasele nu se aliniaseră perfect. Medicul ne-a recomandat o nouă vizită în sala de operații chiar a doua zi, pentru a îndepărta ghipsul și pentru a repoziționa oasele. Fiica mea s-a panicat, mai ales după ce a aflat că nu ne dădeau voie în sală în timpul intervenției, nici mie, nici tatălui ei.

A fost liniște în mașină, tot drumul până acasă. I se citea îngrijorarea în ochii umeziți de lacrimi și în gesturi. Nimic nu o consola. După ce am încurajat-o să mănânce ceva de prânz, i-am sugerat să stea puțin afară, la aer curat.

Majoritatea copiilor de vârsta ei tânjeau după cele mai noi jocuri video sau dispozitive electronice, dar ea ducea muncă de lămurire cu noi pentru o pisică. Se simțea singură, fiind unicul nostru copil, iar eu mă simțisem întotdeauna vinovată pentru că nu-i oferisem un frate sau o soră. Încercasem să-i găsesc o activitate care să o distragă, când am exclamat brusc: „Uite!".

O frumoasă pisică siameză mergea pe gardul din curtea noastră. Cu mișcări de o precizie specifică unei gimnaste olimpice, își etala liniile ei frumoase.

De unde venise pisica aceea splendidă? Locuiam de 15 ani în acel cartier și n-o văzuserăm niciodată. Nu-mi venea să cred. Singurul lucru care o putea face fericită cu adevărat pe fiica mea tocmai își făcuse apariția din senin. Pisica a coborât cu agilitatea tipică unei sportive și a străbătut curtea, așezându-se la picioarele fiicei mele pentru a se odihni.

A mieunat de parcă ar fi vrut să spună: „Totul este în regulă; sunt aici pentru tine." Acel înger siamez a fost îmbrățișat, mângâiat, alintat și iubit toată după-amiaza. A însoțit-o pe fiica mea peste tot și i-a fost un adevărat companion și confident. Mă tot uitam afară, parcă nu-mi venea să cred.

Era aproape ora cinei; cu părere de rău, i-am spus fiicei mele să intre în casă. Tovarășa ei de încredere a rămas de veghe dincolo de ușă preț de câteva minute, vrând parcă să se asigure că era pe mâini bune. Apoi, pe cât de repede și de discret apăruse în mica noastră lume, la fel a și dispărut; misiunea ei pe pământ fusese îndeplinită.

Nu am revăzut niciodată acea pisică, dar avem o poză cu ea pe care o prețuim nespus. Am fost atât de impresionată de acea întâlnire, încât am scris această poveste pe care inițial am intitulat-o „Îngeri printre noi." Am fost încântată să o pot propune spre publicare în acest volum, cu același titlu.

~ Catherine Rossi

Capitolul 7

Atingeri vindecătoare

61

Supă de pui pentru Suflet

Miraculos – nici mai mult, nici mai puțin

Atunci când îngerii ne vizitează, nu le auzim foșnetul aripilor, așa cum nu simțim nici atingerea ușoară a pieptului unui porumbel; dar le recunoaștem prezența după dragostea ce-o sădesc în inimile noastre.

– Autor necunoscut

Eram tot la Terapie Intensivă, dar criza trecuse. Ventilatorul fusese deconectat, așa că respiram singură. Și rinichii începuseră să funcționeze singuri din nou; scăpasem, deci, de aparatul portabil de dializă care ocupa un colț din camera mea de spital. Singurul braț care îmi rămăsese era în continuare priponit de stativul pentru perfuzii - lichide și iar lichide mi se scurgeau în vene.

Mintea mi se lumina treptat - ieșisem din coma indusă, iar efectul narcoticelor puternice începea să se risipească. Abia atunci am înțeles că fusesem un soldat fără vină pe un câmp de luptă microscopic. Infecția bacteriană care-mi invadase corpul a încercat vitejește să iasă învingătoare. Fasceita necrozantă, determinată de streptococii de grup A, cunoscută în termeni populari drept bacteria care mănâncă țesutul muscular, a atacat dur și rapid, lăsând în urmă un adevărat măcel. Dar eu am supraviețuit războiului.

Chiar și atunci când sărbătoream victoria, eram distrusă din pricina daunelor colaterale, suferite în urma bătăliei. Mâna mea dreaptă... nu mai era. Gambele ambelor picioare... nici ele nu mai erau. Jumătatea stângă a pieptului... dusă și ea.

Gravitatea situației m-a șocat. Cum zăceam lată pe spate, incapabilă să mă mișc, mă întrebam cum aveam să mă descurc eu cu cei doi copii mici ai mei, cu soțul, casa, slujba... Repetam încontinuu, ca într-o incantație, cu din ce în ce mai mare frică și disperare: „Cum mă voi descurca?".

Dar în ciuda panicii, am simțit cum ceva se schimbase. Sentimentul de frică s-a domolit puțin, iar inima mea, care până atunci o luase la trap, a început să bată liniștit. Aveam o senzație vagă de ceva reconfortant, aproape pur, ca atunci când, fix înainte să înceapă ploaia într-o zi de vară, aerul miroase într-un anume fel. Apoi, acel sentiment m-a învăluit cu totul.

O prezență incredibilă mă cuprinsese în strâmtoarea pereților acelei camere de spital. Am simțit cum o mână imensă îmi învăluia brațul distrus și inutil, ce zăcea pe pernă, lângă cap. Am auzit șoptindu-mi-se în ureche: „Sunt cu tine!". Incantația mea rostită cu disperare cu doar câteva momente înainte a fost înlocuită cu o liniște profundă - un calm ce mi s-a așezat direct pe suflet. Când am deschis ochii, am văzut o lumină extrem de frumoasă, licărind lângă mine.

- Ce-a fost asta?

Asistenta mea, Sarah, a venit repede în camera mea.

- Cindy, ești în regulă? Ce-a fost asta? m-a întrebat din nou pe un ton insistent, frate cu panica.

- Of, Sarah, am spus, în timp ce lacrimile îmi șiroiau pe obraji. Tocmai mi-am văzut... îngerul.

Am avut o ezitare în a pronunța acel cuvânt, dar l-am rostit oricum. Cu siguranță, nu exista nicio altă explicație și parcă nici nu era momentul potrivit pentru analize și investigații cu privire la ceea ce tocmai se întâmplase.

- Știam că s-a întâmplat ceva. L-am văzut, Cindy; l-am văzut pe monitoare, spuse Sarah și începuse să plângă.

Asistenta avea ochii albaștri larg deschiși și un zâmbet timid pe chip. În momentul acela, parcă era ea însăși un înger.

Eram conectată la multe aparate care-mi monitorizau semnele vitale. Toate datele erau stocate într-o bază centrală de la Terapie Intensivă. Un tehnician verifica anumiți indicatori înregistrați pe monitoare, când deodată a detectat niște schimbări surprinzătoare.

I-a făcut semn asistentei Sarah să meargă să vadă ce observase. S-au uitat pe înregistrări și au observat o creștere a tensiunii arteriale, un ritm cardiac încetinit și o creștere a nivelului de oxigen în sânge. Echipa medicală făcuse eforturi considerabile în ultimele săptămâni pentru a-mi stabiliza semnele vitale și iată că, dintr-odată, fără nicio explicație, totul revenea la normal.

Sarah și tehnicianul fuseseră martori la ceea ce eu experimentasem, dar noi toți asistaserăm la același lucru - un fenomen inexplicabil, ceva grozav.

În lunile ce au urmat, vindecarea mea a fost socotită drept un „miracol - nici mai mult, nici mai puțin" de către echipa de medici care se ocupase de recuperarea mea. Am fost externată în mai, adică mult mai devreme decât se așteptaseră medicii, care preconizaseră o posibilă externare abia în luna septembrie. La jumătatea lui mai eram într-o clinică de recuperare, iar în iulie eram deja acasă, cu familia.

Cred că vindecarea mea a fost una „miraculoasă", că există un motiv pentru care am supraviețuit. Pe măsură ce mă recuperam, îmi era din ce în ce mai clar că aveam o datorie de plătit, căci miracolul vieții îmi fusese oferit nu o dată, ci de două ori. Incantația mea a fost alta din noaptea în care mi-am întâlnit îngerul. Noua incantație suna așa: „Cum răsplătesc... Cum să ofer la rândul meu?".

Parcursul meu din utimii 15 ani mi-a oferit lecții cât pentru o viață întreagă. Am învățat că nu sunt singură în acest ocean numit viață, ci o mică plută legănându-se pe apă, ce încearcă să se mențină la suprafață. Am realizat că noi toți suntem asemenea unor plute și ne legănăm pe apa aceluiași ocean. Dar, în loc să plutim singuri, fiecare dintre noi îl ajută pe celălalt să se mențină la suprafață. Ne echilibrăm unii pe alții, ne acordăm ajutor unul celuilalt ca să ne menținem pe linia de plutire. Am învățat că, ajutându-i pe ceilalți, îmi hrănesc sufletul și, astfel, continui să mă vindec.

Cred că noi toți, indiferent dacă simțim sau nu că avem o datorie de plătit pentru viața miraculoasă pe care o avem, suntem aici doar pentru a ne ajuta reciproc să trăim o viață mai bună; iar atunci când ne deschidem inimile, auzim din ce în ce mai bine.

Nu știam ce să cred despre îngeri până în noaptea aceea, când am primit o vizită eterică, la Terapie Intensivă. Acum nu doar cred... Acum știu!

~ Cindy Charlton

62

Supă de pui pentru Suflet

Scurtătură în drumul spre liniștea sufletească

Vei întâlni mai mulți îngeri pe un drum șerpuit decât pe unul drept.
– Terri Guillemets

Ziua în care am decis să mă sinucid a fost ziua în care mi-am întâlnit îngerul păzitor. Era 4 iulie 1975; mama mă trimisese să-i cumpăr țigări de la magazinul alimentar, aflat la marginea orășelului din Louisiana în care locuiam. Eram o fetiță de 13 ani, cu o părere foarte proastă despre sine, ce căra în suflet cicatricile prea multor bătăi din partea unei mame ce purta ea însăși adevărate războaie cu propriii demoni.

Că am avut o copilărie neplăcută e puțin spus. La adolescență eram deja sătulă de certurile cu mama, sătulă să mă simt inutilă ca ființă umană și sătulă de viață, pur și simplu.

Drumul spre magazin a fost lipsit de incidente, dar, la întoarcere, am hotărât să încerc o scurtătură spre casă. Era o cărare de pământ, de-a lungul unui dig; acolo era un canal plin cu apă, destinat câmpurilor de orez din jurul orășelului meu.

Cu cât mergeam mai departe, cu atât mi se accentua depresia și mă gândeam doar la cât de mult îmi uram viața. Nu aveam voie să îmi fac prieteni, iar toți acei ani de izolare, bătăi și rele tratamente își luaseră birul. N-a durat mult și ochii mi s-au umplut de lacrimi, atunci când am ajuns la concluzia că singura mea scăpare din iadul în care trăiam acasă era să mă omor. Dar cum?

Brusc, mi s-a năzărit o idee - să intru în canal și să mă înec. Lumea nu avea să-mi simtă lipsa, iar eu n-aș mai fi fost nevoită să îndur abuzurile mamei. Gândul morții nici măcar nu mă speria. Mă gândeam la moarte ca la un somn din care nu mai trebuia să mă trezesc, la toată tristețea din viața mea.

M-am trezit mergând spre marginea apei, de parcă corpul avea propria sa conștiință. Suprafața era netedă și lucioasă ca sticla; dintr-odată, toate sunetele naturii parcă amuțiseră. Era prea liniște. De parcă lumea întreagă aștepta să vadă dacă îmi voi duce planul la bun sfârșit. Și atunci s-a întâmplat.

Chiar în momentul în care mă pregăteam să intru în apă, am simțit cum două mâini invizibile mă împingeau puternic, îndepărtându-mă de marginea canalului. Forța cu care am fost împinsă era atât de puternică, încât am zburat până în drum, aterizând pe pământ. Mi-a luat ceva timp să-mi recapăt răsuflarea și să-mi adun gândurile. Am început să cercetez împrejurimile, de parcă tocmai mă trezisem dintr-un vis. Fusesem singură pe acea cărare de pământ și nici atunci nu se întrezărea cineva. Cine mă împinsese? Cine mă împiedicase să-mi duc planul la bun sfârșit?

În acel moment, am simțit cum mă învăluia o senzație de pace; amintirea acelei zile mi-a rămas în minte. Viața mea de acasă a continuat să fie un calvar până la vârsta de 17 ani, când am plecat, dar după ziua aceea, parcă nu m-am mai simțit atât de singură. După ce am terminat liceul, m-am mutat și, de-a lungul timpului, pe vremea când îmi căutam un loc al meu, s-au mai ivit oportunități în care să simt prezența îngerului meu păzitor. De fiecare dată când așteptam cu disperare un semn de la Dumnezeu care să-mi confirme că nu mă uitase, că aveam un rost pe lume, îngerul meu venea și-mi reamintea că nu eram singură. Acum, încerc să comunic cu oamenii prin artele marțiale sau prin scrierile mele, în speranța că vorbele mele le vor aduce liniștea de care au nevoie în momentele dificile. Așa știu eu să mă recompensez față de îngerul meu păzitor, pentru că mi-a oferit a doua șansă la viață.

~ Donna L. Martin

63

Supă de pui pentru Suflet

Vei fi bine!

În toate necazurile lor, n-au fost fără ajutor și Îngerul care este înaintea Feței Lui i-a mântuit; El Însuși i-a răscumpărat, în dragostea și îndurarea Lui, și necurmat i-a sprijinit și i-a purtat în zilele din vechime.
– Isaia 63:9

Când am tras pe alee, mi-am dat seama că hotelul nu prea arăta ca-n pozele de pe site. Era difereașa ca de la cer la pământ între tencuiala din ghips de un roz pal pe care mă așteptam să o văd și nuanța de roz aprins pe care o remarci pe ambalajul de Pepto-Bismol. Accesul la piscină se făcea doar prin partea laterală a parcării, pe lângă tomberoanele mari, cu miros înțepător. Pe partea estică, clădirea era perete în perete cu un magazin de băutură aglomerat; un restaurant și o gogoșerie erau singurele opțiuni din apropiere pentru cei care voiau să servească masa. Dar camera fusese deja plătită și nu se acordau rambursări dacă se anula rezervarea.

Am parcat și am intrat în micul hol. Am observat că spațiul servea și ca zonă de luat micul dejun; mi-am spus în minte că mă puteam lipsi de prima masă a zilei. Atunci când administratorul, domnul Patel, și asistenta sa, Nila, m-au întâmpinat cu zâmbetul pe buze și ca o urare de bun-venit, mi-am reamintit că stăteam doar o noapte.

M-am întors în zona destinată afacerilor și distracției. Eram poetă și cântăreață; programasem o repetiție, urmată de o cină, în compania prietenilor din liceu. Iar a doua zi, după slujbă, înainte să plec înapoi spre casă, urma să merg la o întâlnire pentru organizarea unei pauze pentru doamne. Se anunța un program încărcat, ce nu prea îmi lăsa timp pentru altceva. După repetiție, cina a fost momentul de relaxare mult așteptat; am purtat conversații lungi, timp de ore întregi, apoi m-am văzut nevoită să mă întorc la hotel.

Dormisem puțin, așa că mi-a fost greu să mă despart de așternut duminică dimineața. Dacă nu mergeam la slujbă, câștigam două ore de somn și aveam timp să ajung și la întâlnire. Acest gând m-a ademenit spre vise dintre cele mai plăcute, până când bâzâitul continuu al alarmei m-a trezit la realitate. Aveam senzația că Tatăl Ceresc însuși îmi vorbea: „Trezește-te, fiica mea. Eu ți-am pregătit altceva pentru ziua de astăzi!" M-am grăbit să mă pregătesc; știam că voi întârzia dacă era trafic.

Când am pășit de pe bordura înaltă spre parcare, mi-am simțit glezna dreaptă cedând și apoi mișcându-se într-o poziție nefirească. Când am pus piciorul cu partea exterioară pe asfalt, am auzit un mare trosc! M-am uitat în jur, evaluând situația. Stăteam la 90 de grade față de un zid de peste trei metri, ce se întindea de la ușa de la intrare în hol până la fereastră.

Mi-am întins gâtul în ambele direcții. Nu mă vedea nimeni. Era prea devreme pentru curățenie, așa că ușile de la spălătorie ce se aflau în spatele și în stânga mea erau închise, iar restul oaspeților nu păreau să-și fi părăsit camerele.

Știam că oricine ar fi trecut prin parcare s-ar fi îndreptat fie spre hotel, fie spre magazinul de băutură, fie spre restaurant. Mai știam și că, indiferent care le era destinația, șoferii erau mereu pe fugă și mergeau cu o viteză ce depășea cu mult 8 km/h. Iar asta însemna că aveau puțin timp la dispoziție să evite impactul cu o persoană care stătea chiar în calea lor.

Nu erau mașini în fața magazinului de băutură, dar parcarea era ticsită de mulțimea ce ieșise la restaurant pentru micul dejun. Pentru că între cele două locuri era un gard viu destul de mare, nici acei oameni nu mă puteau vedea. Îmi închipuiam tot felul de lucruri, cum aveam să fiu turtită ca o clătită servită la restaurant, de exemplu.

Mi-am scuturat palmele roșii și scobite de bucățile de asfalt și am încercat să mă ridic de la pământ. Indiferent ce manevre făceam, îmi era imposibil să mă ridic mai mult de câțiva centimetri; chiar și cea mai mică presiune pe picior îmi provoca dureri înfiorătoare. Eram blocată.

Am încercat să strig:

– Domnule Patel! Nila! Mă aude cineva?

Liniște totală. Apoi, cu coada ochiului, am văzut-o pe ea. Până atunci, nici nu remarcasem cabina telefonică de lângă magazinul de băutură; chiar lângă ea, era o femeie solidă.

– Ești bine, dulceață? Vocea ei nu era nici pe departe la fel de dulce ca alintul pe care mi-l adresase; din contră, era gravă și aspră. Am privit-o fix, pe măsură ce s-a apropiat și am reușit să o văd mai bine. Era îmbrăcată cu blugi bărbătești, un tricou negru cu guler rotund și o vestă din denim. Avea două lanțuri de mărimi diferite, agățate de două găici ale curelei de la pantaloni, iar bocancii Doc Martens pe care îi purta scoteau un sunet greoi, amenințător. O bandană colorată în alb și albastru îi acoperea majoritatea dread-urilor scurte, ce-i confereau un aer aspru. Mă mândream cu faptul că mă simțeam confortabil în preajma străinilor, dar trebuie să recunosc că eram circumspectă la adresa acelei femei.

– Ești bine, dulceață? Ai nevoie de ajutor? m-a întrebat ea din nou.

– Am căzut și nu pot să mă ridic!

Când mi-am auzit propriile cuvinte, mi-am amintit de o reclamă cunoscută; am chicotit și tensiunea s-a mai diminuat. În secunda următoare, femeia era lângă mine. Îi vedeam tatuajele ce-i acopereau pielea. A vorbit din nou:

– Crezi că te poți ridica?

– Am încercat, dar mă doare prea tare piciorul, i-am răspuns.

Mi-a dat mâna și, după o ușoară ezitare, m-am întins să i-o prind. Am fost surprinsă de forța și totodată de blândețea cu care m-a strâns; mai mult decât atât, parcă m-a ridicat fără pic de efort. Am încercat să-mi țin echilibrul, dar durerea pe care o simțeam în picior era insuportabilă.

– Poți să mergi?

– Nu sunt sigură.

A continuat să mă țină de mână când m-am aplecat să arunc o privire la extremitatea umflată și vânătă. M-am ridicat și mi-am scuturat praful și nisipul de pe pantalonii largi.

– Vei fi bine!

Atunci am realizat că nu-mi mai ținea mâna; m-am uitat în sus, așteptându-mă să o văd în fața mea. Dar nu mai era acolo. Nu doar că nu mai era lângă mine, dar nu o mai vedeam deloc. Dispăruse. Nu exista nicio explicație; mă rog, poate una singură: nu aveam nicio îndoială că fusesem vizitată de un înger salvator. Chiar atunci când mi-a trecut acest gând prin minte, o mașină a virat de după colț. Știam că fusesem salvată de la o accidentare gravă, poate chiar de la moarte.

Cumva, am reușit să ajung la mașină, șchiopătând. Mi-am urmat planul și am mers la biserică, apoi, la întâlnire și după aceea chiar am condus două ore până acasă. De fiecare dată când simțeam durere, îmi reveneau în minte cuvintele ei: „Vei fi bine!".

Abia a doua zi după-amiază am reușit să ajung la medic. După un control prealabil, și-a rugat asistenta să îmi facă câteva radiografii. În scurt timp, a revenit în cabinet și a examinat radiografiile.

- Nu înțeleg. Ai o bucată de os în formă de V care este total deplasată. N-ar trebui să poți pune deloc presiune pe acel picior. Cum Dumnezeu ai reușit să vii pe picioare, singură, până aici?

Am zâmbit și, fără să îmi pese cum avea să sune ce urma să spun, am rostit:

- Să vă povestesc despre îngerul meu!

~ Sandy Lynn Moffett

64

Supă de pui pentru Suflet

Asistentul Marelui Medic

Dar te voi vindeca și îți voi lega rănile, zice Domnul.
– Ieremia 30:17

La 34 de ani mi-am descoperit un nodul la sânul drept. Era tare, imobil și nu mă durea. Deși fusesem la un control cu doar șase luni înainte, corpul străin părea să fie mai mare decât un bob de mazăre.

A doua zi trecusem pe modul de apărare. Străbunica mea a murit la 104 ani. Bunica avea o sănătate de fier la cei 87 de ani ai săi. Mama nu luase o rețetă de la farmacie în toată viața ei și n-am văzut-o epuizată nici după zile întregi petrecute în căutarea de antichități. M-am gândit, deci, că treaba cu nodulul era ceva lipsit de importanță.

Am sunat la birou și am anunțat că întârziam. Am verificat de două ori să fiu sigură că am cardul de asigurare în portofel. M-am îmbrăcat tacticoasă și apoi m-am așezat, așteptând, cu ochii pe ceas, să se facă ora la care medicul meu deschidea cabinetul. La ora 8:01, am sunat.

Când i-am spus medicului ce descoperisem, acesta a încercat să mă liniștească:

- Nu ai cazuri de cancer la sân în familie și ești prea tânără. Sigur nu-i nimic!

Am mers la cabinet și medicul a examinat zona.

- Hm! Hai să facem o radiografie, bine?

Mi-a scos fișa și a notat ceva.

- Cel mai probabil e benign. Te pun eu pe picioare!

24 de ore mai târziu, radiografiile erau gata. Imediat după bipăitul aparatului, tehnicianul a anunțat că urma să revină în câteva minute. Când s-a întors, mi-a spus:

- M-am consultat cu medicul tău și am fost de acord amândoi că ar trebui să faci o ecografie.

- O ecografie? Cum sunt cele pe care le fac femeile însărcinate? am spus eu confuză.

- Da, ceva asemănător. Dar tu vei face o ecografie în zona pieptului.

Până m-am îmbrăcat, aveam deja în mână adresa unde trebuia să ajung pentru ecografie. Totul se întâmplase prea repede. Faptul că obținusem o programare atât de rapid însemna că era ceva urgent, nu? Iar în mintea mea, asta îmi confirma temerile. Aveam cancer.

Simțeam lubrifiantul rece pe piele. Tremuram; am rugat-o pe tehniciană să îndrepte monitorul spre mine în timpul procedurii, ca să pot arunca și eu o privire. Poate că n-ar fi trebuit să fac asta.

Pata aceea neagră semăna cu o caisă mucegăită.

Tehniciana m-a anunțat că urma să trimită rezultatele medicului. Când am părăsit cabinetul, eram ca amorțită. Rememoram tot ce auzisem. Am închis portiera mașinii și am izbucnit în lacrimi. Mâinile îmi tremurau; le-am strâns ca pentru rugăciune. A durat câteva minute până să fiu capabilă să conduc în siguranță.

În noaptea aceea, eu și soțul meu am stat îmbrățișați și am vorbit despre diagnosticul pe care îl așteptam.

- Poate că nu e! Nici el nu voia să rostească cuvântul acela; încerca să pară încrezător.

- Păi, dacă e, trebuie să te grăbești să cumperi biletele acelea la concert, pe care mi le-ai promis de ani de zile.

S-a făcut atât de liniște, că ne puteam auzi gândurile. Se făcea că nu înțelege. Apoi, am râs amândoi. Nu conta care era diagnosticul, nu dorea cu niciun chip să-l vadă pe Barry Manilow în concert.

A doua zi, am fost programată pentru biopsie.

- Numără descrescător de la zece, te rog. Anestezistul se uita la un aparat care bâzâia deasupra capului meu.

- Zece... nouă... opt...

La un moment dat, am auzit în stânga mea vocea unul bărbat.

- E malign. Dar vei fi bine!

Mi-am întors capul și am văzut un domn înalt. Avea părul strălucitor și asortat la albul îmbrăcămintei pe care o purta. Arăta de parcă fusese scufundat în înălbitor. Nu era medicul meu și nici anestezistul pe care îl cunoscusem înainte să-mi pierd cunoștința. Un alt medic? Un asistent? Nu conta.

I-am zâmbit și mi-a răspuns cu același gest. Expresia lui calmă m-a făcut să îl cred. M-a liniștit.

Următorul lucru pe care mi-l amintesc este că stăteam aplecată peste un vas, după ce vomitasem în sala de recuperare. Anestezia are întotdeauna niște efecte speciale asupra mea. În ciuda problemelor pe care le aveam cu stomacul, eu fredonam.

Am părăsit clinica, dar starea de euforie nu părea că voia să se despartă de mine. Chiar râdeam când i-am spus soțului că era musai să cumpere biletele la Barry Manilow. Sporovăiam eu și pentru el.

Când am intrat în casă, a sunat telefonul. I-am recunoscut vocea medicului, așa că am dat telefonul pe difuzor.

- Gail, trebuie să vorbim. Soțul tău e cu tine?

- Ce facem în continuare? am început eu, deoarece nu voiam să insist prea mult pe subiect.

Tăcerea care se așternuse la celălalt capăt al firului m-a îngrijorat și mai tare. Era prea grav ca să poată fi tratat?

- În primul rând, trebuie să îți comunic diagnosticul.

- Ah, mi l-a spus domnul acela, în timpul biopsiei, am răspuns.

A urmat o pauză și mai mare.

- Gail, n-am apucat să ți-l comunic, pentru că dormeai profund. Anestezia a fost foarte puternică, a chicotit medicul.

- Mă rog, nu știu cine era, dar am auzit pe cineva în stânga mea; era un domn mai în vârstă care mi-a spus că este malign, dar că voi fi bine.

- Gail, nu era nimeni în stânga ta. Noi stăteam în dreapta ta. Iar eu nu am spus nimic, după ce am concluzionat că sunt celule maligne.

Mi s-a părut ciudat. Deși el a continuat să îmi vorbească despre planul de tratament, eu mă gândeam la vizitatorul meu necunoscut.

Imediat ce am închis telefonul, soțul meu m-a apucat de mâini și mi-a spus:

- Ce ciudat! Aveai un zâmbet curios atunci când mi-ai spus că e malign. M-am gândit că erai încă amețită de la anestezie. Acum mă întreb dacă nu cumva vizitatorul tău surpriză te ameţise.

- Mă simt atât de liniştită în legătură cu tot. Dumnezeu mi-a trimis un înger!

Ne-am îmbrăţişat.

- Mi-a spus că voi fi bine. Şi ştii ceva? Îl cred.

Am continuat să povestim despre experienţa pe care o trăisem şi i-am mulţumit amândoi lui Dumnezeu pentru mesagerul trimis. M-a cuprins o senzaţie de calm, de parcă m-aş fi cufundat într-o pilotă pufoasă; sentimentul acesta l-am avut pe tot parcursul acelui an de analize şi tratamente.

Au trecut 15 ani de atunci şi rareori mă gândesc la acea perioadă grea; însă darul primit de la asistentul Marelui Medic mi-a rămas în inimă.

~ Gail Molsbee Morris

65

Supă de pui pentru Suflet

Îngerul cu jachetă verde și strălucitoare

Îngerii ce coboară aduc din bolte înalte
Ale milei ecouri, ale dragostei șoapte.
– Fanny J. Crosby

Simțeam încă toropeala ultimelor zile de vară, în timp ce-mi ajutam soțul să intre în răcoroasa sală de așteptare. Rog, care în urmă cu doar câteva zile suferise o operație importantă de corectare a stenozei spinale, abia dacă se putea ține de mine; era atât de slăbit, că nici nu reușea să stea în picioare. Mă uitam cu disperare după cineva care să mă ajute, dar nu vedeam pe nimeni din personalul spitalului în apropiere. Tocmai când să încerc să-l așez pe soțul meu pe un scaun, în cealaltă parte a camerei, o femeie micuță (eu am 1,58 m, iar femeia aceea nu avea mai mult de 1,30m) a apărut dintr-odată lângă mine.

- Rămân eu cu el, mi-a spus. Mergi să cauți un scaun cu rotile.

Ceva în ochii ei negri și calzi îmi spunea că puteam avea încredere să-l las cu ea. Am mers în grabă afară, unde văzusem câteva scaune cu rotile, parcate la intrare. M-am întors în sala de așteptare și am poziționat cu pricepere scaunul în spatele soțului meu, blocând roțile chiar în momentul în care picioarele lui au cedat.

- Mulțumesc mult pentru ajutor, am spus, uitându-mă adânc în ochii aceia minunați.

Femeia mi-a zâmbit, apoi s-a înclinat și i-a sărutat obrazul soțului meu, șoptindu-i ceva la ureche. Eu tocmai ce mă aplecasem să poziționez suportul pentru sprijinirea tălpilor. Până să mă ridic, ea deja dispăruse.

- Unde este? l-am întrebat pe Rog. Mă privea contrariat. M-am uitat repede în toată sala, apoi spre ușă, deși știam că nu se deschisese, pentru că de fiecare dată când intra sau ieșea cineva, o boare de aer fierbinte pătrundea înăuntru. Plus că nu auzisem zgomot de pași. Femeia purta tocuri, care ar fi trebuit să facă ceva gălăgie.

- Nu se poate să fi dispărut pur și simplu, am spus în timp ce-l împingeam pe Rog spre cabinetul medicului. Ce ciudat!

- Mda! a consimțit Rog. Poate că era un înger.

În momentul acela stăteam amândoi pe scaune, așteptând ca medicul să-l examineze pe Rog. L-am privit pe soțul meu drag și, da, ceva se schimbase. Chipul îi era parcă mai puțin chinuit de griji, iar în ochi nu i se mai citea teama.

- Ce te face să crezi asta? l-am întrebat. Rog nu era genul de om care să facă astfel de afirmații. Mi-am dat seama că vorbea serios.

- Știi ce mi-a șoptit la ureche? Mi-a spus: „Nu-ți face griji. Totul va fi bine!". Pur și simplu, m-a liniștit. Nu pot să-ți descriu în cuvinte.

Starea lui Rog s-a înrăutățit drastic, înainte să se îmbunătățească. Prima operație n-a reușit. Cu toate acestea, printr-o serie de împrejurări favorabile, pe care nu pot să le numesc altfel decât miracole, l-am întâlnit pe chirurgul principal, specializat în afecțiuni de tipul celei de care suferea Rog; acesta nu doar că i-a salvat viața soțului meu, dar ne-a redat și încrederea în sistemul medical.

Cât despre femeia aceea micuță - am întrebat mai multe persoane care se aflau atunci în sala de așteptare dacă o văzuseră. Ei bine, nimeni n-o văzuse, ceea ce mi s-a părut ciudat, pentru că, deși era minionă, avea un păr negru și lung, ce-i trecea de linia mijlocului și cea mai strălucitoare jachetă verde pe care o văzusem vreodată. Ar fi ieșit în evidență chiar și-n mijlocul unei mulțimi de oameni!

La câteva săptămâni după operația lui finală, Rog și-a ridicat privirea spre mine (lucru pe care nu reușise să-l mai facă de mult timp).

- Știi, mi-a spus zâmbind, tocmai ce mi-am amintit - verdele este culoarea vindecării. Vezi, chiar era un înger!

~ Linda M. Rhinehart Neas

66

Supă de pui pentru Suflet

Îngerul de la cafenea

Tot așa, vă spun că este bucurie înaintea îngerilor lui Dumnezeu...
– Luca 15:10

Ziua începuse bine. Soțul meu era la serviciu, iar fiica mea, Sarah, ursuză din fire, era neobișnuit de tăcută și mulțumită. Se născuse în urmă cu un an și jumătate. Adaptarea la noul statut de mamă casnică fusese dificilă, dar trecusem peste acest hop. Cu toate acestea, eram neliniștită.

De ceva vreme observasem ceva schimbat la Sarah. Crizele de plâns continuu timp de ore întregi erau primul semn de întrebare. Faptul că se împotrivea atunci când o luam în brațe sau când încercam un contact vizual îmi trezea de asemenea suspiciuni. Am făcut nenumărate vizite la Spitalul pentru copii în toiul nopții; toate se încheiau cu un singur diagnostic: medici nepăsători de la Urgențe ce mă priveau nedumeriți sau care ridicau din umeri, spunându-mi fără drept de apel: „Este bine. E doar o problemă comportamentală."

Apoi, într-o miercuri, am mers la un centru medical local unde obișnuiam să participăm la sesiuni de discuții despre copii. Acolo, se întâlneau de obicei femeile și discutau, în timp ce copiii sub 2 ani se jucau în voie pe podea.

Asistenta care organiza întâlnirile la centru m-a tras deoparte și mi-a recomandat să merg cu Sarah la un specialist în tulburări de dezvoltare.

– Manifestă semne de autism, mi-a spus cu blândețe. Nu sunt medic, de aceea nu pot să afirm asta cu siguranță, dar poate că ar fi bine să mergeți la un specialist.

Atunci când am izbucnit în lacrimi, asistenta m-a îmbrățișat. Deși sună ciudat, m-am simțit ușurată. Mai observase cineva. Nu mi se păruse mie. Așa că nu-mi rămânea altceva de făcut decât să fac tot ce-mi stătea în putință să-mi ajut familia și fiica să depășească un posibil diagnostic de autism.

Cu toate acele gânduri în minte, m-am hotărât să o pun pe Sarah în căruț și să ies la o plimbare până la cafeneaua din cartier. Păsările ciripeau și soarele era sus pe cer – erau întrunite toate condițiile pentru un început siropos de roman cu final fericit sau de comedie romantică.

Și apoi au început plânsetele, cu care de altfel eram obișnuită. Am încercat toate metodele posibile – i-am dat un biberon, am plimbat-o, am legănat-o, i-am cântat – nu se oprea, și pace. Îmi era și mai greu din pricina oamenilor – aceia care nu fac altceva decât să șușotească și să se holbeze. Îi cunoaștem cu toții.

Se vedea pe fața lor că mă blamau. Aproape că le citeam gândurile și știam că se întrebau ce fel de mamă eram: „De ce este copilul atât de răutăcios? De ce n-o potolește?".

Surâsurile lor fățarnice și privirile reci mă dureau profund, dar îi înțelegeam. Înainte să am propriul copil și eu reacționam exact ca ei. Îmi aminteam perfect un incident petrecut într-o parcare mică atunci când am surprins o mamă negociind cu fiul ei și implorându-l să urce în mașină ca să poată pleca spre casă. Îmi aminteam cum am dat eu atunci din cap gândind: „Ridică-l și pune-l în mașină!".

De data aceasta, eram de cealaltă parte a privirilor critice. Eu eram mama agitată care se abținea să nu plângă, rugându-se de propriul copil și încercând în toate felurile posibile să îi potolesc comportamentul irațional. De data aceea, eu, care până atunci nu reușisem să înțeleg acele mame, mă rugam printre lacrimi pentru înțelegere.

Stăteam neputincioasă la intrarea în cafenea, neștiind ce să fac. Faptul că stăteam pe loc o făcea să plângă. Dacă mișcam căruțul, plângea și mai tare. Dacă încercam să o iau în brațe, țipa. Mă blocasem - de frustrare, de nesiguranță, de epuizare. Evitam privirile oamenilor pentru că deja nu-mi mai puteam stăpâni plânsul.

Apoi, brusc, am simțit pe cineva în spatele meu. M-am întors și am văzut zâmbetul prietenos și ochii blânzi ai unei femei. Purta uniforma de la cafenea. Pe ecusonul ei scria „Joy".

- Ia-l, ai nevoie de el mai mult decât mine, mi-a spus, în timp ce-mi înmâna un card de fidelitate de la cafenea. M-am uitat la cardul cadou din mâinile mele. Nu puteam să accept! Am protestat, dar nici n-a vrut să audă. Angajații primesc un astfel de card în fiecare lună drept bonus, așa că nu-ți face griji pentru costuri. I-am mulțumit din suflet. A gângurit către Sarah care, în mod miraculos, se oprise din plâns.

M-am uitat în sus spre ea și i-am simțit mâna pe umăr. Mi-a zâmbit.

- Rezistă, mi-a șoptit, înainte să meargă să debaraseze câteva mese.

Profitând de faptul că Sarah în sfârșit tăcuse, m-am grăbit spre tejghea ca să-mi comand o binemeritată cafea și o gogoașă. Am împărțit dulcele cu fiica mea, bucurându-mă de atenta ei examinare a bucăților de gogoașă pe care i le pusesem pe tăvița căruciorului.

Am avut 30 de minute de binecuvântată relaxare. Sarah adormise după un biberon și mă relaxasem atât de tare, că mai aveam puțin și ațipeam și eu. Fără nicio tragere de inimă, m-am ridicat de la masă, am aruncat gunoiul pe care-l făcusem și am aruncat o privire în jur după îngerul meu cu cafea. Nu o zăream nicăieri.

Am apucat căruțul și am mers la tejghea, întrebând unde o puteam găsi pe Joy. Tânăra de pe cealaltă parte a tejghelei s-a încruntat, confuză:

- Aici nu lucrează nimeni cu numele acesta.

Am contrazis-o, dar ea continua să dea din cap că nu. Habar nu avea despre cine vorbeam.

Am vizitat de multe ori cafeneaua în ultimii ani, dar nu am revăzut-o pe acea femeie niciodată. La puțin timp după ziua aceea, Sarah a primit diagnosticul de autism. Atunci când am o zi stresantă, când mă simt pierdută sau copleșită, mă gândesc la Joy - la puterea și sprijinul pe care mi le-a acordat. Cred, din suflet, că cineva ne veghează, pe mine și pe fiica mea; și mai știu că nu suntem niciodată singure.

~ Christine Pincombe-DeCaen

67

Supă de pui pentru Suflet

Un kilogram de intervenție divină

Îngerii ne aduc destinul la ușă sau oriunde este nevoie.
– Jessi Lane Adams

A fost o vreme în care credeam în coincidențe. Dar asta se întâmpla înainte să-mi întâlnesc sufletul-pereche patruped. Acum, sunt sigură că e ceva mai mult de atât, care descurcă ițele prin univers. A mai fost și o vreme în care mă enervau oamenii ce-și tratau animalele de companie ca pe ființe egale lor. Dar asta până să mi se întâmple și mie exact același lucru.

Tocmai ce fusesem condamnată la moarte. La 45 de ani, un virus oarecare îmi atacase inima și o lăsase funcțională într-o proporție de doar 13%. Pur și simplu. Într-o zi eram activă, munceam și-mi creșteam copiii; o săptămână mai târziu eram împinsă într-un scaun cu rotile către spital, apoi urcată în mașină și trimisă acasă să mor în pace. Ceea ce s-a întâmplat în săptămâna aceea rămâne un mister pentru mine.

Eram incapabilă să fac și strictul necesar pentru traiul de zi cu zi, așa că îmi petreceam timpul uitându-mă la fețe drăgute de cățeluși de pe diverse site-uri pentru adopții de animale de companie. O contradicție în sine... Cineva care ar fi trebuit să-și lase lucrurile în ordine înainte să moară își umplea timpul rămas uitându-se și visând să devină stăpâna unui blănos plin de viață, mic, care scheuna și lătra toată ziua. Chiar și eu, eterna optimistă, știam că era cea mai ridicolă idee pe care o avusesem vreodată. Dar, până la urmă, nu făceam niciun rău nimănui. Acest lucru îmi umplea zilele și îmi dădea speranță; devenise o adevărată obsesie, într-un moment în care nu-mi mai rămăsese nimic altceva.

Zilele treceau, iar rezultatele analizelor rămâneau sumbre. Nu exista nicio ameliorare. Și, cu toate acestea, eram încă acolo. Nici moartă, nici vie, cumva la jumătatea drumului. Apoi, într-o zi, am primit un e-mail neașteptat de la o femeie care pretindea că avea exact cățelul pe care-l căutam. Cum? Ce cățel? Nu făcusem nicio cerere pentru niciun cățel (poate doar în mintea mea). Mă uitasem numai „în vitrină"! Mi-a spus că urma să vină la o adresă în apropierea casei mele chiar în sâmbăta aceea și mă ruga să trec pe acolo.

Deși deloc convins că luase cea mai bună decizie, soțul meu m-a dus cu mașina în acel loc misterios. Am gâfâit și-am pufăit tot drumul de la alee până în curte; acolo, cățeluși de toate mărimile, formele și culorile alergau dezinvolți. Oameni veneau și plecau repede cu „seturi pentru îngrijirea cățeilor" și noile achiziții. Eu eram încă mută de uimire - nu-mi venea să cred că eram acolo, pentru ce ajunsesem acolo.

Curând, toți cățeii au mers spre noile lor case; s-a lăsat liniștea și curtea s-a golit; atunci, femeia s-a întors către mine.

- Te pot ajuta?

Din scurta noastră conversație, mi-am dat seama că nu avea nici cea mai mică idee despre e-mailul pe care îl primisem. Mă simțeam prost și chiar deprimată; am luat-o înapoi pe alee. Fix în momentul acela, o doamnă respectabilă, ce purta un șorț înflorat, a ieșit din casă și a mers în curte. I-am zâmbit din mers și cu coada ochoului am observat un cap flocos, alb cu negru și un nas negru, curios să vadă ce se petrecea. Eram contrariată. Când m-am apropiat, ghemotocul acela mic, băgăcios și zdrențuros aproape că mi-a sărit în brațe. Dacă aș fi murit atunci, aș fi murit fericită.

Dar entuziasmul meu a fost brusc curmat atunci când femeia m-a întrebat:

- Nu vrei cățelușa aceasta? Are o problemă gravă la inimă și nu mai are mult de trăit.

Poftim? Spusese ce credeam eu că spusese? Probleme cu inima? Bingo! Noul meu „copilaș" era deja în brațele mele, oferindu-mi pupici peste pupici.

După o serie de avertismente și tentative de a mă determina să mă răzgândesc, eu și noua mea cățelușă ne-am îndreptat spre mașină ca să-i dăm vestea următorului individ care-l avea pe „nu" în brațe. După ce a țopăit de pe un loc pe altul până în brațele soțului meu, n-a mai fost nevoie să duc muncă de lămurire. A noastră era. Așa că am mers spre casă. Spre casa noastră, ce nu avea să mai fie vreodată la fel.

Și, cum se spune, restul e istorie. Și încă este. Totul se întâmpla acum zece ani. De atunci, eu și Jasmine n-am petrecut nici măcar o zi departe una de cealaltă. Medicul veterinar nu i-a găsit nicio problemă la inimă, iar rezultatele analizelor mele au început să fie din ce în ce mai bune, din ziua în care am adus-o acasă pe Jasmine. Zece ani mai târziu, tot aici sunt.

Deci, da, cred în destin, în intervenții divine și-n câte și mai câte.

În coincidențe, însă... nu prea.

~ J.P. Jackson

68

Supă de pui pentru Suflet

Noaptea în care a venit îngerul meu

Rugăciunea făcută cu credință va mântui pe cel bolnav
și Domnul îl va însănătoși.
– Iacov 5:15

Stăteam în picioare în sala de așteptare a medicului meu. Și asta pentru că, dacă m-aș fi așezat, nu m-aș mai fi putut ridica. Jumătate de oră îi luase prietenei mele Joann să mă ajute să ies din mașină. Ceilalți pacienți mă priveau cu milă.

În scurt timp a venit o asistentă care m-a condus în cabinetul doctorului; acesta stătea la biroul său cu fișa și rezultatele analizelor mele în față. Avea o expresie gravă pe chip și mi-am dat seama că urma să primesc vești proaste.

A oftat și s-a uitat în sus spre mine; m-a salutat, iar asistenta m-a ajutat să mă așez. A trecut direct la subiect. Diagnosticul era crunt. Aveam hernii de disc la coloană și gât. Dacă nu mă operam, în șase luni ajungeam într-un scaun cu rotile, paralizată. Lumea mea se năruise.

Eram năucă; Joann m-a condus înapoi la clinică în liniște. Ce să fac? Nu era o simplă operație și, după spusele medicului, nici reușita nu era garantată; dar fără operație paralizam.

Eram o mamă singură cu doi fii și director adjunct într-un program rezidențial pentru copii cu deficiențe mintale. Avusesem un accident ciudat în timpul unei călătorii misionare în Jamaica, în urma căruia am rămas infirmă și cu dureri înfiorătoare de spate și gât, plus sciatică. După luni întregi de tratament, repaus la pat, medicamentație și fizioterapie, medicul mi-a dat un ultimatum. A fost un șoc, dar, înainte să iau orice fel de decizie, m-am hotărât să merg acasă să mă rog.

Zilele treceau fără mari schimbări ale stării mele. Abia mă descurcam, dar am reușit cumva să îmi îndeplinesc îndatoririle la serviciu, cu mult ajutor din partea colegilor. Ajunsesem la concluzia că operația era necesară, dar cumva nu reușeam să mă programez.

Într-o dimineață, după ce m-am chinuit o oră să mă dau jos din pat, mi-am spus că era cazul să dau acel telefon pe care-l tot amânam și asta înainte să paralizez. Am început să formez numărul. Inima mi-o luase la trap și palmele îmi transpiraseră. Mi s-a părut ceva normal, dar am închis. Pur și simplu, n-am putut să merg până la capăt.

Nu-mi amintesc dacă s-a întâmplat în noaptea aceea sau la câteva nopți după, când m-am dus la culcare ceva mai devreme, încercând să mai scap puțin de dureri. Brusc, m-am trezit dintr-un somn adânc. Era întuneric în dormitor, iar ușa era închisă, dar la piciorul patului se întrezărea o lumină a cărei intensitate creștea progresiv. M-am uitat spre fereastră, însă și afară era întuneric. Colțul camerei mele se lumina din ce în ce mai tare până când am reușit să disting imaginea unui înger, așezat la piciorul patului. Era un înger înalt - deși stătea jos, capul îi ajungea aproape de tavan. Lumina devenise atât de puternică, încât întreaga cameră strălucea.

Priveam cu ochii întredeschiși și mă întrebam dacă nu cumva visam. M-am uitat în jur ca să mă asigur că nu aveam vedenii. Îngerul n-a scos un cuvânt, dar, cu toate acestea, mă cuprinsese o senzație de liniște și o stare de bine. Prezența îngerului m-a încredințat că totul avea să fie bine. Deși nu primisem niciun răspuns la întrebările mele, toate fricile mele se risipiseră.

Nu știu cât a durat vizita cu pricina, însă la un moment dat îngerul a dispărut pur și simplu și camera s-a întunecat. Nu mai simțeam pic de confuzie sau teamă.

A doua zi și în lunile ce au urmat, m-am confruntat în continuare cu dureri și cu mobilitate redusă. Dar m-am decis să nu fac operația. Eram pregătită să fac față unei eventuale paralizii. Știam că nu eram singură. Un înger mă veghea, iar eu eram împăcată cu viitorul meu.

A venit și ziua în care mi-am dat seama că durerile mele erau din ce în ce mai suportabile. Nu mai aveam nevoie de baston atunci când mergeam. Totul s-a întâmplat treptat, iar în cele din urmă a dispărut orice urmă de durere și eu eram complet refăcută.

Am trăit această experiență în urmă cu 30 de ani, iar boala nu a recidivat niciodată. Sunt sigură că îngerul meu încă mă veghează.

~ **Penny Smith**

69

Supă de pui pentru Suflet

Străinul

Să nu dați uitării primirea de oaspeți, căci unii, prin ea, au găzduit, fără să știe, pe îngeri.
– Evrei 13:2

- Crezi în îngeri? l-am întrebat pe Bunu într-o zi, când eram doar noi doi.

- Păi, mi-a răspuns, stai jos să-ți spun o poveste. Am zbughit-o lângă el și m-am așezat în balansoarul de pe verandă, iar el a început să-mi spună povești din copilăria lui.

- Erau vremuri grele atunci, mi-a spus. Oamenii nu aveam mare lucru. Părinții mei munceau din greu la moară ca să mă îngrijească pe mine, pe frații și surorile mele. Mâncarea era puțină, dar cumva făceam în așa fel încât să ne ajungă.

Într-o zi, fratele meu Jim s-a îmbolnăvit foarte tare. Tremura tot, dar când l-am atins era atât de fierbinte, de parcă stătuse toată dimineața lângă cuptorul încins. Mama a chemat medicul care a sosit numaidecât la noi acasă și i-a spus să-i dea un medicament de două ori pe zi și să se asigure că se odihnește suficient; apoi a precizat că va reveni în următoarea dimineață pentru consult.

- Ce s-a întâmplat? am întrebat.

- Ei bine, când medicul a revenit a doua zi, a spus că starea lui Jim se înrăutățise. Iar în zilele ce au urmat, i-a fost din ce în ce mai rău. Nu putea mânca și în cele din urmă era atât de slăbit, că nici nu se mai putea ridica din pat. Într-un final, după ce l-a consultat într-o zi, medicul i-a spus mamei că Jim contractase un virus rar și nu mai era nimic de făcut pentru el. A ajutat-o pe mama să-i facă un pat lui Jim în bucătărie, lângă cuptor, pentru ca acesta să stea cât mai confortabil și la căldură.

- Of, nu, m-am lamentat. Și mama ta ce-a făcut atunci?

- L-a trimis pe fratele meu la moară să-l cheme pe tata și apoi s-a apucat să pregătească cina. A făcut turte de mălai și a încălzit niște lapte. Cât am stat să-i așteptăm pe tata și pe fratele meu, cineva a ciocănit la ușă. Crezând că este tata, m-am grăbit să deschid; dar în ușă stătea un bărbat înalt și slab pe care nu-l mai văzusem niciodată. Avea hainele murdare și o traistă mică în mână. Mama a venit în spatele meu și a întrebat dacă îl poate ajuta cu ceva. Vezi tu, pentru că aveam moară în oraș, erau mereu oameni ce treceau prin zonă. Traversau calea ferată și mergeau din loc în loc să caute de muncă. Se răspândise vorba că părinții mei erau oameni generoși, așa că eram obișnuiți cu străini care veneau să ceară de mâncare. Dialogul a continuat:

- Da, doamnă, a răspuns străinul. Mă întrebam dacă nu cumva mă puteți ajuta cu ceva de mâncare!

- Păi, a răspuns mama, nu avem mare lucru, dar găsim ceva cât să vă încălziți oasele. Intrați!

În timp ce mama îi pregătea ceva de mâncare, străinul

s-a uitat în treacăt spre Jim, care stătea în patul de lângă cuptor.

- Este băiatul dumneavoastră? a întrebat.

- Da, a răspuns mama mea cu lacrimi în ochi. Este foarte bolnav și mediul spune că nu va supraviețui.

- Vă deranjează dacă îl iau de mână și mă rog? a întrebat străinul.

- Deloc, a răspuns mama. Străinul a îngenuncheat lângă Jim și și-a pus o mână murdară și plină de bătături pe fruntea lui Jim, în timp ce cu cealaltă i-a atins mâinile. A închis ochii și a mormăit ceva ce n-am reușit să deslușesc. M-am uitat spre mama, ce părea că se roagă și ea alături de străin. Își lăsase capul în jos, avea ochii închiși și lacrimile îi șiroiau pe obraji. Am luat-o de mână, iar ea mi-a strâns mâna întra ei. După ce s-a rugat pentru fratele meu, străinul a băut laptele cald și a mâncat turta de mălai, i-a mulțumit mamei pentru generozitate și a plecat. A doua zi dimineață, Jim se trezise și-l fugărea pe fratele meu mai mare, implorând-o pe mama să-l lase afară. Când medicul a sosit să-l examineze pe Jim, părea să fie ușor confuz.

- Ce i-ați dat acestui copil? a întrebat-o pe mama. N-am mai pomenit așa ceva. Boala lui nu mai există... parcă s-a evaporat!

- Mulțumesc, Iisuse! a exclamat mama.

Deși l-am căutat pe străinul înalt care se rugase pentru Jim, nu l-am găsit niciodată. Mama spunea că cel mai probabil era un înger. Ne-a povestit că uneori Dumnezeu ne trimite oameni în cale ca să ne testeze. Și că în Biblie, Dumnezeu spune: „Căci Mi-a fost foame și Mi-ați dat să mănânc, Mi-a fost sete și Mi-ați dat să beau, am fost străin și M-ați primit între voi... Iar Împăratul le va răspunde: Adevărat vă spun că, ori de câte ori ați făcut așa unora dintre cei mai neînsemnați dintre acești frați ai Mei, Mie Mi-ați făcut!".

Bunu s-a aplecat spre mine și mi-a șoptit:

- Acum, eu nu știu sigur dacă străinul acela era într-adevăr un înger sau nu, dar pot să-ți spun atât...

- Ce anume? am întrebat.

- Ar trebui să-i ajutăm pe cei în nevoie mereu. Pentru că nu știi niciodată...

~ Christy Westbrook

70

Supă de pui pentru Suflet

O mângâiere

Inima crește prin rugăciune, până ce va fi capabilă să cuprindă darul lui Dumnezeu: pe El însuși.
– Maica Tereza

Eram în cel mai de jos punct al existenței mele. După destrămarea căsniciei, eu și copiii mei ne-am mutat din singura casă pe care ei o știau. Nici nu apucaserăm să despachetăm tot, când am primit telefonul care avea să ne schimbe și mai mult viețile. Casa celei mai bune prietene a mea arsese până în temelie în dimineața aceea; cei trei fii ai ei și trei nepoate, care dormeau încă în momentul declanșării incendiului, pieriseră. Locuiau într-o casă mobilă mai veche, amplasată pe o proprietate frumoasă, la munte, unde plănuiau să-și ridice o casă. Sora și cumnatul ei erau afară, munceau în grădină când a luat foc totul; iar prietena mea își ducea soțul la serviciu. Vechea casă a ars atât de repede, încât n-au reușit să mai salveze copiii.

După o călătorie de șase ore, am ajuns la ea, împreună cu o altă prietenă. Nu există cuvinte de consolare pentru durerea provocată de o asemenea pierdere. Tot ce am putut să fac a fost să-i fiu aproape, să o ascult, să mă rog alături de ea și să o sprijin cu tot ce puteam. Am rămas până după înmormântare, dar am fost incapabilă să-i alin durerea. Apăsarea pe care o simțeam eu pe suflet era nimic în comparație cu povara ce o aveau ei de îndurat, dar, cu toate acestea, începuse să mă roadă pe dinăuntru.

Și copiii mei resimțeau propria durere, mai ales că fuseseră parteneri de joacă cu cei mici. După ce s-a terminat vacanța de vară și au început școala, am primit un telefon de la profesoara fiului meu.

- Vă sun în legătură cu un desen îngrijorător pe care fiul dumneavoastră l-a făcut astăzi în clasă, mi-a spus. A desenat o casă cuprinsă de flăcări roșii și portocalii. S-a întâmplat ceva ce poate explica asta?

I-am povestit despre tragedie și mi-a promis să mă țină la curent, în cazul în care observa și alte semne ce ar fi putut indica nevoia fiului meu de a fi ajutat să treacă peste acea situație. În tot acel timp, copiii mei păreau mai preocupați de mine decât de procesarea propriei dureri provocate de acea pierdere. Eram atât de afectată de pierderea prietenei mele, încât mă temeam că nu le ofeream copiilor mei tot ce aveau nevoie.

Într-o zi, am primit un telefon de la prietena mea, care era extrem de panicată. Nu-i mai „simțea mirosul" fiului ei cel mic:

- Îmi aminteam tot timpul cum mirosea după ce se întorcea de la joacă, seara. Mi se suia în poală, punea capul pe umărul meu și îl legănam. Mirosea mereu a noroi, amestecat cu transpirație. După ce a murit, obișnuiam să mă așez în balansoar și parcă îi simțeam greutatea pe mine și mirosul.

Plângea cu hohote care-mi sfâșiau sufletul. Am ascultat-o plângând, în telefon, rugându-mă ca „prezența" mea să fie suficientă. Nu există cuvinte pentru a consola o mamă îndurerată ce nu-și mai poate aminti cum mirosea copilul ei.

Am rămas în telefon aproape o oră; în mare parte din timp nici nu vorbeam - ea plângea în hohote, iar eu spuneam rugăciuni în gând. Când am terminat convorbirea, mă simțeam epuizată. Eram incapabilă să-mi ajut prietena. Simțeam că nu sunt o prietenă, o soție sau o mamă bună.

Am mers în camera mea să mă odihnesc puțin. Soarele după-amiezei încălzise camera, așa că era o temperatură plăcută; am împins deci pătura spre capătul patului ca să mă întind pe cearșafurile răcoroase. Eram copleșită de durere și disperare; am plâns incontrolabil până la epuizare. Se ivise seara, iar răcoarea toamnei a răcit camera considerabil. Eram întinsă pe partea stângă, simțeam frigul, dar eram mult prea obosită ca să mă întind după pătura de la capătul patului.

Când să ațipesc, am simțit cum cineva mă învelea cu pătura. Apoi am simțit cum s-a lăsat patul, ca și cum cineva s-ar fi așezat în spatele meu. Cineva a început să-mi mângâie umărul, în semn de alinare. Mă gândeam că era fiica mea; probabil mă auzise plângând și venise să mă consoleze. Nu era ceva neobișnuit; după episodul cu incendiul, venea deseori noaptea în pat, lângă mine. Îmi amintesc că m-am gândit să mă întorc spre ea și să o sărut, dar eram prea obosită, așa că am adormit.

Am dormit adânc toată noaptea, în aceeași poziție, și m-am trezit odihnită. Am zâmbit, când mi-am amintit de fiica mea ce venise să mă consoleze, apoi mi-am dat seama de ceva: copiii erau cu tatăl lor. În casă nu mai era nimeni.

M-am ridicat în pat, încercând să găsesc o explicație pentru tot ce se petrecuse. Fusese oare un înger? Poate bunica mea sau vreo altă rudă decedată? Un lucru era sigur – în toiul nopții fusesem vizitată de cineva care mi-a oferit alinare. Mă simțeam plină de energie, după o noapte de somn odihnitor. În cea mai neagră noapte a vieții mele, Dumnezeu a avut grijă ca eu să nu fiu singură. Nu doar că m-a alinat în noaptea aceea, dar amintirea acelei întâmplări îmi aduce mângâiere în orice moment al meu de disperare. În cea mai neagră noapte, fii sigur că Dumnezeu va aprinde o lumină.

~ Beth Arvin

Capitolul 8

Îngeri printre NOI

Iubirea din lumea de dincolo

71

Supă de pui pentru Suflet

Niciodată uitată

Dumnezeu nu putea fi pretutindeni, așa că a creat mamele.
– Proverb evreiesc

Copilul nu se mișcase. Trebuia să mă fi îngrijorat, dar îmi era greață, cald și aveam mare nevoie de un pui de somn. Stăteam pe canapea, gata să ațipesc, pe măsură ce zgomotele de la televizor deveneau din ce în ce mai slabe; atunci i-am auzit vocea bunicii Maudie:

- Kathy Pollard, doar nu vrei să dormi în poziția asta. Treci imediat în dormitor și întinde-te! Oferă-i și copilului puțin spațiu de mișcare.

Am deschis ușor ochii ca să o pot vedea mai bine pe bunica; stătea la mașina de cusut, cu țigara atârnându-i în colțul gurii. Dacă aș fi fost într-una dintre zilele mele bune, m-aș fi ridicat și m-aș fi certat cu ea, spunându-i, cel mai probabil, să-și vadă de treabă. Dar eram însărcinată în 38 de săptămâni și hotărâtă să-mi duc sarcina la termen; în plus, cu toate stările de vomă și disconfortul pe care-l resimțeam, la modul general, nu mai aveam energie și pentru dispute.

- Bine, bunico! a fost tot ce am reușit să rostesc.

Mai mult, știam că voi adormi în secunda în care puneam capul pe pernă.

Imediat ce m-am întins, am simțit cum aerul din încăpere s-a separat din tavan până în podea, formând un culoar prin care pătrundea un val de aer răcoros. Am vizualizat ciudatul fenomen și apoi am văzut-o pe mama. Părea că face surf pe acel val de aer și se îndrepta spre mine. Ar fi trebuit să fiu entuziasmată, curioasă sau chiar cuprinsă de teamă la vederea ei. Cu toate acestea - mama murise în urmă cu trei ani, împușcată mortal de tatăl meu vitreg - eu nu o iertasem nici pe ea, nici pe Dumnezeu pentru că mă abandonaseră. M-am încruntat și m-am întors pe cealaltă parte, în semn de nemulțumire. Nici nu-mi păsa dacă indiferența mea o durea; ea mă rănise prima, pentru că nu-și ținuse promisiunea de a-mi fi mereu alături.

I-am simțit prezența stăruind lângă pat și eram neliniștită; în definitiv, ea trebuia să fie în Rai, ocupându-se de chestiuni specifice vieții de apoi, nu să stea în dormitorul meu de parcă ar fi vrut să purtăm o conversație. N-am scos o vorbă, sperând că va înțelege aluzia și va pleca. Cu toate acestea, nu se mișca. Nu dispărea, nu făcea nimic fantomatic, doar strălucea și se legăna. Enervată fiind de insistența ei, m-am întors ca să o privesc.

- De ce ești aici?

- Ești bine?

Sunetul vocii ei mi-a alinat toată durerea pe care o purtasem în suflet în ultimii trei ani și mi-am dat seama cât de dor îmi era de mama. Cu toate acestea, eram încăpățânată, așa că i-am răspuns cu o privire disprețuitoare.

- Ce-ți pasă?

Îmi doream să fie impertinentă și să spună ceva de

genul: „Îmi pasă pentru că sunt mama ta și te-am întrebat ceva" dar, în loc de replică, pe chip i se citea doar iubirea ei înduioșătoare.

- Ești bine? mi-a repetat ea, în timp ce trupul i se legăna de sus în jos, odată cu valul de aer.

Răbdarea mamei mele mă irita și îmi doream să dispară din fața mea. Nu voiam ca ea să-mi vadă rușinea atunci când îi răspundeam pe un ton tăios.

- Mda, sunt bine, m-am smiorcăit.

S-a uitat la burta mea și sprâncenele i s-au încruntat în semn de îngrijorare.

- Ești sigură?

M-am gândit la copil. Încă nu se mișcase. Dar tot n-o iertasem pentru că mă părăsise. Mi-am strâns buzele și ochii și mi-am încleștat maxilarul.

- Lasă-mă în pace! i-am spus.

Mama și-a înclinat capul și m-a privit cu ochii ei atât de plini de iubire și de compasiune, că aproape am plâns.

- Bine, Kathy.

A ridicat din umeri, s-a întors și s-a îndepărtat.

Am privit-o cum plutea pe valul de aer până când a devenit o mică pată de lumină. Când lumina a dispărut, m-am ridicat pe marginea patului și mi-am mângâiat burtica. Copilul tot nu se mișca. Am stat, m-am întins și apoi m-am hotărât să mănânc niște chili rămas din ziua precedentă. M-am gândit că mâncarea picantă avea să îi dea puțină energie celui mic.

Când am trecut pe lângă ea în drum spre bucătărie, bunica m-a privit și mi-a spus:

- Credeam că dormi.

Abia dacă am auzit-o de huruitul mașinii de cusut, așa

că i-am răspuns pe un ton ceva mai ridicat, ca să mă poată înțelege.

- A venit mama în vizită.

Huruitul s-a oprit și bunica s-a ridicat brusc de pe scaun.

- Ce voia? Ce a spus?

M-a luat de braț și m-a împins spre canapea. Apoi, m-a forțat să mă așez.

- Spune-mi tot.

Mi-am smuls brațul din strânsoarea ei.

- S-a uitat la burta mea și m-a întrebat dacă sunt bine, i-am spus, frecându-mi încheietura.

Bunica și-a dus mâna la gură; i se tăiase respirația.

- S-a mișcat copilul astăzi?

- Nu! am spus eu și m-am încruntat la ea, mai mult pentru că mă simțeam rușinată de faptul că nu reacționasem la lipsa de mișcarea a copilului. Eram jenată pentru că până și mama mea moartă făcuse mai mult - depășise granițele dintre viață și moarte pentru a se asigura că nepotul ei nenăscut era bine, iar eu stăteam nepăsătoare, fără să fac nimic.

Următoarele minute mi le amintesc în ceață. Înainte să apuc măcar să fac sau să spun ceva, bunica l-a trezit pe bunicul meu din somn, ne-a grăbit spre mașină și i-a poruncit bunicului „să-i dea bice" spre spital.

Și vizita la spital a fost o serie de evenimente confuze, după ce au fost efectuate primele controale asupra stării copilului, pentru ritm cardiac, reflexe și respirație. Mai mulți medici și asistente s-au mobilizat pentru a-l aduce din nou la viață pe fiul meu inert. După un maraton de injecții, prelevare de probe și mai multe examinări și monitorizări, medicii l-au pus în sfârșit pe picioare. M-au externat puțin mai târziu în noaptea aceea, spunându-mi că bebelușul ar fi murit dacă ajungeam cu doar câteva minute mai târziu.

În drum spre casă, bunica m-a mustrat aspru pentru că lăsasem o zi întreagă să treacă fără să-mi simt copilul mișcându-se.

- Norocul tău că a fost mama ta lângă tine. Norocul tău că încă te veghează!

Brandon, un băiat puternic și sănătos, s-a născut în următoarea săptămână. În noaptea în care s-a născut, mi-am ținut bebelușul în brațe și am jelit-o pe mama, cum nu-mi permisesem să o fac în ultimii trei ani. Am plâns pentru că o iubeam. Am plâns pentru că îmi lipsea. Am plâns pentru că nici măcar moartă nu mă trădase. I-am cerut iertare și lui Dumnezeu pentru că mă îndoisem de El și I-am mulțumit pentru fiul meu și pentru mama - îngerul care n-a încetat o clipă să vegheze asupra mea.

~ Kathryn Y. Pollard

O vizită nocturnă

Pământul nu cunoaște durere pe care Raiul să n-o poată vindeca.
– Autor necunoscut

Tati stătea lângă piciorul patului meu.

- Nu plânge, Jeanie, sunt bine. Este minunat aici. Nu plânge.

- Bine, am șoptit și l-am privit cu lacrimi în ochi.

După câteva clipe, a dispărut. Am rămas culcată acolo mult timp. Fusese un vis? Nu, nu dormeam. L-am văzut, l-am auzit, eram sigură de asta. Știam ce îmi spusese și mă făcuse să mă simt mai bine. Deși sufletul îmi era plin de durere, vizita tatălui meu mă liniștise. Era noaptea dinaintea înmormântării sale.

Am rămas în pat până când s-a crăpat de ziuă, apoi m-am ridicat să fac cafeaua. Mama și fratele meu mai mic urmau să se trezească și ei; ne aștepta o zi groaznică. Nu voiam să le spun despre vizita lui tati. I-ar fi necăjit, indiferent dacă m-ar fi crezut sau nu.

Mama s-a târât până în bucătărie și, cu mâinile tremurânde, și-a turnat cafea în cană. Știam că se gândea, ca și mine, de altfel, că tati îi ducea cafeaua la pat în fiecare dimineață; era „ceasul ei deșteptător". Nu ne puteam imagina viața fără el.

Îmi veneau în minte toate întrebările: De ce tati? De ce omul acela cu frica lui Dumnezeu? De ce, când avea doar 44 de ani? Mă resemnasem realității, căci nu puteam face mare lucru să o schimb, ci doar să mă las transformată de ea.

Se anunța o zi călduroasă, așa cum doar o zi de august în Atlanta poate fi. Am trecut pe la fratele meu; era încă în pat, holbându-se la tavan.

- Ești treaz? E timpul să te pregătești de plecare.

- Nu merg! a fost răspunsul lui.

- Steve, trebuie să mergi!

M-am străduit să păstrez un ton calm când, de fapt, aș fi vrut să țip. Niciunul dintre noi nu voia să treacă prin chinul acelei înmormântări. Într-un final, am găsit cuvintele care știam că-l vor mișca.

- Tati și-ar fi dorit să fii acolo!

A dat din cap aprobator, apoi a făcut o grimasă pentru a-și ascunde lacrimile și s-a ridicat pe marginea patului. Atunci am conștientizat că pentru el era, probabil, cel mai greu. Avea doar 13 ani.

În timpul slujbei, cuvintele lui tati m-au ajutat să le pot îndura pe toate: muzica și florile, chipul mamei și al fratelui meu, mulțimea care plângea - familie și prieteni, deopotrivă; au ieșit toți pe ușile capelei și stăteau pe alee sau pe gazonul înverzit. Mă tot gândeam la cât de liniștit era tata, acum că nu mai avea dureri și cum radia atunci când mi-a spus să nu-l mai plâng. Vizita lui mă ajutase. Nu-mi luase durerea din suflet, dar mă ajutase. Simțeam că era cu noi sau cel puțin cu mine.

Am realizat că doliul era pentru noi, nu pentru el. El era bine. Cei care aveau să trăiască fără el erau cei care se chinuiau și plângeau - pentru noi înșine și pentru anii ce urmau, pentru evenimentele din viețile noastre ce nu aveau să fie pe deplin fericite, pentru că lipsea el.

Un astfel de eveniment important a fost nunta mea, ce a avut loc anul următor; fratele meu a fost cel care m-a condus la altar, însă fără prea multă tragere de inimă. Abia câțiva ani mai târziu mi-am dat seama că și plecarea mea de acasă fusese încă o lovitură pentru el, încă un copil la vremea aceea. Cariera soțului meu - pilot în Marină - ne-a purtat departe de tot ce ne era cunoscut, căci am călătorit prin toată țara și apoi în Japonia. Am fost plecați chiar și pentru trei ani de acasă.

Într-o seară, după cină, pe când stăteam cu familia mea în jurul vechii mese de arțar din bucătărie, am început să vorbim despre cum îi fusese „furată" viața lui tati. Soțului meu i-a ieșit atunci porumbelul pe gură:

- Știți că a vizitat-o pe Jeanie în noapte dinaintea înmormântării.

Au rămas cu ochii ațintiți asupra lui, apoi s-au uitat la mine, așteptând parcă o confirmare. Le-am povestit cum stătuse lângă patul meu și cum mă liniștise, spunându-mi că totul era minunat, că era fericit și că nu aveam de ce să plâng pentru el. Apoi, ne-a împărtășit și Steve cum, la rândul său, fusese vizitat de tati în noaptea aceea; el însă încercase să se convingă că visase. Mama și-a sters ochii de lacrimi, mărturisind că tati o vizitase și pe ea: îi spusese că o iubea și că o aștepta, dar după ce termina tot ce avea de făcut – în special, să-l crească pe fratele meu.

Am început să vorbim toți deodată, dornici să ne povestim, în sfârșit, unii altora propriile experiențe. Ne fusese teamă că nu vom fi crezuți și eram îngrijorați să nu îi rănim pe ceilalți dacă povesteam despre vizita lui tati. Am rămas treji până dimineață, amintindu-ne și minunându-ne de fiecare detaliu. Ce bucurie să putem vorbi despre acele vizite nocturne; și ce alinare să putem împărtăși unii cu ceilalți ceva atât de rar și de frumos.

Au trecut mai bine de 50 de ani de atunci, dar îmi amintesc acele momente de parcă s-ar fi petrecut ieri. Vizita lui angelică a fost darul cel mai de preț pe care l-am primit de la tata. Îl păstrez cu mine pentru totdeauna.

~ **Jean Haynie Stewart**

73

Supă de pui pentru Suflet

De unde a știut?

În timp ce noi ne plângem prietenul, alții se bucură să-l reîntâlnească în lumea de dincolo.
– John Taylor

Când s-a petrecut accidentul eram departe, într-o croazieră, pe alte meleaguri. Eu și verișoara mea tocmai debarcaserăm în cel de-al doilea port de escală și așteptam pe doc să sosească tatăl și fratele meu. Erau chiar în spatele nostru, dar nu le fusese permisă debarcarea. Primiserăm un telefon de peste hotare, iar tata a fost nevoit să preia mesajul de la recepție înainte să coboare pe țărm, așa că eu și verișoara mea îi așteptam.

Stăteam jos și pălăvrăgeam despre locurile pe care urma să le vizităm în ziua aceea. Trecuseră 20 de minute și nici urmă de tata sau de fratele meu. Într-un final, verișoara mea m-a întrebat:

- S-o fi întâmplat ceva? Lipsesc de multă vreme.

- Bineînțeles că nu, am răspuns eu fără să ezit, cel mai probabil, e ceva legat de slujba lui tata.

A aprobat din cap și ne-am continuat sporovăiala. Au mai trecut cinci minute. În cele din urmă, i-am zărit coborând de pe vas.

Mi-am dat seama după fețele lor că ceva se întâmplase. Aveau amândoi aceeași expresie - una ce trăda îngrijorare și îndoială. Am alergat către ei și i-am întrebat cu din ce în ce mai multă teamă ce s-a întâmplat, ce e în neregulă. Fratele meu m-a tras deoparte, în timp ce tata a mers la verișoara mea și a luat-o în brațe. Cuprinse de spaimă, imploram amândouă să ne spună ce se întâmplase.

- Mă speriați. Ce este? am întrebat iar.

- Este vorba despre Terry. A fost omorât, a rostit încet fratele meu.

M-am uitat spre Jenny. Încă se ruga de tata să îi spună ce se întâmplase. Tata încerca să o convingă să urce pe vas; voia să intre într-o cameră ca să-i spună ce i se întâmplase fratelui ei. M-am uitat din nou la fratele meu; niciunul dintre noi nu știa ce să facă sau ce să spună.

Am dus-o pe Jenny într-o zonă retrasă, ne-am așezat și i-am spus că fratele ei fusese ucis. Era un polițist tânăr, de 32 de ani, căsătorit, avea un băiețel de 3 ani și o fetiță nou-născută. În primă fază, mi-am imaginat că fusese omorât la datorie, dar am aflat apoi că fusese implicat într-un accident de mașină pe când se ducea la serviciu, în acea dimineață; abia apucase să ajungă în capătul străzii unde locuia. Camera răsuna de plânsetul lui Jenny. Am luat-o în brațe, încercând să o calmez.

Ce să îi spui cuiva care află astfel de vești îngrozitoare? Am rămas în tăcere; ea plângea, eu o țineam în brațe, oferindu-i toată căldura sufletească de care eram capabilă.

Am abandonat croaziera și am luat avionul spre casă.

Pe măsură ce avionul se pregătea de aterizare, Jenny, care fusese tăcută pe tot parcursul zborului, a început să plângă în hohote. M-am uitat la verișoara mea; aș fi vrut să o ajut, dar habar nu aveam cum. Știam că uneori cuvintele sunt de prisos, așa că am strâns-o în brațe și am plâns în tăcere, alături de ea.

Sosirea noastră în Toronto a transformat dintr-odată tragedia în realitate. Faptul că aflaserăm de accident când eram departe, făcuse ca totul să pară un coșmar. Aterizarea în Toronto ne adusese cu picioarele pe pământ. Nu mai eram în croazieră, bucurându-ne de vreme și savurând mâncăruri minunate; ne întorseserăm acasă, pentru înmormântare.

Câteva luni mai târziu, am mers în Anglia. Încă purtam în suflet acea tragedie și mă gândeam deseori la ziua în care aflasem de moartea lui Terry. Pe străzile din Windsor, mi-am amintit de ultima conversație cu el. Terry era ceva mai mare decât mine, așa că nu vorbisem prea mult în copilărie. Cea mai lungă conversație pe care o purtasem cu el avusese loc cu doar câteva zile înainte de accident. Eram acasă la Jenny: ea trebăluia prin bucătărie, gătea, iar eu și Terry pălăvrăgeam de zor în sufragerie. Subiectul discuției: viața de apoi. Terry credea în asta. Credea că există un loc în care ajungem după moarte. Un loc unde ar urma să îi revedem pe cei dragi. El chiar credea asta; eu eram ceva mai neîncrezătoare. Uneori credeam, alteori nu. Mi se părea straniu că ultima mea conversație cu Terry fusese despre viața de apoi și credința lui că aceasta există.

Mă gândeam încă la Terry și la conversația noastră, când am ajuns în fața unei biserici. Am intrat și m-am așezat pe una dintre bănci. Cum stăteam eu pe gânduri, un bărbat s-a apropiat de mine. Era un bărbat mai în vârstă, probabil la vreo 70 de ani, pe nume Stan. M-a întrebat dacă se putea așeza lângă mine. Am zâmbit și am încuviințat din cap. A început să-mi spună povești despre biserică și despre spiritele care se presupunea că o bântuie. Când a terminat, s-a uitat foarte serios în ochii mei și mi-a spus:

– Iartă-mă, dar văd că ești tristă. Ți-a murit cineva din familie?

Am fost puțin luată prin surprindere de întrebarea lui directă, dar i-am răspuns afirmativ.

– Este vorba despre un bărbat care a murit tânăr, într-un accident de mașină, așa-i?

M-am uitat la bărbat, întrebându-mă de unde știa toate astea. Am încuviințat din cap, confuză, fără să mai spun un cuvânt, descumpănită de câte știa acel străin.

– Ți-ai fi dorit să-i spui mai multe ultima dată când l-ai văzut și ți-ai fi dorit ca el să fi știut că-l iubeai! a adăugat.

Am început să plâng. Străinul mi-a luat mâinile într-ale lui cu blândețe și mi-a spus:

– Vărul tău știe că l-ai iubit și vrea ca tu să știi că este fericit și că are grijă de copiii care au ajuns în Rai. Iubește copiii și este foarte mulțumit că se află unde se află.

Am rămas acolo, plângând, ținând de mână un străin. Nu sunt genul de persoană care să plângă cu ușurință. Eu sunt mereu cea „puternică" pe care se bazează toți ceilalți, dar, în ziua aceea, sprijinul meu emoțional era un străin. L-am părăsit pe Stan în ziua aceea, fără să-i știu și numele de familie.

Câteva luni mai târziu, Jenny mi-a povestit despre un vis pe care-l avusese soția lui Terry. I se păruse totul atât de aievea că avea senzația că fusese într-adevăr vizitată de Terry.

Vărul meu îi spusese să nu mai fie tristă, pentru că el era fericit și făcea ceva ce iubea: lucra cu copiii care ajunseseră în Rai.

Nu spusesem nimănui despre conversația pe care o avusesem în Windsor, Anglia, într-o biserică liniștită, cu un bărbat pe nume Stan. Am ținut totul pentru mine; acum este pentru prima dată când scriu despre acest lucru. Era de parcă Stan chiar vorbise cu Terry. Altfel de unde știa ce făcea? Misterioasa coincidență a visului și a cuvintelor de consolare rostite de Stan despre „noua viață" a lui Terry mi-a dat fiori.

Au trecut ani de atunci, dar încă mă mai gândesc la Stan. Era un înger? Mi-ar fi plăcut să-l reîntâlnesc și să-i spun cât de mult m-au alinat cuvintele lui.

~ Laurie Ann Mangru

74

Supă de pui pentru Suflet

Unii îngeri poartă pălării

Îngerii ne vorbesc tuturor... doar că unii dintre noi aud mai bine decât alții.

– Autor necunoscut

„Vorbesc cu morții." Pentru majoritatea oamenilor, această afirmație este însăși dovada existenței unei boli psihice. Dar, nicio grijă, sănătatea mea mintală este intactă. Doar că am avut experiențe pe care nu le pot explica altfel, că aș fi făcut-o. Cine nu și-ar dori să evite privirile îngrijorate ale familiei și prietenilor?

Întâlnirile mele nu au nimic în comun cu experiențele înfricoșătoare prin care a trecut băiețelul Cole Sear în filmul „Al șaselea simț". Mai degrabă, conversațiile mele se relevă pe măsură ce scriu, iar dialogul se petrece în capul meu - gânduri vin și pleacă ca o tachinare continuă într-un film de Hepburn și Tracy - doar că unul dintre cei care dă replicile nu sunt eu.

Mi-am descoperit această abilitate din întâmplare, în urmă cu mulți ani. Obișnuiam să scriu în jurnal înainte de culcare, iar în acele câteva pagini mă războiam cu toate problemele mele. Cu timpul, nu doar că-mi notam problemele, dar începusem să scriu și câteva soluții destul de bune. Pentru o bună bucată de vreme, problemele și soluțiile s-au îmbinat de minune în intimitatea jurnalului meu; într-o noapte, am fost atât de impresionat de răspunsul găsit, că i l-am citit și partenerei mele, Ann.

- Acest răspuns parcă nu l-ai rosti tu, mi-a spus. Tu l-ai spune altfel - ai folosi alte cuvinte și fraze.

Constatarea aceea ne-a pus pe gânduri. Și dacă toate marile răspunsuri veneau de la altcineva sau de la altceva, și nu de la mine? Am decis să ne mai gândim la acea posibilitate; seara următoare, în timp ce scriam în jurnal, am întrebat cât se poate de clar:

- Cu cine vorbesc?

Nu știam atunci că răspunsul avea să-mi schimbe viața.

- Sunt bunicul Art, cel care purta pălării.

Bunicul meu, cel care purta pălării, murise cu aproximativ șapte ani înainte să mă nasc eu. Nu avusesem, deci, niciun fel de relație, niciodată. Nu știam cum îi suna vocea, ca să nu mai zic că... era mort! Purtasem tot soiul de conversații și primisem niște sfaturi foarte bune, dar încă nu eram convins de adevărata lor sursă.

- Dovedește-mi! am spus, convins fiind că totul era doar în imaginația sau în subconștientul meu.

- Bine! mi-a răspuns vocea. O să-ți spun o poveste pe care o poți verifica cu cineva în care ai tu încredere.

- Corect, am spus, gândindu-mă cum Dumnezeu să fac ca să-i verific spusele. Nu recunoscusem niciodată nimănui, cu excepția lui Ann, că aș vorbi cu bunicul meu mort.

A continuat.

- În urmă cu mulți ani, atunci când locuiam la ferma din Wisconsin, aveam un miel. Mama lui murise când îi dăduse naștere. Mama ta și Toots au fost nevoite să aibă grijă de el. L-au hrănit cu un biberon până când a crescut suficient de mare ca să se descurce singur.

Nu mai auzisem povestea aceea și, pentru că mama murise în adolescența mea, rămăsese o singură persoană care mai putea confirma istorisirea: mătușa Vi. Toots, așa cum îi spunea tatăl ei, era singura soră a mamei mele. Ea a umplut golul lăsat de moartea mamei, preluându-i cumva rolul; aveam în ea încredere deplină.

- Hai, întreab-o! De fapt, lasă că o să mă asigur eu că Toots te sună mâine, mi-a spus el încrezător.

Epuizat și tulburat de acea experiență, am mers la culcare. M-am trezit a doua zi dimineață și i-am povestit Annei despre ce scrisesem cu o seară înainte. Eram amândoi fascinați de conversația cu pricina, dar nesiguri cu privire la ce va urma, dar apoi am fost absorbiți de evenimentele acelei sâmbete aglomerate.

Mai târziu, în aceeași zi, m-am întors acasă pentru o oră - cât să fac un duș și să-mi schimb hainele. A sunat telefonul și a răspuns Ann. I-am auzit pașii când se apropia de dormitor. Mi-a întins receptorul și mi-a șoptit că la celălalt capăt al firului este mătușa Vi.

Aveam amândoi aceeași expresie pe chip: ochii bulbucați, în care se citea spaima. Amintindu-mi de promisiunea bunicului, în mintea mea deja auzeam coloana sonoră din „Zona Crepusculară".

Am pus receptorul la ureche și am spus:

- Bună Vi, ce faci?

- Bine. Stăteam aici, gândindu-mă la tine și mi s-a făcut dor, așa că m-am gândit să-ți telefonez să văd cum ești.

- Ce frumos din partea ta, am zis eu.

După câteva minunte în care ne-am pus la curent cu noutățile familiei, am deviat de la subiect și am depănat amintiri de pe vremea când ea și mama erau două copile. Nu voiam să îi spun direct ce se petrecuse cu o noapte înainte. Partea mea rațională nu voia ca prin ceea ce spuneam să par un ciudat, așa că i-am zis:

- Spune-mi cum a fost să crești la fermă. Tu și mama aveați animale de companie?

- Păi, aveam un ciobănesc german pe nume Bruno. Se speria ori de câte ori era vreo furtună. Se ascundea în hambar sau în anexă. Apoi începeam să-l căutăm, ca să nu mai zic cât mult de chinuiam să-l spălăm.

- Sună groaznic, am spus.

Mai auzisem povestea aceea, așa că am încercat să duc discuția în altă direcție.

- Aveați și alte animale de fermă?

- Tata creștea câteva vaci și ocazional câte un porc pentru a fi sacrificat. Uneori, mă lua cu el la oborul de vite din St. Paul și mă invita la prânz. Când aveam 10 ani, voiam să devin chelneriță la restaurant; îmi plăceau uniformele albe pe care le purtau cei de acolo. Îți dai seama?

Am râs amândoi. Nu voiam să schimbe subiectul, așa că am întrebat-o:

- Ai avut vreodată o oaie la fermă?

- Cred că am avut, dar nu-mi amintesc exact.

Eram dezamăgit. Apoi, Vi a continuat:

- Ah, da, am avut oi. Îmi amintesc că la un moment dat am avut un miel care își pierduse mama; l-am hrănit cu biberonul. Într-o noapte am luat mielul în dormitorul nostru, iar tata s-a prefăcut că nu ne-a văzut.

Mâinile au început să-mi tremure, mi s-a pus un nod în gât și lacrimile au început să-mi curgă pe obraji. Nu puteam vorbi, iar Vi parcă a simțit că ceva se întâmplase la celălalt capăt al firului.

- Kris, ești bine? m-a întrebat.

Am reușit să mă calmez suficient cât să vorbesc și i-am povestit tot ce se petrecuse cu o seară înainte. Când am terminat, printre lacrimi, istorisirea mea - un talmeș-balmeș de altfel - despre conversația nocturnă cu tatăl ei, și la celălalt capăt al firului, unde era Vi, se așternuse aceeași liniște ca în urmă cu câteva momente. Eram convins că mă considera nebun. După un timp ce păruse o eternitate, a spus, în sfârșit:

- Păi, transmite-i lui tata că Toots îl salută... și că-mi lipsește!

- Îi spun, a fost tot ce am mai putut rosti.

Aceea a fost prima mea conversație cu un „înger", chiar dacă au urmat multe altele. Poate că există și o altă explicație, dar, în cazul meu, experiențele vorbesc de la sine. Voi continua să notez conversațiile și voi învăța cum să mă simt confortabil, spre a le împărtăși oamenilor; voi păstra explicațiile ceva mai raționale pentru cei ce vor rămâne pentru totdeauna sceptici.

~ **Kris Flaa**

75

Supă de pui pentru Suflet

Fuga lui Bandit

Câinii sunt miracole cu lăbuțe.
– Susan Ariel Rainbow Kennedy

Aveam 14 ani și mă rătăcisem în pădure. Țineam strâns în mână mânerul din oțel al pistolului tatălui meu și tremuram din pricina frigului ce se instalase odată cu lăsarea întunericului. Căzusem pe o creastă stâncoasă, la aproximativ cinci metri deasupra unei văi adânci și mă rostogolisem într-un mic golf. Aveam o tăietură adâncă la brațul stâng și sângeram abundent. Nu mă gândeam prea mult la treaba asta, pentru că mă tăiasem în pietre ascuțite de nenumărate ori până atunci. M-am așezat pe buturuga unui plop *deltoid* bătrân și mă întrebam ce să fac mai departe.

De când mă știam, familia mea mergea prin pădurile din ținutul Ozark; cele două surori mai mari ale mele, mama, tata și de puțin timp și noul meu frățior. Micuța colibă era amplasată în spatele dealurilor de lângă lacul Ozarks; noi veneam cu mașina din Kansas City, Missouri, și ne petreceam fiecare weekend pescuind, înotând, la vânătoare sau la plimbare prin pădurea deasă și prin văile stâncoase ce întregeau peisajul. De data aceea, plecasem singur. Tata îmi dăduse arma pentru vânătoarea de veverițe sau de iepuri, în caz că mi-ar fi ieșit vreunul în cale, dar deja simțeam că scopul său devenea unul ceva mai sumbru.

Dincolo de păduricea de ulmi uscați, am auzit foșnetul unui tufiș și grohăiturile ușor de recunoscut ale porcilor mistreți. Tata mă avertizase în privința lor. El dăduse nas în nas cu o turmă, cu mulți ani în urmă, și abia a reușit să scape cu viață. Iar eu eram acolo, rătăcit, înfrigurat și singur. Soarele tocmai ce apusese după cel mai îndepărtat deal, iar în pădure deja se lăsa frigul.

Am îndreptat arma în fața mea și m-am așezat în genunchi. Erau câțiva porci mistreți ce dădeau târcoale. Ochii lor galbeni trasau o traiectorie prin întuneric. Sângele mi se uscase pe mână, dar probabil că-l mirosiseră. Erau prea mulți, m-am gândit, dar frica m-a părăsit imediat ce cuvintele tatălui meu mi-au răsunat în minte: „Dacă vreodată dai de necaz în pădure, păstrează-ți calmul și fă ce te-am învățat eu. Supraviețuiește." Exemplarul cel mai mare din turmă a fost cel care m-a atacat primul; mi-a ratat brațul la mustață.

M-am ridicat în picioare, cu arma în mână.

Mormăiau și grohăiau toți, gâfâiau și se mușcau între ei.

Abia dacă le vedeam părul aspru și sârmos ce li se zbârlise pe tot spatele, până la ceafa de un roșu închis. I-am lovit și am strigat.

Aveam trei gloanțe în pistol. Câți porci mistreți erau? Vreo șase, probabil.

Din spatele meu s-a auzit un alt foșnăit de tufiș și un porc mistreț s-a năpustit asupra mea, țintindu-mi gâtul. Am căzut pe spate, moment în care mi-am pierdut arma.

Apoi, brusc, alt mormăit. De data aceea, însă, sunase altfel. Era mai grav decât schelălăitul frenetic al porcilor mistreți; ne paralizase pe toți. Am profitat de ocazie și m-am ridicat, ochind arma la doar câțiva metri mai încolo.

Când m-am îndreptat să o iau, l-am văzut. Era Bandit, bătrânul câine de vânătoare din rasa Coonhound al tatălui meu. Stătea la pândă printre copaci, cu dinții încleștați; nu afișa nici cea mai mică urmă de frică.

Am ridicat arma de jos și am alergat spre el.

Doi dintre porci au sărit pe spatele câinelui; acum ochii lor erau verzi și extrem de vigilenți. Bandit s-a rostogolit, așa cum fusese învățat.

Au căzut de pe spatele lui, iar câinele era din nou pe propriile picioare, chiar în fața mea.

Am țintit, am ochit și am tras.

În liniștea nopții, sunetul împușcăturii a fost asurzitor, a răsunat pe dealuri, iar ecoul i-a ajuns până în vale. Toată turma a luat-o la fugă, iar Bandit le sufla în ceafă. Am strigat după el în timp ce alergam orbește prin pădure, urmărind strigătul strident al bătrânului câine. Am urcat și am coborât un mic deal, apoi am ajuns în valea următoare. Bandit se îndepărta din ce în ce mai mult, iar eu continuam să alerg, încercând să țin pasul cu el. Până să mă dezmeticesc, eram deja în luminișul de la nici o sută de metri de colibă, acolo unde îmi începusem de fapt ziua. Îi auzeam vocea mamei care mă striga, așa că am alergat spre ea.

Tata era lângă ea, gata îmbrăcat și pregătit să meargă în căutarea mea. Am îmbrățișat-o pe mama și am izbucnit în plâns, încercând să-i explic ce se întâmplase. Am simțit mâna tatălui meu pe umăr; îmi spunea să mă calmez, pentru că totul era în regulă. M-am uitat la el și i-am spus:

– Era Bandit, tata. El m-a salvat. A venit din pădure, în viteză, și...

– Bandit?" m-a întrebat tata. Mă privea confuz și surprins deopotrivă. David, Bandit e mort de doi ani, îți amintești? L-am îngropat lângă dealurile astea două, în apropierea golfului de lângă vale. Trebuie să fi fost un alt câine, fiule!

Voiam să-i spun, de fapt să le spun amândurora că îi văzusem fața și că îl recunoscusem, dar ceva m-a oprit. Când am intrat împreună în colibă, am auzit un urlet în depărtare, venind de peste dealuri, din valea cea mică.

Sau poate că era vântul.

~ David Magill

76

Supă de pui pentru Suflet

O dansatoare misterioasă

Dansatorii sunt mesagerii zeilor.
– Martha Graham

La câteva luni după operația mamei și după tratamentul pentru cancer la sân pe care l-a urmat, starea ei de sănătate îi permitea, în sfârșit, să-și reia cursurile de dans la sala din vecinătate. Dar încă mai avea de îndurat câteva analize; unele anume o îngrijorau. M-am gândit că i-ar face bine să mergem la cursul de miercuri seara, pe care obișnuiam să-l frecventăm; dar îi simțeam neliniștea chiar și atunci când așteptam începerea cursului în sala aglomerată.

M-am dus la locul meu obișnuit, pe al doilea rând; mama stătea în fața mea. Brusc, s-a pus cineva între noi. Eram oarecum frustrată că cineva se băgase în fața mea, mai ales că era vorba despre o femeie pe care nici n-o mai văzusem până atunci. Clar, era nouă. Presimțeam că avea să fie o noapte proastă. Ce putea fi mai rău decât să ai pe cineva nou în fața ta, tot timpul, care se împiedică în propriile picioare pentru că nici nu știe mișcările?

Instructoarea de dans a pășit pe mica scenă din lemn din fața sălii și a întrebat dacă sunt persoane noi prezente la curs. Câteva persoane din spate au ridicat mâinile, dar, în mod ciudat, femeia din fața mea nu a făcut același lucru. Atunci am mai observat ceva neobișnuit. Femeia avea un alt fel de stil vestimentar, pe care nu-l mai întâlnisem până atunci. Începând cu părul castaniu lânos și continuând cu ochelarii supradimensionați ori pantalonii scurți cu model, femeia era îmbrăcată de parcă tocmai ce aterizase din epoca anilor '80!

S-a dat drumul la casetofon și am început să dansăm. Spre surprinderea mea, femeia din față știa toate mișcările. N-a făcut nici măcar o greșeală! Cel mai probabil, și instructoarea o remarcase. De obicei, unii cursanți erau invitați să danseze pe scenă. La una dintre melodii, alegerea instructoarei mi s-a părut cel puțin interesantă: cele două persoane invitate pe scenă au fost mama și femeia misterioasă.

După o oră întreagă, destul de extenuantă, eu și mama eram în mașină, pregătite să ne întoarcem spre casă.

– Ai văzut-o pe femeia aceea? s-a minunat mama, radiind de fericire.

– Da, am răspuns. Cum să nu observi o femeie nebună îmbrăcată în haine disco?

– Jess! a exclamat mama. Femeia aceea semăna foarte bine cu mătușa mea, Pam!

Apoi mama a început să-mi explice cum fiecare detaliu observat la femeia respectivă îi aducea aminte de mătușa ei preferată, care murise cu câțiva ani în urmă. Din descriere părea că acea femeie și mătușa Pam erau identice – îmbrăcăminte, păr, chiar și dantura perfectă; era de parcă mama stătuse lângă propria mătușă pe tot parcursul cursului. În copilărie, mama fusese foarte apropiată de mătușa ei, Pam. Locuiseră împreună, iar Pam îi era ca o a doua mamă. Pam îi dădea ponturi despre machiaj ori de câte ori mama mergea la o întâlnire, dar era și persoana căreia mama îi cerea mereu sfaturi.

Din nefericire, mătușa Pam murise după o luptă grea ce durase doi ani. Mama a fost cea care a îngrijit-o în mare parte din timp, ea o ducea la controalele medicale, la chimioterapie și-i stătea la căpătâi atunci când era pe patul de spital. Deși trecuseră mulți ani de la moartea mătușii Pam, cele două încă aveau ceva în comun: cancerul mamar.

Brusc, mama a făcut ochii mari.

- Crezi că e posibil ca femeia aceea să fi fost un înger?

Întrebarea ei m-a pus puțin pe gânduri. Mama fusese întotdeauna fascinată de poveștile cu îngeri, dar eu eram ceva mai rezervată. M-am gândit că toată povestea fusese probabil o simplă coincidență. Auzi, un înger întrupat în mătușa mamei, în timpul unui curs de dans! Părea o teorie cam trasă de păr pentru o neîncrezătoare ca mine.

Deși aveam îndoielile mele, i-am răspuns:

- Da, mamă, posibil!

Părea atât de însuflețită după toată povestea cu mătușa; pur și simplu n-am putut să-i tai elanul, mai ales că fusese atât de tulburată din cauza analizelor pe care le avea de făcut. M-am gândit că femeia în pantaloni scurți cu model sigur avea să revină, că doar nu dispărea dintr-odată ca îngerii din poveștile pe care le auzisem.

Săptămânile au trecut și mama era mai optimistă ca oricând. Unul câte unul, rezultatele analizelor au fost „în limite normale" și, cred că nu mai este nevoie să menționez, familia noastră era în culmea fericirii. Viața noastră și-a reluat cursul firesc, iar eu și mama am continuat să frecventăm cursurile săptămânale de dans. În fiecare seară de miercuri ne uitam prin sală înainte de începerea cursului, sperând să o vedem pe femeia misterioasă. Dar nu am mai revăzut-o niciodată.

Oare era posibil ca un înger să fi venit într-o seară de miercuri, la un curs de dans, pentru a o ajuta pe mama, iar acel înger să fi avut chipul unei femei cu păr castaniu? Nu sunt foarte sigură. Până la urmă, am fost o sceptică. Dar acum, se poate spune că încep să cred.

~ Jess Forte

77

Supă de pui pentru Suflet

Vizita

Ascultă cum îngerii cântă,
De departe te încântă
C-un cântec binecuvântat, cu refrenul cel mai minunat
Ce la urechea muritorilor a fost vreodată cântat.
– Fanny Crosby, „Muzica îngerilor"

Mama mea, Eva, a murit în urmă cu opt ani. Am încercat să o visez ani la rând, dar eforturile mele au fost în zadar. Nopți în șir am răsfoit albumele cu fotografii de la petrecerile de sărbători, i-am cântat melodiile preferate, am plâns și am implorat în timp ce-mi spuneam rugăciunile. Nimic din ce făceam nu-i aducea chipul în visele mele.

Eu și mama eram foarte apropiate. Aveam casele una lângă cealaltă, iar viețile ni s-au împletit de la nașterea mea până la moartea ei. Ne-am bucurat de o relație mamă-fiică extrem de frumoasă, presărată cu iubire și asta mai ales pentru că împărtășeam aceleași principii și valori despre biserică, copii, familie și respect de sine. Îmi era confidentă și cea mai bună prietenă. Era capabilă de o sinceritate și de o franchețe de-a dreptul brutale atunci când îi era cerută părerea, dar știa cum să-și exprime opiniile într-o manieră elegantă.

Nu era nimic neobișnuit la acea după-amiază de 6 ianuarie – urmau cina cu nepotul meu de 2 ani, ritualul de joacă la băiță și în final aveam să-mi iau locul pe scaunul preferat ca să urmăresc emisiunile favorite la tv. Ca de obicei, am văzut știrile de la ora 11 noaptea și apoi am decis să merg la culcare.

Am ajuns în dormitor, ca să dau deoparte cuvertura de pe pat și să-mi setez alarma pentru a doua zi. Când m-am întins după pilotă, am simțit prezența caldă a mamei. Am recunoscut imediat oaspetele și am zâmbit.

– Mama, ești aici! am spus. Te iubesc. Te simt. Te iubesc.

Din nu știu ce motiv, simțeam că vizita avea să fie scurtă. Am simțit că nu-și aveau rostul cuvintele. Am perceput doar senzații de acceptare și mulțumire. Apoi, a plecat.

Vizita m-a buimăcit.

A doua zi dimineața, i-am descris „vizita" de cu seară fiicei mele, căreia îi era extrem de dor de bunica ei. Bunica îi fusese mereu alături.

În dimineața aceea, am condus spre școală complet preocupată de experiența trăită. Toate cursurile din ziua respectivă s-au desfășurat foarte bine, iar eu încă aveam senzația aceea plăcută de căldură de la vizita mamei. Cu toate acestea, atunci când m-am întors acasă, după-amiaza târziu, am primit un telefon îngrijorător de la Marie, o prietenă apropiată în vârstă de 45 de ani. Mi-a spus că tatăl ei murise cu o seară înainte.

Încercând să o consolez, i-am povestit pe scurt experiența pe care o avusesem eu în seara precedentă, când primisem vizita mamei. Ne-am adus aminte de lunga prietenie ce ne-a legat părinții, încă de pe vremea când eu și Marie abia intraserăm la liceu. Tații noștri fuseseră membri ai organizației Cavalerii lui Columb, din cadrul bisericii St. Theresa, iar alături cu mamele noastre, se bucuraseră de multe evenimente dansante și cine festive împreună.

Am închis telefonul și mă tot gândeam la coincidența de a fi fost vizitată de mama chiar în noaptea în care a murit tatăl lui Marie. Mi-i imaginam pe mama mea și pe tatăl ei dansând pe ringul de la Cavalerii lui Columb.

A doua zi am mers la priveghi; am transmis condoleanțele mele lui Marie și familiei sale. Abia când am vorbit cu fiica prietenei mele am avut curajul să întreb la ce oră murise bunicul ei. Cu lacrimi în ochi, mi-a răspuns:

- Bunicul a murit azi-noapte între 11:30 și 11:45. Mă așteptam la acel răspuns; în adâncul sufletului, simțeam că atunci mă vizitase mama. Știam că mama era îngerul ales să-l conducă pe tatăl lui Marie pe drumul spre Veșnicie.

~ Roberta Cioppa

78

Supă de pui pentru Suflet

Un mesaj din Rai

Din pernele noastre, scări aurite se înalță
Îngerii, înaripate sandale încalță.
Înainte și înapoi spre înălțimea cerului
Vin și pleacă, ei, mesagerii Domnului.
– Richard Henry Stoddard

- V-am pregătit un platou de aperitive, ne-a anunțat gazda noastră, Connie Bender. Așa că nu ezitați să vă serviți!

Toată lumea comenta la cât de relaxați se simțeau după ce tocmai experimentaseră o vindecare spirituală concretă.

Stăteam la masă, față în față cu o doamnă pe nume Betty, și discutam despre știrile dimineții. Brusc, o lumină albă a prins contur în spatele lui Betty și a apărut un înger. M-am uitat în jurul meu, la cele zece persoane așezate la masa din casa de la ferma Manitowoc din Wisconsin, să văd dacă mai observase cineva îngerul. Nimeni. Toată lumea era ocupată cu socializarea.

Am încercat să-i atrag atenția lui Connie, făcându-i un semn cu mâna. Dacă exista o persoană care să știe ceva despre genul acesta de fenomene, ea era aceea. De 25 de ani, Connie organiza ședințe de vindecare prin metoda Reiki, la care putea participa oricine; veneau oameni din toate colțurile statului nostru, dar și din statele vecine. Dar gazda mea, mult prea preocupată de dialogul purtat la masă, nu mi-a observat semnalele.

Mi-am reîndreptat atenția asupra lui Betty și am observat că îngerul era tot acolo. De data aceasta, însă, vedeam clar o formă fizică a acestuia. Cel care purta aripi de înger era un tânăr de 17-19 ani. Avea cam 1,76 m înălțime, păr negru, ușor ondulat. Roba lui albă și îndoită dezvăluia, în jurul taliei, o centură din aur împletită, ce-i accentua constituția zveltă. Aripile sale arcuite erau splendide - o sumedenie de pene satinate, de un alb ca de mărgăritar. O rază de lumină aurie izvora din acest mesager înaripat. Absorbită fiind de viziunea strălucitoare din fața mea, abia am auzit pe cineva spunându-mi:

- Să-mi fie cu iertare, s-a întâmplat ceva?

- Iartă-mă, Betty, nu mă uitam la tine. Mă uitam la superbul înger din spatele tău și nu puteam să-mi iau ochii de la el, am spus eu, bulversată din pricina celor văzute.

M-au surprins cele auzite:

- Un înger? Cu aripi și tot ce trebuie? Iubesc îngerii. Cum arăta?

În timp ce descriam ce văzusem (îngerul începea să se facă nevăzut), am surprins-o pe Betty acoperindu-și fața cu mâinile și izbucnind în lacrimi.

- Îmi pare tare rău, Betty, am spus, cuprinsă de remușcări. N-a fost intenția mea să te supăr!

M-a privit, s-a întins peste masă, luându-mi mâinile într-ale sale și mi-a spus:

– Of, scumpo, nu trebuie să te scuzi. Nici nu știi cât de fericită m-ai făcut. Vezi tu, îngerul pe care mi l-ai descris era fiul meu care a murit anul trecut, la 18 ani, într-un accident de motocicletă. Și l-am tot rugat să îmi trimită un semn prin care să îmi spună că este bine. Și tu tocmai ce ai făcut asta. Așa că îți mulțumesc pentru mesaj!

~ Sylvia Bright-Green

79

Supă de pui pentru Suflet

Îngerul fetiței mele

Sunt convins că acele ființe cerești există
și că oferă ajutor nevăzut în numele nostru.
– Billy Graham

Nimic nu mă putea șoca mai tare decât expresia de pe chipul lui Tim atunci când am deschis ușa, în dimineața aceea de mai.

- Ce e? Ce s-a întâmplat?

Dar el nu scotea niciun sunet. I-am scuturat brațele și am izbucnit în lacrimi, doar văzându-i durerea de pe chip. Era ceva ce-l durea prea tare ca să poată exprima în cuvinte, ceva ce pe mine avea să mă doară prea mult ca să îmi doresc să aud.

- A murit Kim, mi-a spus, și s-a prăbușit în brațele mele, plângând.

Kim era genul acela de prietenă care te făcea să râzi mereu. Era amabilă cu toată lumea, amuzantă și pregătită pentru orice. Am știut întotdeauna că personalitatea ei o va ajuta să obțină lucruri mărețe în viață, pentru că era imposibil să o cunoști și să n-o iubești.

Nu am găsit nicio explicație pentru ce se întâmplase - nici în ziua aceea, nici în săptămâna, nici în anul acela. Avea doar 19 ani. Am petrecut mult timp în capela școlii, stăteam singură și plângeam ușor. Toată lumea a înțeles să mă lase în pace - cu timpul, am început să-mi reiau rutina zilnică. Încet, încet, am găsit puterea de a-mi continua viața. Cu toții am făcut asta, fiecare în felul său.

M-am gândit la Kim în toate momentele-cheie ale vieții mele: la absolvire, atunci când m-am angajat prima dată, când m-am căsătorit. Ea nu avusese șansa să facă nimic din toate astea. Iar această nedreptate îmi provoca durere.

Apoi, am rămas însărcinată cu primul meu copil. Kim ar fi fost o mamă minunată. Dar nu avea să devină niciodată una. Din clipa în care am aflat că voi avea o fetiță, am știut că purta numele ei, Kim.

Fetița noastră frumoasă s-a născut într-o noapte de vară timpurie, când toată natura înflorea, exact ca în noaptea în care murise Kim. Era perfectă și i-am dat numele Kim. După ce au plecat toate asistentele și s-a lăsat liniștea în salon, i-am șoptit micuței întreaga poveste despre Kim. M-a ascultat cu va atenție și am adormit amândouă; o țineam în brațe, înfășată.

În timpul nopții, la un moment dat, am simțit o mână pe umăr, care încerca să mă trezească. Eram obosită după naștere și dormeam liniștită. Nu voiam să mă trezesc. Dar mâna m-a strâns de umăr, așa că n-am mai avut încotro. Gândindu-mă că era o asistentă care venise să mă verifice, am deschis încet ochii.

Kim stătea lângă pat. Nu era chiar ea, ci mai degrabă un nor de ceață; dar în el îi vedeam chipul lui Kim. Am știut imediat că era ea. O senzație de calm și liniște învăluise toată camera. Nu s-a rostit nici măcar un cuvânt. În mintea mea, îi auzeam vocea lui Kim: îmi spunea că o iubea pe cea mică și că o va veghea mereu. Bebelușul din brațele mele părea să fie cuprins de pace. Simțeam dragostea și liniștea transmise de Kim. Și am știut atunci că ea înțelesese că acela fusese felul meu de a onora tot ce nu reușise ea să realizeze pe Pământ.

Apoi s-a făcut nevăzută.

Au trecut 15 ani de atunci. Fiica mea își iubește numele. De multe ori, oamenii au spus, iar noi am simțit că „are un înger păzitor ce o veghează". Și chiar așa este!

~ Sarah Clark Monagle

80

Supă de pui pentru Suflet

Un mesaj de la mama

Bine spus – muzica este limbajul îngerilor.
– Thomas Carlyle

După ce a murit mama, la vârsta de 62 de ani, în urma unei lungi suferințe, am rămas cu un sentiment de pierdere, extrem de puternic și dureros. O voiam cu disperare înapoi. Era cea mai mare susținătoare a mea și nimeni nu avea cum să mă iubească vreodată așa cum o făcuse ea. „Ești adorabilă" îmi spunea ea tot timpul. În tinerețe, mama semăna cu actrița Rita Hayworth. Era cu adevărat splendidă. La ce îmi spunea ea, eu îi răspundeam: „Nu mai adorabilă ca tine, mama!". Acel sentiment de pierdere era cu atât mai puternic cu cât moartea ei survenise mult prea devreme, în urma unui cancer incurabil. Am învățat atunci că nu ești niciodată pregătit pentru moartea părinților tăi. A fost un șoc teribil și încă mă copleșesc amintirile cu ea din perioada în care se afla în suferință.

Dar nu-i stătea în fire să se plângă, de aceea nici nu se

concentra prea mult pe durere sau frică. Nici nu trăia în negare. „Bunica ta mi-a zis să nu-mi fac griji niciodată, pentru că ea va veghea tot timpul asupra mea" îmi amintesc că spunea. „Nu-ți face griji pentru mine. Fii fericită în propria ta viață și urmează-ți visurile!". Îmi zâmbea, avea un surâs trist; apoi, îmi reamintea că legătura noastră va dăinui peste toți anii despărțirii dintre noi. „Îți voi fi mereu alături și te voi veghea!" mi-a promis.

Când a fost diagnosticată cu cancer ovarian, am demisionat, am plecat din casa pe care o aveam în Florida și am venit să-mi ajut familia să o îngrijească la ea acasă. A fost greu, dar, în final, a trăit cu doi ani mai mult decât cele șase luni pe care i le prezisese medicul atunci când i-a spus că totul e în mâinile Domnului. În tot acel timp, am petrecut clipe minunate împreună: am mers la cumpărături, am plantat flori, ne-am spus secrete și am povestit aventuri. Într-o zi de vară, cu câteva săptămâni înainte să moară, cum stăteam noi pe marginea unui lac, într-o grădină înconjurată de flori, și-a pus mâna delicată într-a mea și mi-a șoptit: „Nu vreau să las toate astea – sau să te părăsesc pe tine."

Deși eram distruse, încă ne agățam de orice speranță. Ne rugam deseori pentru curaj; la fel făceau și familia, prietenii și cei de la biserică. Se făcuseră chiar și grupuri de rugăciune despre care noi nu aflasem. Știam că nu-i era ușor să facă tratamentele chinuitoare de chimioterapie, de aceea mă străduiam, pe cât posibil, să-i ofer alinare. Era foarte curajoasă, deși tratamentele o epuizau. În perioada aceea, spitalul în care o dusesem pentru chiomioterapie nu era cel mai plăcut loc de vizitat. Era un loc întunecos și mohorât, personalul era destul de neprietenos, iar medicii nu aveau pic de empatie pentru pacienții cu cancer. Nimeni nu zâmbea, nimeni nu vorbea cu oamenii care stăteau în sălile de așteptare mici și aglomerate, iar pacienții erau tratați mai degrabă ca niște numere, și nu ca ființe umane.

Recent, am vizitat o prietenă internată la același spital. Fusese renovat și arăta cu totul și cu totul diferit. Când am deschis ușa de la intrare, am avut senzația că rup panglica de pe un cadou neașteptat. Era o clădire albă, luminoasă, ce părea să întâmpine cu drag pe oricine îi călca pragul. Personalul, angajații și voluntarii erau toți foarte amabili și serviabili.

Când am părăsit spitalul în ziua aceea, o tânără cu părul negru ce cânta la pian pe hol mi-a atras atenția. Era atât de absorbită de muzica sa, că se vedea că interpreta melodia din tot sufletul. Am fost profund mișcată. S-au oprit mulți să o asculte.

- Așa-i că-i minunat? a spus o doamnă cu păr grizonat, în contrast cu tricoul ei cel drăguț și roz.

- O, da, am răspuns, surprinsă să-i aud vocea caldă și familiară și amintindu-mi cum mama mea, care adora culoarea roz, rostea deseori aceeași frază.

- Cântă din memorie, a continuat femeia, zâmbind.

Am vrut să o întreb de unde știa, dar m-au năpădit lacrimile. Mi-am ferit puțin privirea de doamna respectivă, iar când m-am întors spre ea, nu mai era acolo. M-am uitat peste tot, chiar am întrebat câțiva oameni care se opriseră să asculte pianul dacă o văzuseră.

- N-a fost nimeni aici care să fi avut tricou roz, mi-a spus o doamnă.

- Nu era nimeni lângă tine, mi-a zis altcineva.

- Dar am vorbit cu ea, a fost răspunsul meu.

- Nu,! a rostit un tânăr. Vorbeai singură.

Exact atunci, vocea aceea caldă îmi vorbea parcă din interior: „E un semn de la un înger, ceva care să îți reamintească de faptul că ești mereu legată de oamenii pe care-i iubești, iar cei dragi ție îți sunt mereu alături." Dintr-odată, tot ce aveam de făcut în ziua aceea n-a mai contat. M-am așezat pe o bancă și i-am mulțumit lui Dumnezeu - nu doar pentru toate binecuvântările din viața mea, ci și pentru îngerii care ne inundă sufletul cu iubire.

~ Kathryn Radeff

81

Supă de pui pentru Suflet

Cu bicicleta pe Haleakala

Ai simțit vreodată respirația unui înger, într-o blândă adiere de vânt?
O lacrimă când stăteai în ploaie?
Ai auzit vreodată o șoaptă printre frunzele foșnind?
Sau ai fost sărutat de un singur fulg de nea?
Natura este ascunzișul preferat al îngerilor.
– Terri Guillemets

Nu mai puteam dormi de emoție, așa că am sărit din pat când ceasul de voiaj a indicat în sfârșit ora 2 dimineața. Am tras pe mine o pereche de pantaloni scurți și un tricou, adică suficiente haine pentru vremea călduroasă de care ne bucuram deja de șase zile în Maui. Dar pe vârful vulcanului Haleakala, temperatura urma să fie mult mai scăzută, așa că am îndesat o bluză cu mânecă lungă, niște colanți și o jachetă într-un rucsac pe care l-am atârnat pe umăr.

M-am furișat pe scările de la mansarda apartamentului nostru, dar una dintre trepte a scârțâit. Am auzit-o pe nepoata mea de 2 ani scâncind într-unul dintre dormitoare, dar apoi a tăcut. Fiica mea, care se cuibărise pe canapea de parcă era un copil mic, a deschis un ochi. Mi-a urat „distracție plăcută", după care s-a întors pe cealaltă parte, înapoi la somn. Sperasem ca ea sau unul dintre cei doi fii ai mei să mă însoțească în excursia mea din zori, spre Haleakala; urma să urcăm cu mașina, apoi să coborâm pe biciclete. Dar s-au gândit că voi fi în siguranță într-un tur organizat, așa că n-au vrut cu niciun chip să se trezească în toiul nopții.

În mod normal, m-ar fi însoțit soțul meu, dar afacerile îl împiedicaseră să ni se alăture în sejurul din Maui.

Prietenii îmi poruncisseră să văd răsăritul de pe muntele Haleakala. M-am gândit că o tură cu bicicleta la coborâre, alături de un grup restrâns de aventurieri, avea să fie distractiv. Am trecut pieptenul prin păr, m-am dat cu puțin ruj și m-am îndreptat spre dubiță; aveam un gol în stomac.

Parcarea era mai puțin luminată decât mă așteptam eu, dar oficiul era iluminat, așa că m-am îndreptat într-acolo să aștept. Mi s-a alăturat un gardian; am pălăvrăgit câteva minute, apoi acesta și-a văzut de treabă. Am stat pe o bancă și am inspirat adânc aerul umed și sărat; sunetul oceanului m-a liniștit. Așadar, urma să merg pe o bicicletă care nu era a mea, alături de oameni pe care nu-i cunoșteam, pedalând din vârful muntelui la lumina răsăritului. Și ce dacă? Eram în siguranță.

O dubiță de 12 locuri, cu o remorcă plină cu biciclete în spate, a tras în parcare; șoferul a coborât și mi-a întins mâna:

- Bună! Eu sunt Aaron! mi-a spus și mi-a deschis ușa.

M-am instalat pe locul din mijloc, mi-am pus rucsacul în poală și am pornit la drum să luăm și restul de pasageri.

O mamă cu fiica sa au urcat de la un hotel.

- Mă bucur că mai este cineva peste 50 de ani, a spus femeia, afișând un zâmbet cald.

Într-adevăr, părea să fie un tur pentru tineri. Am simțit o strângere de inimă. Poate că tura cu bicicleta era mai grea decât anticipasem eu. De obicei, îmi era ușor să mă împrietenesc cu oameni noi, dar de data aceea mă simțeam ciudat de singură.

Aaron a oprit să ia și cel de-al doilea ghid, pe Manny, apoi aproximativ o oră și jumătate mai târziu am ajuns pe vârful Haleakala. Ne-am înfofolit în hainele ceva mai călduroase și am străbătut alături de ghizi o porțiune de teren cu lavă. Eu mă împiedicam de pietre negre ce umpleau coasta, în urma numeroaselor erupții ale vulcanului, și mă gândeam la cei din familia mea care probabil la ora aceea încă dormeau buștean. Pierdeau răsăritul. Și cursa cu bicicleta.

Ne-am așezat pe cele mai netede stânci pe care le-am găsit și am așteptat răsăritul. Oamenii vorbeau între ei, în grupuri de câte doi sau trei, ceea ce mi-a accentuat sentimentul de singurătate. Vocile s-au transformat în șoapte, pe măsură ce s-a luminat cerul, iar mănunchiuri de raze delicate și rozalii s-au răspândit ușor pe bolta cerească. Curând, tonuri portocalii au întregit tabloul răsăritului cu petele lor de culoare. Stăteam parcă deasupra lumii; ne-am pus ochelarii de soare, pe măsură ce lumina s-a intensificat și Soarele s-a arătat în toată splendoarea lui. Prietenii mei avuseseră dreptate: imaginea aceea uimitoare era de neuitat.

Când Soarele a limpezit orizontul, Aaron ne-a întrebat dacă eram gata de plecare. Mai degrabă, tremuram de emoție și de nerăbdare decât de frig.

După o călătorie scurtă cu duba până la jumătatea muntelui, am coborât, iar Aaron și Manny au dat jos bicicletele. Acestea erau niște chestii negre și grele, cu cauciucuri groase și noduroase și șei de trei ori mai mari decât șaua de la bicicleta mea de acasă. Aaron a împins spre mine una dintre biciclete.

- Este foarte joasă, i-am spus eu când m-am urcat pe ea.

- Așa trebuie să fie, ca să poți pune picioarele jos cu ușurință, mi-a explicat, dar mă simțeam ciudat și nu aveam echilibru dacă-mi țineam genunchii îndoiți atât de mult. Pedalați înapoi dacă vreți să încetiniți sau să vă opriți, ne-a informat Aaron.

Nu aveam frâne de mână? Am mai folosit frâna de picior când eram mică, mi-am spus eu ca să mă liniștesc singură. Când am pornit la drum, m-am clătinat, iar asta mi-a adus aminte de un accident cu bicicleta, pe care-l avusesem cu câțiva ani în urmă. Era mai întuneric afară, am lovit o bordură și am căzut destul de rău. Îmi amintesc că medicul de la Urgențe se temea că îmi fracturasem șoldul. Din fericire, n-a fost așa, dar oare aveam să mă accidentez de data asta? Am spus repede o rugăciune, cerându-i lui Dumnezeu să-mi fie alături și să mă ajute să pedalez.

Manny mergea pe laterala bicicletei, de parcă era o doamnă ce călărea, și supraveghea grupul. Ne tot spunea să stăm pe marginea drumului ca să mai treacă câte un vehicul motorizat. O femeie a cerut să meargă în dubă, pentru că era prea dificilă cursa pentru ea. Deși știam că trebuia să fiu încrezătoare, m-a cuprins frica. M-am rugat iar la Dumnezeu pentru ajutor. Inima stătea să-mi sară din piept și am apucat ghidonul de parcă bicicleta mea urma să se transforme în vreun cal sălbatic.

Apoi, am aruncat o privire lângă mine și încă una. Era Annie, cățelușa mea Golden Retriever, și alerga în același ritm cu mine. O îngropasem în curtea casei cu doar două luni în urmă. Alerga cu ușurință alături de mine, în Maui, cu limba scoasă, cu urechile bătute de vânt și cu lăbuțele abia atingând pământul.

– Annie, am răsuflat. Tu ești! Apoi m-au podidit lacrimile.

Annie îmi fusese cea mai bună prietenă timp de 13 ani, mă însoțea pretutindeni. Când nu mai putea sări în mașină, învățasem să o ridic, ca să putem fi împreună în continuare. Mi-a fost alături atunci când abia mă obișnuiam cu rolul de proaspătă soție și mamă vitregă pentru șase copii; chiar și atunci când m-am lansat în cariera de scriitor. Mi-a stat de veghe la căpătâi atunci când mă recuperam după un accident de schi în urma căruia mă lovisem la genunchiul stâng. Și, mai presus de toate, ea m-a învățat despre curaj, m-a învățat cum să lupt cu artrita de la o vârstă fragedă și a rămas pe picioarele ei până la final, doar ca să mă urmeze pe mine peste tot.

Tipic ei să fie aici, la fel de reală ca turiștii de pe biciclete, să-mi amintească că trebuie să fiu curajoasă, pentru că voi fi în siguranță coborând muntele.

Atunci mi-a dispărut orice urmă de frică.

Când nu am mai văzut-o pe Annie, am simțit-o alături pentru încă un timp. Grupul a pedalat până în centrul regiunii Maui, spre povârnișurile fertile ale muntelui Haleakala, unde se cultivau cele mai proaspete produse din Maui. Nu mai văzusem niciodată pomi de mango sau câmpuri de ananas. Mi s-a umplut sufletul de calm și bucurie. Până la urmă, nu eram singură. Și nici nu aveam să fiu vreodată.

– Îți mulțumesc, Annie! am rostit cu voce tare. Mulțumesc, Doamne!

~ Samantha Ducloux Waltz

82

Supă de pui pentru Suflet

Îngeri în cer și pe pământ

Dacă iubirea-mi e eliberare,
Iar sufletul nici el nu-mi e închisoare,
Doar îngerii plutind în zări îndepărtate
Se bucură de o astfel de libertate.
– Richard Lovelace

Eram singur în camera în care murise fratele meu. La sute de kilometri depărtare, Nancy era și ea singură în camera în care murise sora ei mai mare. Nu ne cunoșteam.

Oceanul a mugit lângă căsuța mea de pe plajă zile întregi după moartea fratelui meu, Timothy. Am făcut o plimbare de dimineață și gândul mi-a zburat la el și la accidentul de motocicletă care îi curmase viața. Mă întrebam dacă tragedia aceea fusese într-adevăr un accident.

M-am gândit și la Rebecca. Ea fusese marea dragoste a lui Timothy. Se cunoscuseră în primul an de facultate; apoi Rebecca s-a îmbolnăvit și a fost nevoită să se mute în altă parte, în speranța de a găsi un tratament miraculos. Din motive doar de ei știute, Timothy n-a plecat cu ea. Deși s-au iubit în continuare, Timothy și Rebecca n-au mai fost împreună de atunci. Cred că Timothy era cu gândul la Rebecca, și nu la drum atunci când a avut tragicul accident.

Nisipul îmi mângâia picioarele în rotocoale de fire fine; mi-am amintit de momentele în care eu și fratele meu mergeam pe jos, ore întregi, chiar prin locurile acelea. Majoritatea conversațiilor noastre avuseseră dragostea drept subiect principal. Timothy îmi spunea mereu că eram „fratele lui mic, romantic și iubitor, care într-o zi își va găsi îngerul lui special pe pământ". Eram încântat ori de câte ori îmi citea scrisorile de dragoste pe care el și Rebecca și le trimiteau. Fiind martor la dragostea lor, mă emoționam la gândul că, într-o zi, îmi voi găsi și eu „o Rebecca a mea".

Îmi amintesc că și Rebecca vorbea despre sora ei mai mică, al cărei nume nu l-am aflat niciodată; o descria drept „sora ei mai mică, romantică și iubitoare".

Pe când depănam amintiri, s-a întâmplat și primul miracol al zilei. În plină suferință, am auzit vocea lui Timothy contopindu-se cu oceanul, șoptindu-mi cuvinte înălțătoare: „Îngerii plăsmuiesc cele mai frumoase dintre relațiile noastre... în cer și pe pământ!". M-am oprit în drum și m-am uitat spre cer. O lacrimă mi-a curs pe obraz; am știut atunci că fratele meu devenise un înger. Un înger care să ne vegheze pe amândoi spre îngerii noștri speciali din cer și de pe pământ.

Am simțit cum mă înălțam sufletește. M-am întins pe plajă, rătăcind prin propriile gânduri. Cine era îngerul meu de pe pământ? Oare avea vreo legătură cu Rebecca, îngerul lui Timothy? Treabuia să aștept. Aceste revelații mă epuizaseră în cel mai plăcut mod cu putință. Am mers în tăcere spre căsuța mea și am adormit.

Am adormit ușor. Dar după un pui de somn ce mi s-a părut că a durat doar câteva minute m-a trezit un ciocănit discret în ușă. Cine putea fi? Al doilea miracol al zilei era pe cale să se petreacă.

La ușa mea, se afla cea mai frumoasă femeie pe care o văzusem vreodată, o femeie care radia de frumusețe din interior spre exterior. Avea un aspect încântător, cuminte; și-a dat părul lung și negru pe spate și mi-a vorbit.

- Numele meu este Nancy Lopez. Rebecca Lopez era sora mea. Aș vrea să vorbesc cu Timothy.

Nu-mi venea să cred ce auzeam și ce vedeam.

- Te rog să mă ierți că am apărut așa, pe neașteptate, a continuat.

- Ah, nu, nu e nicio problemă, am exclamat. Sunt fratele lui Timothy. Te rog să iei loc. Ce plăcere să te cunosc, Nancy! Rebecca și Timothy s-au bucurat de atât de multe momente frumoase în scurtul timp pe care l-au petrecut împreună.

- Da, așa este, a răspuns ea ușor timidă. Timothy este acasă?

Eram descumpănit.

- N-nu, nu este... adică...

Nancy mi-a ușurat sarcina. A mai făcut un pas, de parcă ar fi vrut să-mi câștige încrederea.

- Am vești proaste, mi-a spus.

Nu-mi imaginam ce putea să-mi spună. Am rămas acolo, nemișcat, fără să respir măcar.

- Sora mea, Rebecca, marea dragoste a lui Timothy, a murit.

Eram șocat. Am respirat adânc, dar lacrimile m-au năpădit. Nancy trebuie să fi simțit tot ce nu am reușit să rostesc, pentru că umărul ei m-a salvat chiar în acel moment.

Am auzit-o plângând ușor, în timp ce îmi oferea mie alinare; apoi mi-a șoptit:

- Rebecca mi-a spus că trebuia neapărat să termine ceva pe 23 iunie, la ora 8 dimineața. Habar nu aveam la ce se referea, dar acum știu... Știu pentru că aceea este ziua în care sora mea, Rebecca, a murit.

Mi s-a uscat gura; mai aveam puțin și leșinam.

- 23 iunie, ora 8 ai zis? Timothy a murit exact în aceeași zi, la aceeași oră!

Nancy împietrise.

- Dumnezeule, vrei să spui că sunt morți amândoi?

Chipul ei a cedat încordării din ultimele zile, așa că a izbucnit încă o dată în lacrimi.

Nu puteam să mă decid între a suferi pentru pierderea celor doi și a face un pas spre Nancy. M-am apropiat să-i ofer alinare. A plâns în hohote în brațele mele.

- Da, sunt amândoi morți, Nancy... dar sunt în sfârșit împreună, sunt sigur de asta!

Cuvintele mele nu aveau nevoie de un răspuns. Am văzut în ochii lui Nancy că înțelesese.

Parcă trăisem o viață întreagă împreună în doar câteva minute. Și miracolul încă nu se petrecuse.

Într-o clipită și cu mare intensitate, am auzit vocea puternică și înălțătoare a lui Timothy, copleșindu-mă cu vorbele sale: „Îngerii pot fi cu îngerii lor, pe pământ sau în ceruri. Eu mi-am găsit îngerul, pe Rebecca, în toată splendoarea ei divină. Și tu poți avea șansa de a trăi raiul pe pământ alături de îngerul tău!".

Eram emoționat, exaltat. Ochii mei, plini de lacrimi, s-au conectat cu ochii lui Nancy. Știam că și ea fusese mișcată de ceva la fel de minunat și nepământean ca ceea ce tocmai experimentasem eu. Pe măsură ce m-am apropiat de ea și i-am împărtășit cuvintele frumoase spuse de Timothy despre îngeri, spre suprinderea mea, am auzit-o pe Nancy spunând:

- Am auzit exact aceleași cuvinte! În exact același moment, dar rostite de Rebecca!

- Doamne! eu și Nancy avuseserăm aceeași revelație incredibilă, unică. Și, după doar câteva minute, eu și Nancy nu mai eram doi străini. Oare, chiar contează dacă ne găsim dragostea în ceruri sau pe pământ? Cel mai important lucru este să avem grijă de dragostea pe care o găsim, să nu o pierdem niciodată. Simțeam toate astea amândoi, în timp ce ne plimbam de mână, pe malul oceanului, știind cumva că Timothy și Rebecca se plimbau și ei de mână, alături de noi.

~ Al Cole

Capitolul 9

Îngeri printre NOI

Îngeri călăuzitori

83

Supă de pui pentru Suflet

Șeful de haită

Ne-ncredem în alaiuri cu pene,
Căci astfel îngerii pășesc
Rând după rând, cu pași egali
Și-n uniforme de zăpadă se-nvelesc.
– Emily Dickinson

Noaptea se lăsa cu repeziciune peste munții din North Carolina și ploua cu găleata atunci când Danny, liderul grupului nostru de cinci motocicliști, a dat semnal că se întoarce. Slavă Domnului, m-am gândit. Eram începătoare și nu condusesem pe astfel de vreme. Eram udă, extenuată, îmi era frig și, da, eram destul de înspăimântată. Dar, cel mai probabil, semnul de întoarcere făcut de Danny însemna că ajunsesem la ieșirea de pe aleea Blue Ridge care ducea la motelul unde eram cazați. Dușul cald, hainele uscate și cina copioasă erau la doar câteva minute distanță.

Ei bine, n-a fost așa. În loc să dăm de o autostradă aglomerată cu patru benzi, ne-am trezit într-o zonă de picnic părăsită. Ne-am parcat motocicletele, am mers prin noroi până la un adăpost acoperit și ne-am dat jos căștile.

- Scuze, băieți, a spus Danny, ușor jenat. Ploua atât de tare, încât se pare că am ratat ieșirea.

A scos din jachetă o hartă udă leoarcă și a îndreptat spre ea un creion optic. Era clară treaba - merseserăm aproape 24 de kilometri în plus față de punctul în care ar fi trebuit să ne oprim. Tot ce puteam să fac era să nu plâng. Parcurgerea acelei alei prăpăstioase și șerpuite ar fi fost dificilă chiar și într-o zi însorită. Într-o noapte ploioasă, parcurgerea acelei distanțe dura cel puțin o oră.

- Este în regulă, l-am asigurat. Vizibilitatea este aproape zero. Se putea întâmpla oricui.

- Vrea altcineva să meargă primul? a întrebat Danny.

- Nu, l-a asigurat soțul meu, George. Te descurci foarte bine. Hai să rămânem în aceeași ordine. Tu, Jennie, eu, Tim. Keith, mergi tu ultimul, să te asiguri că nu e nimeni lăsat în urmă?

Keith a aprobat din cap.

- Hai să luăm o pauză de mers la toaletă înainte să pornim iar la drum, a spus George. Dacă cumva ne despărțim la ieșire, amintiți-vă că motelul nostru, Hampton Inn, este la nici un kilometru depărtare, pe partea dreaptă.

Băieții erau deja echipați și pregătiți de drum când am ieșit de la toaletă. Mi-am pus casca și mănușile și am rostit o mică rugăciune în timp ce porneam motorul: „Te rog, Doamne, ghidează-ne în această călătorie periculoasă."

Vedeam farurile de la motocicleta lui Danny la capătul parcării. Am tras în spatele lui și m-am uitat în oglinda retrovizoare cum și ceilalți trei băieți își ocupau locurile în spatele meu. Ne-am făcut reciproc semne cu mâna că eram pregătiți și am pornit la drum. Era întuneric beznă. Ploua și mai tare ca înainte. Pe parbriz curgeau șiroaie de apă, ce-mi stropeau vizorul căștii. Încă 24 de kilometri în condițiile acelea! 24 de kilometri pe care-i parcursesem deja o dată. Dar nu era momentul să mă evervez.

Tot ce puteam să fac era să mă concentrez la lumina roșie de la motocicleta lui Danny, care mergea înaintea mea.

Drumul părea mai șerpuit și mai alunecos decât înainte. Atunci, în întunericul amurgului, m-am minunat de pereții stâncoși ai prăpastiei de lângă banda interioară. Și mi-am pierdut răsuflarea când am văzut prăpastia de dincolo de banda exterioară, pe care mergeam atunci. O mică greșeală din neatenție putea fi fatală pentru un motociclist.

„Încetează!" m-am dojenit singură. „Nu te mai gândi. Relaxează-te și concentrează-te să-l urmărești pe Danny."

Doar lumina aceea roșie m-a ghidat pe parcursul celor 24 de kilometri - cei mai lungi kilometri pe care-i parcursesem până atunci - până când am ajuns la ieșirea spre autostradă. Danny a semnalizat și am respirat ușurată. Motelul nostru era la o aruncătură de băț. „Îți mulțumesc, Doamne!" am rostit în timp ce am apăsat accelerația, încercând să rămân aproape de motocicleta din față care intra pe o autostradă aglomerată cu patru benzi. În față, undeva pe dreapta, exact așa cum spusese George, era indicatorul luminos, albastru, de la Hampton Inn.

Am redus viteza și m-am pregătit să virez. Dar am văzut că motocicleta din fața mea nu intenționa să încetinească. A mers înainte, a trecut de intrarea spre motel, apoi a continuat pe autostradă, cu și mai mare viteză. Am tras în parcarea acoperită din fața holului de la intrarea în motel, am ridicat vizorul și mi-am privit tovarășii apropiindu-se: George, Tim, Keith, Danny. Cum? Cum era posibil ca Danny să fie ultimul? Stătusem în spatele lui tot drumul.

Ne-am dat jos căștile și ne-am holbat unii la ceilalți.

Într-un final, George a luat cuvântul:

- Cum ai ajuns în spate, Șef de Haită?

- N-am reușit să-mi pornesc motocicleta când am plecat din zona de picnic, a spus Danny. Am claxonat, am strigat, dar nu m-a auzit nimeni. Am fost cam la zece minute în spatele vostru până am ajuns la autostradă.

Toată lumea și-a îndreptat privirea spre motociclistul începător. Adică spre mine.

- Deci tu ne-ai condus tot drumul? a întrebat Keith. Pe beznă și pe ploaie?

- Nici gând, am spus încet, dând din cap. N-am fost eu în față. Dar știu cine a fost.

~ **Jennie Ivey**

84

Supă de pui pentru Suflet

Ce poți face tu?

Și aruncați asupra Lui toate îngrijorările voastre,
căci El Însuși îngrijește de voi.
– 1 Petru 5:7

Chiar cred în îngeri, dar nu cred despre ei că plutesc în jurul nostru sau că ne urmăresc la fiecare pas, ca cel din vestitul tablou „Îngerul păzitor". La momentul respectiv, eram destul de reticentă în a participa, alături de cele trei cumnate ale mele, la un seminar spiritual, unde aveau loc lecturi pe tema îngerilor. Până la urmă m-am hotărât să merg, doar ca să mă simt parte din familie.

De cum au început lecturile, mi-am dat ochii peste cap, căci cel care citea nu făcea altceva decât să spună ceea ce-și dorea toată lumea să audă. Adică cine nu și-ar fi dorit să aibă alături o călăuză extraterestră, care să-i asculte dorințele și care să-i vrea doar binele? Mi se părea exagerat. Am inventat o durere de cap și am plecat mai devreme.

Un an mai târziu, le-am însoțit pe cele trei cumnate la un curs de meditație, un concept în care cred. Instructoarea părea de bună-credință și avea o experiență bogată în predare și consiliere psihologică. De fapt, un medic la care mergeam îi și menționase numele. Chiar voiam să experimentez senzația supranaturală de eliberare prin meditație. Se spune că meditația înseamnă să-ți reduci la tăcere propria minte, într-atât, încât să-i permiți lui Dumnezeu să-ți vorbească.

Cursurile îndemnau la cugetare, iar atunci când Nancy, instructoarea noastră, „ne-a lăsat în starea de meditație", am simțit chemarea acelui fenomen liniștitor.

La al treilea curs, Nancy deja ne-a provocat la o meditație ceva mai profundă.

- În această după-amiază, a început ea, ne vom căuta călăuzele spirituale.

Of, nu, m-am gândit. Uite cum o luăm noi pe arătură!

Nancy și-a început monologul, ghidându-ne spre starea de meditație. Ne-am lăsat purtați de val și ne-am relaxat; eram pe o plajă; trupurile noastre erau din ce în ce mai ușoare.

- Uitați-vă după călăuzele voastre spirituale. Sigur sunt acolo, pe undeva. Poate fi cineva pe care-l iubiți din tot sufletul și care nu mai e printre noi.

Vocea ei era caldă, suavă, seducătoare.

Eram pe plaja aceea pe care ea o descria. Simțeam briza și puteam mirosi aerul sărat. Era cineva pe care îmi doream cu adevărat să-l văd. Mă uitam după tata. Când ne-a spus să căutăm în depărtare, am cercetat cu privirea întinderea de nisip, cu dorința de a-l vedea. Tata fusese titanul din viața mea; îmi lipsea el și mi lipseau teribil de mult sfaturile lui. Voiam să îi spun despre fiul meu, care se confrunta cu probleme la locul de muncă. Indiferent cât de mult priveam în depărtare, plaja aceea minunată era pustie. Spune-mi ce să fac, mă rugam. Cum să-mi ajut fiul?

Vocea calmă a lui Nancy mi-a întrerupt gândurile.

- Privește în dreapta, a spus.

Am făcut întocmai și acolo... era un înger. Un înger! Eram atât de uimită că aproape am strigat, dar frumusețea și calmul acelei ființe încântătoare din fața mea m-a absorbit cu totul. Nu-mi dădeam seama dacă era o femeie sau un bărbat; parcă era doar un amalgam de culoare și lumină; o sumedenie de suvițe de păr aurii și veșminte verzi. Iar aripile - aripile erau albe, îndoite pe spatele acelei creaturi miraculoase. Nu mă așteptasem să văd vreodată un înger, darămite unul cu aripi - asta depășea deja sfera logicii. Dar, în același timp, în timpul meditației, îmi doream să-l îmbrățișez - sau s-o îmbrățișez - dar eram efectiv uluită de măreția acelei apariții.

Am știut, fără să fie nevoie ca cineva să-mi spună, că aceea era călăuza mea spirituală.

Nancy ne-a spus să ne împărtășim problemele cu călăuza, în eventualitatea în care aveam șansa să o vedem. Fără să rostesc un cuvânt, am întrebat cum îmi puteam ajuta fiul și am primit înapoi răspunsul, tot fără cuvinte: „Ce poți face tu?". Nu am înțeles întrebarea. Nu exista pic de intonație. Nu se pusese accent pe niciun cuvânt.

Nancy ne-a ghidat spre ieșirea din meditație. I-am urmat pașii, împotriva voinței mele. Faptul că eram pe plaja aceea în fața unui înger era un soi de paradis pe care nu mă așteptasem să-l experimentez, așa că nu-mi doream să plec.

Alți cursanți se plângeau că nu văzuseră și nu simțiseră nimic; alții pălăvrăgeau despre cât de minunat fusese cursul. Eu nu voiam să împărtășesc experiența mea cu nimeni. Fusese mult prea personală, mult prea intimă, mult prea miraculoasă. Și, până la urmă, cine m-ar fi crezut?

Am păstrat secretul pentru mine până mult mai târziu, noaptea, când i l-am spus soțului meu, Bill.

- Ce pot face eu? l-am întrebat. Cum aș putea eu să-l ajut pe fiul nostru? Este în cealaltă parte a țării. Nu cunosc pe nimeni în domeniul în care lucrează el. Nu știu nimic despre munca lui. Îngerul m-a întrebat: ce pot face eu?

Bill m-a privit și mi-a spus:

- Poate că pui accentul pe cuvântul greșit. Nu este: „Ce poți face TU?", ci „Ce POȚI face tu?". Uneori e important să faci diferența între cele două. Întotdeauna ai impresia că poți rezolva orice sau cel puțin că ar trebui să poți face asta. Trebuie să accepți că uneori tu nu poți face nimic și să lași lucrurile în mâinile Domnului. N-ar trebui să ai nevoie de un înger care să-ți spună asta.

Ei bine, se pare că am nevoie. De atunci, această scurtă întrebare a constituit fundamentul rugăciunii mele. „Ce pot face eu?". Dacă îmi stă în putere să ajut pe cineva, atunci trebuie să o fac. Dacă îmi pun acea întrebare și îmi dau seama că eu nu pot face nimic, trebuie să las lucrurile în voia lui Dumnezeu.

Și atunci când îi mulțumesc îngerului meu pentru acel sfat simplu, dar atât de profund, îi cer și înțelepciunea de a vedea diferența.

~ Rosemary McLaughlin

85

Supă de pui pentru Suflet

Îngerul din aeroport

Credința face lucrurile posibile, nu ușoare.
– Autor necunoscut

Era prima dată când zburam de una singură și aveam ceva emoții. Urmau două escale, una în Phoenix și alta în Houston, ambele în două aeroporturi imense. Iar timpul dintre zboruri era scurt. Avionul de legătură de la Yuma, Arizona, aterizase în Aeroportul Internațional Phoenix. Am coborât din avion și mi-am luat bagajul. Aveam la dispoziție 20 de minunte să ajung la poarta de îmbarcare pentru zborul ce pleca din Phoenix cu destinația Houston. Am memorat numărul porții, E-27, și mi-am băgat biletul în buzunar, pentru că aveam nevoie de ambele mâini pentru a-mi căra poșeta, bagajul de mână și valiza.

În doar câteva minute reușisem deja să mă rătăcesc, așa că am intrat în panică. Cumva, nu știu cum, am ajuns în mijlocul unei încăperi imense, fără nimeni altcineva în jur. După ce m-am învârtit prin preajmă, căutând pe cineva care să mă ajute, am început să mă rog: „Te rog, Doamne, m-am rătăcit și am la dispoziție doar câteva minute să ajung la avion. Te rog, ajută-mă!".

M-am abținut să nu plâng și am început din nou să merg de colo colo. Lângă mine stătea acum un tânăr înalt, chipeș, brunet, cu ochii negri, îmbrăcat într-o uniformă albastră. Nu-l văzusem intrând.

- Vă pot ajuta, doamnă? m-a întrebat.

- Da, m-am văitat. M-am rătăcit și am la dispoziție doar câteva minute ca să prind următorul zbor.

- Haideți cu mine! a spus și mi-a zâmbit.

M-a condus spre un șir de scări, am coborât și am ieșit pe o ușă; acolo, i-a făcut semn să oprească unui autobuz care transporta pasagerii spre aeronave.

Când șoferul autobuzului a oprit, tânărul i-a spus acestuia:

- Condu-o pe doamna la poarta E-27; și grăbește-te, mai are doar câteva minute la dispoziție!

Am urcat în autobuz și apoi m-am oprit; m-am întors să îi mulțumesc tânărului, dar nu mai era acolo!

M-am așezat și m-am uitat pe fereastră: nu-l vedeam nicăieri.

Eram nedumerită, dar totodată atât de agitată că trebuia să ajung la poarta de îmbarcare, că am încetat să mă mai gândesc la asta.

Am ajuns pe ultima sută de metri. Când am scos biletul din buzunar ca să-l arăt bărbatului de la poarta de îmbarcare, mi-am dat seama că eu nu-i arătasem biletul și nici nu-i spusesem acelui tânăr la ce poartă voiam să ajung. Dar cu toate acestea, el mă ghidase spre autobuzul potrivit și-i spusese șoferului la ce poartă să mă ducă.

M-am gândit la toate astea pe timpul zborului spre Houston. Când am coborât din avion, în Houston, mi-am dat seama că aveam doar 15 minute la dispoziție să prind următorul zbor, iar eu trebuia să mă îmbarc la 20 de porți mai încolo!

- Of, nu! m-am căinat. Nu iar!

- Vă pot ajuta, doamnă? am auzit o voce cunoscută.

Uitându-mă în jur, am văzut un tânăr înalt, chipeș, brunet, cu ochii negri, îmbrăcat într-o uniformă albastră. Pesemne că rămăsesem ca momâia, cu gura căscată.

Mi-a zâmbit, iar eu, bâlbâindu-mă, i-am răspuns:

- Da, trebuie să prind zborul spre Tulsa, Oklahoma, și am doar 15 minute să ajung la poarta de îmbarcare.

A ieșit pe culoarul cel larg, a oprit un cărucior de transport și i-a spus șoferului:

- Du-o la poarta 22. Are doar câteva minute la dispoziție!

M-am urcat, apoi am privit înapoi și, desigur, tânărul nu mai era acolo.

După ce m-am așezat pe locul meu și avionul a decolat, m-am gândit la cele două întâmplări. Tânărul acela fie avea un frate geamăn, fie tocmai fusesem ajutată de un înger - același înger, în ambele aeroporturi. Exista o singură explicație pentru tot ce se petrecuse. Mă rugasem la Dumnezeu pentru ajutor. Iar el a trimis un înger, deghizat într-un tânăr înalt și chipeș, care să mă ajute să prind zborul spre Houston; și același înger mă aștepta în Houston ca să mă ajute să prind zborul spre Tulsa.

M-a cuprins un sentiment incredibil de liniște atunci când am realizat că Dumnezeu avea să ne asculte mereu rugăciunile și să ne trimită un înger sau pe cineva să ne ajute în călătoriile noastre.

~ Pat Kane

86

Supă de pui pentru Suflet

Un înger, într-un Buick galben

Ne-ajute îngerii, păstrători de har!
– William Shakespeare

Îmi iubesc slujba; lucrez ca terapeut și sunt specializată în dezvoltarea copiilor cu nevoi speciale. Îi stimulez pe copii cu ajutorul jucăriilor educative, precum puzzle-urile sau cărțile și încerc să-i determin să vorbească, să urmeze indicații simple și să se comporte într-o manieră specifică vârstei lor. Ședințele de terapie sunt de obicei mai productive atunci când se desfășoară în mediul natural al copiilor, respectiv în propriile lor case. Deși iubesc foarte mult ceea ce fac, prin natura muncii mele, ajung uneori și în cartiere rău-famate.

Odată, am terminat sesiunea de terapie când afară deja se întunecase. Am mers repede spre mașină, am urcat și am blocat ușile. Cartierul respectiv nu era un loc prietenos nici pe timpul zilei, cu atât mai puțin, după lăsarea întunericului. Ca să fie tacâmul complet, era prima dată când veneam în locul acela și nu știam exact cum să ajung înapoi la drumul principal.

M-am îndepărtat de casă, am virat pe o stradă lăturalnică, apoi am mai cotit de câteva ori pe alte străzi și mi-am dat seama că mă rătăcisem complet. Iar împrejurimile deveniseră și mai neprietenoase.

Am continuat să conduc, sperând să găsesc un punct de reper pe care să-l recunosc. Dar cu cât conduceam mai mult, cu atât deveneam și mai confuză. Am virat spre o altă stradă și, când era deja prea târziu, am realizat că eram într-o fundătură. Încercam să întorc când am observat câțiva adolescenți, ce păreau cam periculoși și care se îndreptau spre mine. Acea parte a orașului era recunoscută pentru găștile de cartier; atunci când auzeai la știri vorbindu-se despre vreo crimă violentă, de obicei acela era locul unde se petrecuse. Pe măsură ce s-au apropiat, tinerii au început să-mi adreseze cuvinte vulgare.

„Te rog, Doamne, te rog, arată-mi cum să scap de aici" m-am rugat. „Apără-mă de băieții aceștia și scoate-mă de aici!".

Până am terminat de rostit rugăciunea, băieții se răspândiseră deja pe toată șoseaua. Nu aveam cum să trec de ei, decât dacă îi loveam. Apoi am văzut ceva metalic strălucind. Mi-am dat seama că unul dintre adolescenți avea un pistol sau o altă armă. În acel moment, lacrimile și rugăciunile au devenit cu adevărat serioase.

„Am nevoie de ajutorul Tău, Doamne!" am rostit încet, pe măsură ce ei se apropiau.

Apoi, din senin, de pe o alee din apropiere, a apărut o mașină. Șoferul a dat cu spatele și s-a poziționat între mașina mea și adolescenți. A început să miște mașina, mai întâi încet, apoi mărind viteza. Mi-am dat seama că tinerii trebuiau să se dea la o parte ca să nu fie loviți de autoturism. Fără ezitare, am accelerat și l-am urmat îndeaproape. Băieții s-au ferit și am trecut în viteză pe lângă ei.

Deși am răsuflat ușurată pentru că reușisem să scap de adolescenții din acea fundătură, mi-am dat seama că tot rătăcită eram în acel cartier periculos. Respectiva mașină era încă în fața mea; abia atunci am realizat că avea lipit un autocolant pe care scria: „Dumnezeu îmi este copilot."

Ochii mi s-au umplut iar de lacrimi, pentru că am realizat că Dumnezeu îmi ascultase rugăciunile. Am șoptit un mulțumesc rapid și m-am decis să urmez mașina. M-a condus până la drumul principal care mă ducea spre casă. Imediat ce am ieșit din cartierul acela, mașina s-a oprit în dreptul meu, iar șoferul mi-a făcut un semn discret cu mâna. I-am răspuns cu același gest și am condus spre casă.

Când am vizitat pentru a doua oară casa aceea, am povestit familiei elevului meu ce mi se întâmplase.

- Am crezut că ceva îngrozitor urma să se întâmple, dar apoi a apărut mașina aceea - un Buick de un galben aprins - care s-a pus între mine și băieți, am spus.

- Unde erai? a întrebat tatăl elevului meu. Pentru că n-am văzut niciodată o astfel de mașină în cartierul nostru.

- Păi, a ieșit de pe o alee din apropierea uneia din străzile înfundate, am răspuns.

Dar tatăl dezaproba din cap.

- Nu cred, Diane. Există o singură stradă înfundată în cartier și majoritatea caselor de pe ea sunt baricadate cu scânduri. Nu mai locuiește nimeni acolo, din cauza găștilor.

- Dar Buick-ul galben... am spus.

În cele din urmă, tatăl studentului meu m-a convins să merg cu el pe acea stradă. Știam sigur că era aceeași stradă înfundată pe care fusesem cu o săptămână în urmă. Dar avusese dreptate. Nu locuia nimeni acolo. Casele, chiar și aceea de unde eram sigură că apăruse acel Buick galben, erau acoperite cu scânduri. Erau nelocuite de multă vreme.

- Și atunci, cum... am început să mă întreb; apoi, l-am văzut.

Pe ușa murdară a uneia dintre case era un abțibild pe care l-am recunoscut.

Și atunci am știut că șoferul acelui Buick galben nu era un om obișnuit. Fusese trimis de Dumnezeu să mă protejeze și să mă îndepărteze de pericol.

Am făcut o plecăciune și l-am mulțumit lui Dumnezeu pentru dragostea și protecția Sa și pentru că-mi scosese în cale un înger într-un Buick galben.

~ Diane Stark

87

Supă de pui pentru Suflet

Du-te acasă!

Căci Tatăl vostru știe de ce aveți trebuință, mai înainte ca să-I cereți voi.

– Matei 6:8

- Jim! am țipat, îngrozită, când am ajuns în bucătărie și am văzut flăcările înfiorătoare ce cuprinseseră dulapurile. Ce faci?

- Prăjesc pâine, mami, mi-a spus el, mândru. Pentru că nu găsise pâine, pusese biscuiți în prăjitor.

Cu mâinile tremurânde, am scos prăjitorul de pâine din priză și l-am scufundat în chiuveta plină cu apă. M-am temut întotdeauna de posibile incendii în bucătărie. Și aproape că trecusem printr-unul.

Încă un dezastru fusese evitat. Genunchii mei slăbiți abia m-au dus până la scaunul pe care m-am prăbușit. Uitându-mă spre cer, l-am invinuit în tăcere pe soțul meu, recent decedat, pentru că își abandonase familia și lăsase toate responsabilitățile în seama mea.

Desigur, un comportament irațional din partea mea.

Moartea sa, pricinuită de un șofer ce obișnuia să bea, nu-i caracteriza absența din rândul familiei drept abandon, dar nu eram tocmai lucidă în perioada aceea. Responsabilitatea de a-l proteja pe acest nedisciplinat de 3 ani apăsa greu pe umerii mei.

Doar cu o săptămână în urmă, îi scuturasem pilota; mă așteptam să o văd așezându-se frumos pe pat; în schimb, mi-a fost dat să văd cum două ouă crude și un bidon deschis cu sirop de ciocolată zburau prin cameră. Uf! Pereții, plintele și covorul din camera lui au avut nevoie de o igienizare temeinică, în urma acelei ștrengării.

Apoi, a mai fost momentul acela îngrijorător când i-am auzit îngrozitorul șuierat astmatic. În timp ce-l căutam, m-am ciocnit de el pe hol, exact la timp ca să văd cum i se scurge pe frunte spuma de la detergentul de baie; cât pe-aci să-i intre în ochi.

– Mi-am aranjat părul ca tine, mami! m-a informat el binedispus.

Asta s-o fi întâmplat înainte sau după ce mi-a luat foarfeca cea mare de croitorie, pe care a apropiat-o periculos de mult de ochi și și-a tăiat jumătate din bretonul lui frumos și blond? Am pierdut șirul năzbâtiilor pe care le-a făcut.

Sincer vorbind, în ziua aceea mă simțeam copleșită. Îmi era dor de o conversație între adulți, de compania cuiva, de un comportament previzibil. Mă gândeam: „Doar munca, fără distracție, mă va transforma într-o morocănoasă." M-am cufundat în canapea.

Am început să butonez telecomanda, cu indiferență. „Sesame Street" mi-a atras atenția.

– Jim! Kim! am strigat. Haideți să vedeți ce pune la cale Big Bird!

Mă gândeam că spectacolul televizat îi va capta atenția lui Jim, suficient cât să-mi spăl mașina, altă sarcină de care ar fi trebuit să se ocupe un bărbat și care îmi revenise tot mie.

Imediat ce am ieșit, am început să trebăluiesc pe lângă mașină. După câteva minute, mi s-a părut că suna telefonul, așa că am oprit furtunul cu apă.

Fiica mea de 5 ani, Kim, m-a anunțat că este pentru tine. Mă căuta un prieten pe care nu-l mai văzusem de multă vreme.

Dacă voiam să mă întâlnesc cu el la cină? Doar ca să ies puțin din casă? Desigur! Am sunat bona și mi-am petrecut restul după-amiezei pregătindu-mă pentru seara în oraș.

Când le pregăteam cina, Jim alerga în jurul casei, pretinzând că era Spider-Man, necăjindu-și sora care încerca să creeze o capodoperă cu câteva creioane colorate și o foaie de hârtie; o întrerupea în mod constant. „Câteodată, mi-aș dori să știu de unde are Jim atâta energie" mi-am spus, dând din cap. „Mi-ar plăcea să găsesc sursa!".

A sosit și bona și, după ce i-am dat indicațiile specifice oricărui părinte, i-am pupat pe Jim și pe Kim, apoi am plecat să-mi întâlnesc prietenul.

Restaurantul părea extrem de elegant. La lumina lumânărilor, vesela de argint căpăta o strălucire caldă. Porțelanurile fine mi-au amintit de lumina Lunii, pictată pe o farfurie. Iar mâncarea a fost perfectă.

Am stat la masă și am vorbit. Ne-am mutat apoi de la masă și am mers în foaier, unde ne-am continuat conversația. Simțeam că mă relaxasem. Chiar aveam nevoie...

Apoi, am avut un gând supărător: „Du-te acasă, acum! Jim are nevoie de tine."

Gândul mi-a răsunat în minte, zdruncinându-mi buna-dispoziție. Oare era vreun sâmbure de adevăr în toate astea? M-am gândit că nu aveam cum să știu dacă Jim avea nevoie de mine de la distanță. Am alungat acel gând și mi-am îndreptat atenția la ce-mi povestea prietenul meu.

„Jim are nevoie de tine. Du-te acasă!". Din nou, acel gând. Oare era vocea mea interioară sau a altcuiva? Sentimentul acela presant care mă neliniștise era mai mult decât puteam îndura, așa că am spus:

- Îmi cer scuze. Nu înțeleg ce mi se întâmplă, dar cred că trebuie să ajung acasă. Cred că Jim are nevoie de mine.

Drumul până acasă a părut o veșnicie. Îngrijorat, prietenul meu m-a însoțit. M-am grăbit să intru în casă; bona adormise pe canapea, iar camera lui Jim era goală.

Am început să-l caut și l-am găsit culcat pe patul meu; părul lui frumos și blond era ud leoarcă; transpirase din pricina febrei. În mod evident, atunci când s-a simțit rău, a mers să mă caute și, cum nu m-a găsit, a căutat alinare în camera mea.

Sub ochi și în jurul gurii pielea îi era bolnăvicios de vineție. Gura lui scotea un șuierat slab. Părea că nu poate respira. Îngrozită, l-am ridicat și l-am zgâlțâit, strigându-l pe nume. A deschis ușor pleoapele, apoi a închis din nou ochii.

Am fugit cu el la spital; cei de la Urgențe l-au luat repede în primire, iar pe mine m-au lăsat în camera de așteptare. Când m-au lăsat în sfârșit să merg lângă el, Jim se trezise. Purta o mască de oxigen; părea atât de mic, slăbit și neajutorat. Medicul m-a informat că radiografiile indicau faptul că Jim suferea de pneumonie la ambii plămâni. Aproape toată săptămâna următoare a avut nevoie de oxigen.

Apoi, într-o după-amiază, când am mers să-l vizitez, l-am găsit alergând prin secția de pediatrie, pretinzând că era iar Spider-Man. În momentul acela am fost mai sigură ca oricând că a fi mamă era cea mai satisfăcătoare ocupație pe care o femeie avea privilegiul de a o trăi.

Nu voi înțelege niciodată cum a ajuns de la un copil normal și activ, care nu dădea niciun semn de boală, atunci când am plecat să-l întâlnesc pe prietenul meu, la un pas de moarte, atunci când l-am găsit în casă. În schimb, am înțeles asta: eu nu-mi creșteam singură copiii, fără ajutor. De fapt, nu purtam pe umeri acea povară de una singură, așa cum crezusem. Știu acum că aveam un ajutor nevăzut. Am aflat asta atunci când mi-am auzit îngerul spunând: „Du-te acasă! Jim are nevoie de tine."

~ Carol A. Gibson

88

Supă de pui pentru Suflet

În căutarea propriului drum

Nu suntem niciodată atât de pierduți, încât
îngerii noștri să nu ne poată găsi.
– Stephanie Powers

Naivitatea este uneori esențială, în contextul unei aventuri; cineva cu experiență ar avea mai multă minte de atât. La 19 ani, eram tânără și fără experiență. Crescusem într-un orășel din Oklahoma cu 3.000 de locuitori și rareori călătorisem în copilărie. Am văzut oceanul abia la 17 ani. Așa că atunci când un prieten european mi-a telefonat că trebuia să se opereze și nu putea veni în vizită în State, în luna decembrie, am decis să merg eu să-l vizitez în Europa.

Singură.

Mi-am făcut bagajele - două valize imense și o geantă de mână, atât cât permiteau companiile aeriene la vremea respectivă - și am pornit în aventură.

Am zburat spre Germania, deși destinația mea era Zürich, în Elveția. Zborul spre Germania fusese mai ieftin și, cum eram studentă, factorul financiar fusese decisiv în luarea deciziei. Aveam deci un bilet de avion, suficienți bani pentru o călătorie cu trenul dus-întors de la Frankfurt la Zürich și vreo 50 de dolari bani de cheltuială.

Vorbisem cu vărul meu, care era înrolat în armată, să mă aștepte la aeroport și să mă conducă până la gară. Chiar așa a făcut; totul se desfășura conform planului. M-a direcționat către tren, și-a luat la revedere și a plecat.

Iată-mă, așadar, cu două valize imense și o geantă de mână. Ceea ce păruse o idee bună în Oklahoma, dintr-odată nu mai părea una tocmai strălucită, când mi-am dat seama că trebuia să urc și să cobor bagajele din tren, plus că mai aveam de luat un mijloc de transport de legătură.

M-am chinuit să cobor pe o scară rulantă, încercând să-mi echilibrez cele ce păreau să fie toate bunurile materiale pe care le dețineam; am mers pe acel peron pe care am crezut că mi l-a indicat vărul meu și am așteptat. Nu venea niciun tren.

Cum stăteam eu acolo, un bărbat s-a apropiat de mine și m-a întrebat dacă aveam nevoie de ajutor. Mi-a vorbit într-o engleză impecabilă atunci când a spus că stau pe peronul greșit; după care mi-a arătat unde să merg. I-am mulțumit și am plecat într-acolo.

Am prins trenul potrivit și am ajuns cu bine în Zürich.

Abia mai târziu, când am devenit o turistă ceva mai experimentată și ulterior rezidentă a orașului Zürich (dar asta este o poveste pentru altă dată), am început să rememorez aventura aceea și să-mi pun întrebări. Dacă acel bărbat nu mi-ar fi dat un sfat pe care de altfel nu-l cerusem, aș fi pierdut trenul și n-aș fi avut nicio idee cum să găsesc un alt tren. În plus, nici nu aveam bani suficienți ca să-mi cumpăr un alt bilet sau să rămân la un hotel. Deci, cine era bărbatul acela? De unde știuse el că eram pe peronul greșit? De ce se sinchisise să mă abordeze și să mă direcționeze către un alt peron? Și, cel mai ciudat lucru dintre toate, de unde a știut ce tren așteptam dacă nici măcar nu mă întrebase unde mergeam?

Auzim mereu de prezența îngerilor printre noi. În ziua aceea, din fericire, se pare că am întâlnit unul care a ajutat o turistă aventuroasă, dar slab pregătită, să-și găsească drumul.

~ C. D. Jarmola

89

Supă de pui pentru Suflet

Îngerul de la kilometrul 40

Suntem, fiecare dintre noi, îngeri cu o singură aripă și putem zbura doar îmbrățișându-ne unul pe celălalt.
– Luciano de Crescenzo

Mă aflam în Yokayo Valley ca să concurez pentru maratonul Russian River și să încerc primul meu maraton de trei ore. În cele două curse anterioare, reușita finalizării în trei ore mă ocolise, dar eram încrezător că situația avea să se schimbe la maratonul Russian River.

O voce amplificată ne invita la linia de start. Oamenii de dezbrăcau, se întindeau și își prindeau numerele de concurs pe tricouri. Primele raze de soare mângâiau cerul dimineții, iar ceasul indica doar câteva secunde până la începerea cursei. Pocnetul ascuțit al pistolului ce anunța startul a străbătut văzduhul; cursa începuse.

Pentru o scurtă perioadă de timp, marea de alergători s-a deplasat ca un grup compact. Dar grămada s-a împrăștiat rapid – crema alergătorilor s-a detașat, cei mai puțin pregătiți au rămas în spate, iar alții mențineau un ritm constant. În primul kilometru am respirat greu, până când organismul s-a adaptat la ritmul de alergare. De la al doilea kilometru încolo, am început să mă relaxez. Alergam mai repede și mai ușor. Respirația mi se stabilizase, iar picioarele mele se deplasau fără efort. M-am lăsat dus.

Dacă te-ar pune cineva să te așezi și să desenezi traseul perfect pentru un maraton, cel mai probabil l-ai descrie pe cel din Yokano Valley, în Ukiah, California. Acolo, pe măsură ce înaintezi, treci pe lângă rânduri nesfârșite de vii în negura dimineții. Te desfeți într-un pâlc de pruni. Te minunezi de florile roz și albe ce împodobesc pomii fructiferi. Frumusețea extraordinară a traseului de peste 40 de kilometri îți rămâne întipărită în memorie.

Să alergi la maraton este ca și cum ai scrie proză; este o chestiune de introspecție. Un maratonist bun își monitorizează constant semnalele pe care i le dă corpul. Hidratarea și respirația sunt importante. Pulsul și greutatea resimțită în coapse și pulpe sunt de luat în calcul. Și se întreabă constant: Ce timp am obținut până acum? Să beau apă la următorul post de prim ajutor? Să mai încetinesc puțin ca să păstrez mai multă energie pentru final?

Din nefericire, nu eram atent la nimic din toate astea în ziua respectivă. Am mărit viteza, încet, încrezător. Bifam kilometru după kilometru, fără efort. Mă stârnea o viziune: era ultimul kilometru din cursă, iar eu eram în frunte. Un alt alergător se apropiase la o distanță provocatoare. Când a ajuns în dreptul meu, am alergat foarte repede spre linia de sosire. Spectatorii mă încurajau și-mi strigau numele. Am făcut un efort supraomenesc, am rupt panglica și am câștigat.

Realitatea îmi era distorsionată de fantezie. Sau, cel

puțin, asta încerca mintea mea să facă. Nefiind conștient de kilometrii rămași de parcurs, am alergat mai tare, am țâșnit și am depășit alți alergători. Alergam ca un posedat. Era un moment transcendental. Corpul îmi devenise o mașinărie. Maratonul de trei ore devenise, brusc, floare la ureche. Aveam să termin cu 30 - ba nu, 45 de minute - mai devreme față de cel mai bun timp al meu.

Dar, spre finalul cursei, a apărut o problemă. Înainte să termin de parcurs toți kilometrii, mi se termina energia. Picioarele mi-au amorțit brusc și le simțeam fără vlagă. Corpul a început să-mi tremure din cauza epuizării, ca un titirez ce începe să se clatine. În cursele de alergare, i se spune „Peretele" - este acel punct nemarcat de pe traseu, unde nimic nu-ți mai este cunoscut și intervine imprevizibilul. Peretele este un prag al durerii pe care puțini reușesc să-l depășească.

Un alergător adevărat ajunge să se gândească la durere cum se gândesc orășenii la alarmele auto. Știi că sunt menite să indice că ceva este în neregulă, dar le-ai auzit de atâtea ori că ajungi să le ignori. Eram hotărât să termin cursa. Nu aveam decât să ignor senzația de arsură din picioare. Am continuat. Pe parcursul următorului kilometru, senzația usturătoare ce plecase din picioare s-a răspândit în tot corpul. Nu mă mai puteam concentra. Aveam crampe la stomac, stăteam cocoșat și începusem să mă deplasez ținându-mă cu mâna de burtă, făcând grimase.

Am inventat o stratagemă mentală ca să continui să mă mișc. Aveam să-mi imaginez linia de sosire la doar un kilometru distanță. După ce terminam de parcurs acel kilometru, urma să procedez întocmai pentru următorul. Dar, în scurt timp, nu mai puteam scăpa de senzația aceea de obosealǎ de nedescris. Când am ajuns la ultimul post de prim ajutor, la kilometrul 40, am avut sentimentul sfârșitului iminent. Am luat apă, am auzit voci. Apoi am văzut negru în fața ochilor și m-am prăbușit pe marginea drumului.

M-am trezit ușor, cu ochii ațintiți spre cerul albastru; eram încă în viață și așa intenționam să rămân. Nu mai simțeam rușinea de a fi părăsit cursa. Îmi câștigasem cursa spre final. Am așteptat răbdător paramedicii care au intervenit și m-au luat de acolo.

Apoi, am auzit un ordin:

- Hai, ridică-te!

Îmi amintesc că eram complet uluit - mai întâi de cererea în sine, apoi de cât de nefericit mă făcea doar gândul că trebuia să mă ridic. Am întors capul spre șosea. Acolo era un alergător, care stătea aplecat, cu mâinile pe genunchi.

- Hai! a repetat. Vom termina împreună.

Pe măsură ce vorbea, corpul i se mișca de colo colo.

N-am să înțeleg niciodată ce forțe impresionante au reaprins focul ce fusese stins de dozele generoase de agonie și oboseală. Știu doar că vorbele sale mi-au fost pansament, iar hotărârea lui, o injecție cu adrenalină. M-a pus pe picioare și împreună, precum soldații amorțiți și epuizați ai lui Napoleon, am mărșăluit, am mers și în final am tras de noi pe drum. Când am văzut linia de sosire, am simțit cum mă cuprinde un val de energie. Am început să alerg, lăsându-mi tovarășul în spate, am căzut dincolo de linie, încântat peste măsură, surprins și epuizat totodată.

Am rămas acolo, așteptându-mi prietenul. Voiam să îi mulțumesc. Voiam să împărțim o bere rece și o porție zdravănă de râs, apoi să retrăim experiența cursei împreună. Dar nu mai trecea nimeni linia de sosire în spatele meu. M-am uitat prin mulțime, apoi am cercetat parcarea. Am luat-o înapoi pe traseu, în căutarea lui. Nimic. Partenerul meu de cursă parcă se evaporase. Asemenea unui înger trimis să mă salveze.

Am terminat multe maratoane de atunci, dar nicio altă experiență nu mi-a oferit o conștientizare mai profundă asupra limitelor mele fizice și emoționale. Și, cel mai important, datorită îngerului de la kilometrul 40, am învățat o lecție neprețuită despre prietenie și camaraderie. Una pe care continui să o transmit și altora.

~ Timothy Martin

90

Supă de pui pentru Suflet

Rătăcită

Atunci tu vei chema și Domnul va răspunde;
vei striga după ajutor și El va zice: Iată-Mă!
– Isaia 58:9

Filmul de vineri seara se apropia de sfârșit; am zâmbit. Lumina de la televizor licărea pe chipurile prietenilor mei; așa mi-am dat seama că și lor le plăcuse filmul, la fel de mult cât îmi plăcuse mie. Pentru o fată de 17 ani, nu exista nimic mai plăcut decât timpul petrecut cu prieteni buni și tipi drăguți.

- Ah! Ce bun a fost! a spus Jake.

Râsetele și palavrele au umplut camera. M-am uitat la ceas: 12:30 noaptea. Trebuia să ajung acasă. Jake s-a apropiat agale și s-a afundat în canapea, lângă mine.

- Hei, mă duci și pe mine acasă?

Inima mi-o luase la trap. Deși eram o șoferiță prudentă și conduceam deja de șase luni, încă nu stăteam atât de bine cu orientarea în spațiu. Urmasem instrucțiuni detaliate pentru a ajunge la el acasă și contam pe al doilea set de instrucțiuni care aveau să îmi indice drumul spre propria casă.

- Nu știu, am spus nehotărâtă. Nu mă orientez prea bine.

- Este foarte simplu, mi-a răspuns. Locuiesc chiar lângă autostradă.

Mi-am ținut respirația, în timp ce-i căutam cu privirea pe cei care începuseră să-și strângă lucrurile. Cine altcineva să-l conducă? Aș fi părut o nemernică dacă-l refuzam pe marele, nevinovatul și adorabilul Jake. Nimeni nu mi-ar fi înțeles frica de a mă rătăci.

M-am uitat în spate la Jake, care zâmbea cu speranță. Chiar era cel mai prietenos tip de acolo. Cât putea să fie de greu?

- Bine! am spus.

Brațul vânjos și pistruiat al lui Jake m-a tras spre el într-o îmbrățișare.

- Îți mulțumesc, Jenny! Nu e complicat, o să vezi.

Micul grupul s-a împrăștiat care încotro, iar eu și Jake ne-am urcat în mașina părinților mei. L-am condus spre casă - care din fericire se vedea de pe autostradă. După ce l-am lăsat pe marginea drumului, i-am cerut să-mi reamintească drumul înapoi spre casă.

- Trebuie să faci o întoarcere completă, și gata, o ții drept spre casă, mi-a spus.

- Nu trec prin nicio intersecție sau bifurcație, unde ar trebui să aleg vreo direcție sau alta?

- Nu!

- Ești sigur?

- Foarte sigur.

- În regulă. Noapte bună! L-am privit cum mergea spre casă, am respirat adânc în timp ce m-am încurajat, apoi am făcut întoarcerea dublă ca să ajung din nou în autostradă.

După ce am condus o vreme fără să recunosc împrejurimile, o privire aruncată spre ceasul din bord mi-a arătat ora: 1:15. M-am concentrat la drum și am analizat fiecare indicator și reper, sperând din tot sufletul să recunosc ceva. Privirea mi s-a oprit pe cele două indicatoare mari și verzi care se apropiau cu repeziciune. Of, nu!

O bifurcație.

121 Nord sau 121 Sud? 183 Est sau 820 Vest?

Sunau cunoscut, dar nu știam încotro s-o apuc nici în ruptul capului. Inima stătea să-mi sară din piept. „Poți să faci asta!" mi-am spus. „Alege o direcție. Dacă nu e bine, te întorci și mergi în sensul opus."

Am ales o direcție.

Mergeam spre sud. Sau spre vest? M-am concentrat să respir constant și am mers mai departe, căutând în continuare un punct de reper. Într-un final, n-am mai putut nega. Alesesem direcția greșită.

„În regulă. Este în regulă. Întoarce-te, și gata." M-am uitat spre următoarea ieșire și mă întrebam ce făceau părinții mei. Oare se pierduseră cu firea? Sau merseseră la culcare de ore bune, gândindu-se că aveam să ajung acasă la timp, așa cum obișnuiam s-o fac? Neavând un telefon mobil, nu aveam cum să aflu.

Am ales următoarea ieșire. Drumul cotea brusc spre dreapta și ceva era clar în neregulă. Altă greșeală. Una gravă. Am țipat înspăimântată, când am realizat că nu alesesem o ieșire, ci mergeam într-un soi de buclă.

Strigătele mele s-au transformat în rugăciuni disperate, rostite cu voce tare. Imediat ce am ieșit de pe rampă, am tras pe dreapta și m-am uitat în spate, de unde venisem. Am amuțit când am văzut labirintul de autostrăzi și indicatoare care se intersectau și se ocoleau unele pe altele prin poduri și pasaje rutiere.

Doamne ajută!

Am analizat împrejurimile. Nu prea erau lumini stradale. Am verificat ușile ca să mă asigur că erau încuiate. Toate clădirile erau învăluite în întuneric. Cu excepția uneia.

În minte mi se derulau toate scenele de groază din toate filmele pe care le văzusem vreodată, dar știam ce aveam de făcut. M-am rugat: „Bine, Doamne! Îmi pun toată încrederea în Tine. Știu că nu pot rămâne aici, pe marginea drumului, toată noaptea. Te rog, protejează-mă! Am încredere în tine! Indiferent ce s-ar întâmpla, am încredere în tine!".

Cu respirația tremurândă, am tras mașina în parcarea cea mică și dubioasă de la restaurantul non-stop. La ferestrele înnegrite de fum se distingeau doar bărbați cu tenul închis la culoare, care arătau teribil.

Nu se vedea nicio femeie.

Hotărâtă, am parcat mașina și am deschis portiera. Îmi tremurau picioarele; am mai rostit o rugăciune și m-am îndreptat spre intrare. Când m-am apropiat, s-a deschis ușa și un bărbat îmbrăcat tot în alb a ieșit din restaurant.

Ni s-au intersectat privirile; m-a impresionat bunătatea din ochii lui. Nu părea surprins să mă vadă acolo, din contră, părea că știa deja tot ce mi se întâmplase.

- Te pot ajuta?

Avea un chip senin și cald, iar expresia sa inspira calm și pricepere. Cum stăteam acolo, analizându-l, am realizat că frica îmi dispăruse.

- M-am rătăcit și am nevoie de un telefon să-mi sun părinții.

- Unde trebuie să ajungi?

- În zona Hurst-Euless-Bedford.

- Ah, păi eu mă îndrept spre casă și locuiesc chiar lângă Euless. Vrei să mă urmezi până într-o zonă pe care o recunoști?

M-am uitat la el și i-am studiat prezența liniștitoare, îmbrăcămintea albă, apariția lui la momentul oportun și coincidența de a fi întâlnit pe cineva care locuia în cartierul meu, deși eram atât de departe de casă. Îmi doream cu disperare să întreb: „Ești cumva un înger?". Dar tot ce am putut rosti a fost că sunt de acord cu planul lui.

L-am urmărit pentru o vreme până când împrejurimile au devenit din ce în ce mai familiare și, în sfârșit, știam unde mă aflam. I-am mulțumit lui Dumnezeu necontenit și am respirat ușurată.

Când m-am apropiat de ieșirea mea, am părăsit autostrada și am încuiat ușa în spatele meu, bucurându-mă de mirosul bine cunoscut de acasă.

Știam că, a doua zi, aveam să le împărtășesc o poveste înfricoșătoare părinților mei și mai știam și că urma să dețin un telefon mobil cât de curând.

Mă voi întreba mereu: Oare am văzut un înger?

~ Jenny Snow

91

Supă de pui pentru Suflet

„Fă un pas înapoi!"

La asta se rezumă totul – fie crezi în șapte salvări miraculoase pe săptămână, fie crezi într-un înger păzitor.

– Robert Brault

Fiul meu, Ryan, era un puști de 10 ani, maestru în ale fotbalului, căruia rareori îi lipsea o minge în care să șuteze.

Într-o seară, m-am dus să-l iau de la antrenament. Era întuneric, iar luminile puternice proiectau umbre imense pe teren.

Vântul începuse să bată dinspre sud-est. Una dintre furtunile deloc rare în zona centrală a Floridei se pregătea să înceapă.

Ryan stătea în poartă, apărând șuturile câtorva colegi de echipă, ce-și așteptau și ei părinții; atunci am văzut cum o rafală de vânt a ridicat partea din spate a porții. Nu era nimic care să o țină la pământ – niciun sac de nisip, nicio ancoră.

Cadrul porții din lemn masiv a căzut în față, iar bara transversală se îndrepta fix pe spre capul lui Ryan.

Nici Ryan, nici ceilalți copii nu observaseră.

Nu știam ce să fac. Dacă îl strigam era posibil să se întoarcă și să se uite la mine, fără să se miște, sau se putea mișca spre mine și să îl pun în pericol. Voiam ca el să fugă repede, departe de poartă, dar nu credeam că putea depăși viteza cu care se prăbușea cadrul.

Mă simțeam neputincioasă; n-am scos o vorbă, dar inima mea striga către Dumnezeu.

Dintr-odată, Ryan, care se uita în continuare în față, aparent neconștientizând pericolul iminent, a făcut un pas în spate, spre centrul porții, cu o fracțiune de secundă înainte ca acel cadru greoi să se prăbușească, înconjurându-l. Trecuse la doar câțiva centimetri de capul lui și a căzut exact în locul în care Ryan stătuse cu doar o clipă înainte.

Am fugit spre el.

- Ești bine? Ce mă bucur că ai făcut un pas în spatele porții. Cum de ai făcut asta? Era singurul lucru pe care îl puteai face pentru a fi în siguranță, am spus, conștientizând adevărul din spatele propriilor mele cuvinte, în timp ce-l ajutam să iasă de sub plasa porții.

- Te-am auzit strigând să mă dau în spate, așa că asta am făcut, mi-a spus.

- N-am spus nimic, i-am răspuns. Nimeni de aici nu a rostit un cuvânt, s-a întâmplat totul atât de repede, că nici n-am știut ce să-ți spun să faci.

Ne-am uitat unul la celălalt, de parcă împărtășeam același gând.

- Crezi că a fost îngerul meu păzitor? m-a întrebat.

- Sunt sigură că el a fost, am spus, apoi i-am mulțumit lui Dumnezeu pentru că îmi salvase fiul.

~ Barbara Routen

Capitolul 10

Protecția îngerilor

92

Supă de pui pentru Suflet

Un avertisment în Orașul Îngerilor

Lasă-ți urechea să-ți atingă sufletul și ascultă cu atenție.
– Anne Sexton

„Nu te opri!".

Nu zău. În niciun caz nu aveam de gând să mă opresc.

Tocmai parcursesem Sunset Boulevard, după ce am ieșit din unul dintre multele cluburi rock cu care era presărată zona străzii Sunset Strip. Se întâmpla la sfârșitul anilor '80. Părul lung și heavy metal-ul își înfipseseră adânc unghiile vopsite cu negru în populația vremii.

Eram impresara mai multor trupe și proiecte muzicale, iar compania pentru care lucram era una care își desfășura activitatea și pe coasta de Est și pe cea de Vest, fiind totodată o companie multinațională, cu sediul central în Tokyo. Aveam un sediu în New York, mai precis în sofisticatul cartier SoHo (înainte ca afacerile mari să-și facă loc cu forța aici și să uniformizeze caracterul unic al zonei) și două sedii în Los Angeles: unul chiar lângă Sunset Boulevard și unul în zona rezidențială Coldwater Canyon, ce aparține de Beverly Hills (da, chiar are codul zonal 90210). Era o treabă serioasă pentru o fată de douăzeci și ceva de ani să-și trăiască visul în acorduri rock'-n-roll. Eram tânără și încântată până peste cap de faptul că lucram în New York, călătoream în scop profesional în LA și în toată lumea de altfel.

Eram singură în mașina de serviciu cea mică și ieftină. Faptul că plecasem din club înainte de ora închiderii nu mă scutea de trafic. Chiar și la 1:30 dimineața, Sunset Strip vuia de fani în pantaloni mulați și cu ochii machiați cu dermatograf, de aspirante cu buze rujate și țuguiate și alte soiuri de inadaptați muzical, ce roiau pe stradă, după ce părăseau localuri precum Whiskey, The Roxy sau Rainbow.

Uram să plec „devreme", dar adevărul este că eram epuizată. Prea mulțe ședințe și prea multă nebunie specifică trupelor mă obosiseră atât de tare, încât nici măcar o noapte în cluburile de heavy metal nu-mi mai putea insufla energie. Se contura o agendă încărcată cu întâlniri la casa de discuri și sedințe cu promoterii în doar câteva ore. Trebuia să am mintea limpede. Oricât îmi plăcea să profit la maximum de experiența Los Angeles, n-aș mai fi fost capabilă să leg două vorbe din cauza epuizării.

Destinația mea era un drum înfundat ce șerpuia printre dealuri și purta un nume romantic, ce îndemna la visare: Gloaming Way (Calea Amurgului). Teoretic, de pe Strip ajungeam în 15 minute. Practic, dacă era trafic, putea să dureze și 25 de minute până ajungeam la casa de pe Gloaming. Dar ca să ajung acolo trebuia să traversez Coldwater Canyon Drive.

Uram partea asta. Era urât în plină zi. În toiul nopții? Și mai rău.

Înfricoșător și înșelător, acest drum mereu m-a scos din minți. Urca spre munți și se intersecta cu Mulholland - alt drum șerpuit unde se conducea înfiorător. Slavă Domnului că viram, înainte să ajung la drumul acela de groază.

De pe Sunset, urma să cotesc de două ori spre dreapta - o dată pe N. Rexfors și apoi pe N. Beverly, care dădea în lungul drum Coldwater Canyon Drive.

Încă nu auzeam bine după o noapte în care ascultasem muzică la maximum; am pornit radioul și am crăpat puțin geamul, să intre aer curat. Hainele și părul îmi duhneau a țigări.

Când am virat spre N. Rexford, am observat niște faruri în oglinda mea retrovizoare, care se apropiau rapid. Primul meu impuls a fost să accelerez, dar apoi m-am gândit că și ceilalți pot să încetinească.

Se apropia un semafor ce indica roșu, așa că am încetinit. Mașina din spatele meu mi-a lovit ușor bara din spate.

- Nu te opri!

Eram singură în mașină, dar o voce tocmai ce-mi șoptise să nu mă opresc.

Nu era crainicul de la radio.

Nici melodia.

Și nu era nici vreo voce din capul meu.

În ultimele câteva luni, tot circulaseră câteva știri despre accidente în care mașinile fuseseră lovite în spate. Când șoferul se dădea jos să analizeze avariile și să facă schimb de asigurări, persoana aflată în mașina din spate o jefuia; sau mai rău.

Era aproape 2 dimineața. Nici nu mă gândeam să cobor din mașină. În plus, dacă erau ceva stricăciuni, acelea ar fi afectat mașina mea, iar în acel moment puțin îmi păsa. Așa că am ascultat acea voce șoptită, dar totuși impunătoare, ce-mi răsuna în ureche.

N-am avut timp să mă panichez din pricina vocii sau să mă gândesc ce ar putea fi.

Am continuat să merg pe N. Rexford, având aceeași mașină în spate, fix în dreptul hayonului, cu lonjeroanele în sus. Îmi lovea bara din spate din nou și din nou, până când mi-am dat seama că nu era vorba despre vreun accident inofensiv.

- Nu te opri!

Era din nou vocea aceea, doar că se auzise mai tare și mai răspicat. Nu mai era nimeni pe drum. Nici mașini, nici pietoni. Am mers cu viteza legală până am ajuns la N. Beverly și la un alt semafor. Mașina m-a lovit din nou; de data aceea, impactul fusese atât de puternic, că mă împinsese dincolo de semafor, chiar în intersecție.

- NU TE OPRI!

Vocea mi-a răsunat atunci prin tot corpul.

În acea fracțiune de secundă, știam sigur patru lucruri: nu aveam să mă opresc pe N. Beverly; mașina din spatele meu era rău intenționată; nu conduceam spre casă; deși eram singură în mașină, totuși nu eram.

Nu am nicio explicație pentru ce s-a întâmplat în continuare, nici măcar acum, după 20 de ani.

Am simțit un impuls copleșitor de a merge la secția de poliție. Dar habar nu aveam unde era, cel puțin la nivel conștient. M-am simțit învăluită de căldură și am avut senzația că alte mâini mi le cuprind pe ale mele. Am smucit de volan spre stânga, am realizat o întoarcere dublă în mijlocul intersecției, făcând cale întoarsă pe drumul pe care venisem; am ajuns pe N. Beverly, apoi N. Rexford și am mers mai departe de locul de unde plecasem, spre Santa Monica Boulevard.

Nu mai vedeam mașina în oglinda retrovizoare, dar asta nu însemna că nu mai era acolo. Nu știu cu ce viteză mergeam, dar sigur depășisem limita legală.

Și găsisem. Nu mașina, ci postul de poliție din Beverly Hills. Am parcat. Mașina care mă urmărise era dusă.

În acel moment, am oprit motorul și mi-am odihnit capul de volan. Apoi am început să tremur necontrolat. Logic era să ies din mașină și să declar totul la poliție. Nu eram în stare.

În mod incredibil, nu mai auzeam înfundat. Auzeam clar.

Ce melodie era la radio? „Angel" de la Aerosmith. Mi-am spus să ascult versurile. Asta am și făcut. Am rămas în mașină și am plâns. Singură, dar niciodată singură.

Când le povestesc oamenilor întâmplarea, mulți încearcă să găsească explicații - probabil ca totul să capete un sens și o logică.

- Erai pregătită. Auzisei și poveștile cu accidentele și jafurile, de aceea n-ai oprit.

- Ah, îți vorbea subconștientul sau poate ai auzit ceva la radio!

Dar nu fusese așa.

Ceea ce nu le-am spus lor este că nu fusese prima dată când îngerul meu păzitor mă salvase.

Și nu a fost nici ultima.

~ Barbara Routen

93

Supă de pui pentru Suflet

Salvată de voce

Pleacă mai devreme, condu mai încet, trăiește mai mult.

– Autor necunoscut

După ce predasem la liceu toată ziua, am petrecut restul după-amiezei și seara corectând lucrări de cercetare ale celor din clasa a douăsprezecea. Pentru absolvire era obligatorie realizarea unei lucrări de opt-zece pagini, dactilografiată perfect, bine structurată și completată cu lista operelor citate.

Sărisem peste cină și depășisem cu mult ora de culcare obișnuită, dar eram foarte mândră de faptul că terminasem tot teancul de 25 de lucrări. A doua zi, eu și elevii mei puteam discuta despre modificările pe care le aveau de făcut.

Drumul meu spre casă străbătea acri întregi de mlaștini cu merișori, iar mănunchiurile de pâclă dansau în voie pe caldarâm, la lumina farurilor. Fază scurtă sau lungă, nu conta; oricum nu vedeam prea departe în fața mașinii.

Voiam doar să ajung acasă și să mă bag în pat. Conduceam pe drumul acela de aproape 30 de ani, în fiecare zi lucrătoare. În ciuda ceții, aveam ceva viteză, nerăbdătoare fiind să-mi termin oficial ziua de lucru.

- Încetinește, m-a implorat o voce aspră.

Uimită, am ridicat piciorul de pe accelerație și m-am uitat repede în oglinda retrovizoare; mă gândeam că poate vreun elev se urcase pe ascuns pe locul din spate al mașinii.

- Oprește-te!

Am auzit ordinul tare și răspicat. Am călcat frâna, complet lipsită de vlagă și tremurând din cap până-n picioare.

Cu toate acestea, nu vedeam nimic pe șosea în fața mea și nici nu aveam vreun motiv de îngrijorare.

Am oprit mașina și am rămas pe loc un timp, cu motorul pornit, spunându-mi că mă purtam prostește, că eram prea obosită sau prea înfometată și că imaginația îmi juca feste.

Am respirat adânc și am pornit încet la drum, de data aceasta cu viteză mică.

Doar câteva secunde mai târziu, un elan imens s-a ivit din ceață și îmi stătea în cale. Am apăsat din nou frâna, am oprit și am răsuflat ușurată.

În 30 de ani nu văzusem niciun picior de elan în zona aceea. Sunt animale masive. Individul din fața mea avea coarnele cât mașina mea de mari și sunt sigură că mai mult de 450 de kilograme.

N-am niciun dubiu că, dacă nu aș fi auzit acel avertisment misterios, m-aș fi ciocnit de acel titan al pădurilor și aș fi murit chiar atunci, în noaptea aceea.

- Ai un înger păzitor, mi-a spus un coleg atunci când am povestit întâmplarea în cancelarie.

- Ce bine! a spus directorul. Avem nevoie de tine să-i ajuți pe copiii aceștia să-și obțină diplomele de absolvire.

Probabil că afirmația lui n-a fost tocmai una plină de compasiune, dar poate că a pus punctul pe i. Poate că am fost cruțată pentru că încă mai am lucruri de terminat. Poate că mai este nevoie de mine pe planeta aceasta.

Am agățat de oglinda retrovizoare un mic înger din cristal, ca să-mi reamintească să ascult bine și să reacționez imediat, fără să pun întrebări.

~ Jan Bono

Învăț să ascult

Îngerii sunt pretutindeni, tot timpul, în aerul pe care-l respirăm.
– Eileen Elias Freeman
Manualul de instrucțiuni al îngerașului

Am știut întotdeauna că există ceva dincolo de lumea pe care o știm cu toții. Îmi plăcea să citesc despre fantome și spirite, îngeri și ființe ale Luminii care există undeva acolo și sunt menite să ne ajute și să ne ghideze. Dar nu și-au făcut simțită prezența într-un mod evident decât după nașterea fetiței noastre.

Eu și Jim am cumpărat prima noastră casă cu un an înainte ca Eryn să se nască. Eram atât de mândri de căminul nostru, chiar dacă nu exista apă curentă, aveam folii de plastic pe post de ferestre, iar ușa de la intrare era artizanală și stătea închisă grație unui cuțit de unt. Pe timpul zilei, puteai să vezi cu ușurință afară prin spațiul dintre pereți și tavan. Dar aveam o casă și 12 acri de pământ, toate ale noastre. Am organizat petreceri grozave în casa aceea, care devenise un loc de întâlnire pentru toți prietenii noștri.

Când Eryn avea puțin peste un an, ne-am confruntat cu o iarnă ceva mai grea. Singura noastră sursă de căldură era un șemineu cu uși din sticlă și un ventilator încorporat deasupra. Jim lucra ca sudor la fabrica unde fusese realizat. Șemineul încălzea sufrageria, dar în restul casei era destul de răcoare, din cauza tuturor găurilor dintre pereți și tavan. Nu reușiserăm să le găsim și să le astupăm pe toate.

Într-o zi, am așezat-o pe Eryn pe pătura ei; avea pe ea doar scutecul și era înconjurată de toate jucăriile ei preferate. Eu m-am ghemuit pe canapea - de unde o puteam supraveghea - și am început să citesc. Lemnele trosneau în foc, viața îmi era tihnită, iar eu mă simțeam împlinită.

Brusc, am simțit un soi de prezență lângă Eryn și m-a străfulgerat un gând: „Mut-o în cealaltă parte a camerei!".

„Ce ciudat!" m-am gândit. „Este perfect fericită acolo unde este. De ce să fac asta?".

M-am uitat puțin în jur și nu am remarcat nimic care să-i fi putut face rău, așa că m-am întors la cartea mea.

Câteva minute mai târziu, am simțit acea prezență din nou și de data aceea părea mai impunătoare, de parcă trebuia cumva să îmi atragă atenția. Dar, încă o dată, am pus totul pe seama imaginației.

A doua oară, am auzit cuvintele ca și cum ar fi fost rostite de altcineva, și nu de parcă ar fi fost propriile mele gânduri.

- Mut-o în cealaltă parte a camerei!

Din nou, m-am uitat în jur și nu vedeam nimic.

„E doar imaginația mea!" m-am gândit. „Nu există nicio explicație logică pentru care ar trebui să fac asta."

Când mi-am întors privirea spre carte, am simțit furnicături pe pielea de pe brațe. Acea prezență tocmai ce devenise incontestabilă.

- Vicky! Mut-o acum!

Da, m-a strigat pe nume. Până să mă gândesc prea mult, am sărit de pe canapea, am luat-o pe micuța Eryn în brațe și i-am tras pătura spre cealaltă parte a camerei. N-au trecut nici cinci secunde și sticla de la șemineu s-a spart, iar cioburile fierbinți s-au împrăștiat exact pe locul unde Eryn stătuse, topind linoleumul de pe podea.

Tremuram toată și plângeam, în timp ce-mi țineam micuța și mă holbam cu disperare la sticla ce străpunsese pardoseala unde Eryn stătuse cu doar câteva secunde înainte. Am simțit cum mă învăluia recunoștința pentru acea ființă a cărei prezență o simțeam în cameră, pentru că venise și ne salvase fetița.

Deși am crezut întotdeauna că îngerii vizitau oamenii obișnuiți, nici în cele mai îndrăznețe vise ale mele nu m-am gândit că unul îmi va trece chiar mie pragul.

Cred că era îngerul păzitor al lui Eryn, care a venit să o protejeze.

Pe parcursul vieții ei, i-am invocat îngerul păzitor de multe ori, cerându-i să-i fie alături. În anii adolescenței sale, sunt convinsă că îngerul ei a protejat-o ca să nu fie rănită într-un groaznic accident rutier, atunci când șoferul camionului în care se afla a pierdut controlul volanului și a trecut peste un terasament abrupt. Cred că același înger le-a oprit pe cealaltă fiică a noastră, Amy, și pe prietena ei să se urce în spatele acelei camionete.

După accidentul în urma căruia o tânără a rămas paralizată, Amy mi-a mărturisit că voia să se urce în spatele camionetei doar că a auzit o voce care i-a spus să coboare.

A fost atât de uimită și de afectată, încât s-a dat jos imediat și i-a spus prietenei sale să rămână lângă ea. Amy este convinsă că acea voce le-a salvat viața.

Am învățat să ascult acele voci de avertizare. De-a lungul anilor, ne-au ajutat de multe ori - pe mine, pe copiii și pe nepoții mei.

~ Vicky Ford

95

Supă de pui pentru Suflet

Îngerul de la volan

Îngerii strălucesc din exterior, pentru că spiritele lor sunt luminate din interior de lumina lui Dumnezeu.
– Eileen Elias Freeman
Manualul de instrucțiuni al îngerașului

În iunie 1997, am plecat de acasă, din Toronto, într-o călătorie spre Montreal. Niște prieteni apropiați mă rugaseră să le fiu DJ la nuntă. Situația financiară nu tocmai favorabilă din acea perioadă m-a forțat să programez rapid o călătorie scurtă, mai ales că a doua zi aveam alte obligații.

Pe când îmi planificam călătoria, mi-am dat seama că trebuia să îmi iau și echipamentele și să conduc șapte ore în ziua nunții, apoi să mă întorc imediat după terminarea petrecerii. Asta însemna aproximativ 14 ore de condus și o experiență - ca un maraton - de vreo 24 de ore în total.

Sâmbăta dimineața mi-am pus bagajele în dubiță și mi-am luat la revedere de la familie; bebelușa noastră era prea mică pentru o astfel de călătorie, astfel că am plecat singur. Drumul până la Montreal a fost unul plăcut - era o zi călduroasă de primăvară târzie și am mers pe una dintre cele mai încântătoare autostrăzi ale Canadei. Am ajuns la destinație după-amiaza târziu, mi-am instalat echipamentul și m-am bucurat de două ore de relaxare, înainte să înceapă petrecerea de nuntă. Am colindat centrul orașului Montreal ca un turist atent. M-am gândit să trag și un pui de somn în dubiță, dar era mult prea cald în parcare.

Petrecerea avea loc la un hotel din Montreal, unul dintre cele mai splendide de altfel. Pentru că prietenul meu avea origini grecești, nunta a fost și ea presărată cu diverse obiceiuri și specialități culinare sprecifice Greciei. A urmat o festivitate extrem de distractivă, iar eu eram bucuros că avusesem ocazia să particip la realizarea acelei experiențe minunate. La 1 dimineața, muzica s-a oprit, iar eu am început să-mi strâng lucrurile. Pe la 2 dimineața, plecam de la hotel și mă pregăteam de un lung drum spre casă.

E puțin ciudat să mergi noaptea pe un drum pe care l-ai parcurs cu doar câteva ore înainte pe timp de zi. Luminile, umbrele - am impresia că toate creează o imagine diafană, pe care o socotesc extrem de romantică. Aveam să fiu singur pentru următoarele șapte ore - doar eu cu radioul și peisajul. După o oră de la plecare, priveliștea a fost înlocuită de întuneriul nopții, iar eu intram pe o porțiune de drum ce traversa o zonă rurală; pe acel drum urma să călătoresc următoarele cinci ore și jumătate.

Autostrada 401 din Canada seamănă foarte mult cu autostrăzile interstatale ce străbat Statele Unite - au câte două benzi pe sens și sunt despărțite de o porțiune cu iarbă de aproximativ 30 de metri lățime. Pe măsură ce am continuat să conduc, m-am luptat cu propria oboseală. Din anii petrecuți la volan de pe vremea când eram muzician, învățasem o șmecherie - aceea de a aștepta cât mai mult până să beau cafea. În felul acesta, cafeaua avea să-și facă mai bine efectul. Plănuisem așadar să opresc cât mai departe posibil.

În jurul orei 5 dimineața, când ziua se îngâna cu noaptea, oboseala a câștigat bătălia. Pentru o bună bucată de drum, fusesem singur pe șosea. Ultimul lucru pe care mi-l aminteam clar era faptul că mă aflam pe autostradă. Apoi, m-am trezit că eram parcat pe partea stângă a porțiunii de verdeață ce despărțea cele două sensuri ale autostrăzii.

Am crezut că avusesem un vis și eram confuz, neînțelegând de ce mă oprisem. Am deschis portiera ca să cobor. Am stat lângă dubă și m-am uitat în spatele meu: pe iarba înaltă de vreun metru se vedeau urme de cauciucuri, lungi de aproximativ 400 de metri. Urmele indicau că un vehicul părăsise autostrada, coborâse panta de la capătul zonei de delimitare a benzilor, trecuse peste pietre și movilițe, apoi s-a întors; urmele se opreau în dreptul dubiței mele.

Părăsisem drumul și cumva reușisem să revin pe autostradă și să opresc în siguranță, lovind doar unul sau două indicatoare rutiere prevăzute cu lumini reflectorizante ce mărgineau autostrada.

M-am gândit la visul pe care-l avusesem cu puțin timp înainte.

Știam că eram la volan, dar o lumină albă și puternică mă învăluise pe mine și brațele mele cu o mare căldură - ca și cum de la umeri până în vârful degetelor eram înfășurat în pături albe. Simțeam volanul cum se cufunda în ceva ce pot descrie doar drept o pătură de liniște. Mă simțeam atât de calm, deși eram conștient de toate săriturile și virajele bruște.

Stăteam în spatele dubiței, înspăimântat la vederea urmelor proaspete de cauciucuri; atunci am realizat că ceva sau cineva a jucat un rol extrem de important în evitarea unei adevărate catastrofe. Uitându-mă la panta din mijlocul zonei mediane, am fost șocat că nu mă rostogolisem. Am încercat să mă imaginez conducând peste zona cu iarbă, dar sigur nu aș fi riscat să o iau pe acolo. Era o situație aproape imposibilă chiar și pentru un șofer cascador profesionist, ca să nu mai zic pentru un artist epuizat care ar fi devenit instant o victimă.

M-au năpădit lacrimile. M-am gândit la acel sentiment de căldură și la lumina strălucitoare, apoi la familia mea. Am mers în jurul dubiței și am observat un semn discret, probabil de la indicatoarele reflectorizante pe care le doborâsem. Am mers câțiva pași înapoi și am îndreptat indicatoarele respective, apoi am repornit duba și am mers cu grijă înapoi spre autostradă. Cât timp am staționat, nici măcar o singură mașină nu a trecut pe lângă mine. Mă tot gândeam și mă tot întrebam ce se petrecuse. Cum de nu mi se întâmplase o nenorocire?

Trebuie să fi fost un înger. O prezență divină mă învăluise și mă salvase de la o accidentare și de la moarte. Lumina, căldura și liniștea care mă cuprinseseră au rămas cu mine până acasă. Nu am văzut niciodată un înger ca atare. Nicio siluetă înaripată n-a stat în chip maiestuos în fața mea. Am simțit cu siguranță o prezență, o forță care mi-a ghidat dubița spre siguranță.

Călătoria spre casă a fost marcată de evlavie, recunoștință și pace. Mi-am amintit de istorisirile mamei din Al Doilea Război Mondial, de pe vremea când era o adolescentă ce locuia în Londra, Anglia. Ne spunea că existau povești despre avioane de război britanice care fuseseră pilotate de îngeri, în încercarea de a învinge atacurile aeriene germane. Le numea „siluete de lumină" în carlingă. Dacă cineva mi-ar fi observat duba în ziua aceea, oare ar fi văzut și o „siluetă de lumină" la volan? Mă tot gândesc la asta și n-am să încetez niciodată să cred că la volanul dubiței mele a stat un înger.

M-am mai confruntat cu astfel de situații aproape tragice de încă două ori în viața mea. Ambele s-au petrecut la bordul unor nave comerciale - una pe lacul Ontario și una în apele Oceanului Pacific, în British Columbia. În ambele situații, atât navele, cât și pasagerii aflați la bord au fost în pericol. Și, în ambele situații, am simțit acea prezență caldă. Nu am văzut ceva anume, dar eram extrem de conștient de faptul că eram protejat. Simțeam că liniștea avea să mă însoțească mereu.

Îți mulțumesc, ție, înger, care niciodată nu m-ai părăsit și care uneori iei cârma în mâinile tale. Știu că ești mereu acolo.

~ Peter J. Green

96

Supă de pui pentru Suflet

Nu sunt chiar singură

Atunci când vin îngerii, demonii pleacă.
– Proverb egiptean

Ziua a început ca oricare alta: un duș rapid, o ceașcă de cafea băută pe fugă și o raită în parc, la o plimbare cu câinele. Viața mea devenise atât de mecanică. Nu mai era nevoie să mă gândesc la ce aveam de făcut – făceam lucrurile pur și simplu. Nu tu surprize. Nu tu entuziasm. Nu tu bucurie.

Eram văduvă de câțiva ani; părinții mei muriseră și ei demult; aveam puțini prieteni. Mă simțeam singură și uitată. În unele zile, părea că singurul lucru care avea să mă entuziasmeze era plimbarea zilnică cu câinele.

Salsa, cățeaua mea de 18 kilograme, din rasa Heintz, adora să dea o tură de parc, înainte s-o las liberă în zona îngrădită, destinată patrupedelor. În dimineața aceea, după ce am trecut de a doua curbă, am observat doi câini din rasa Pit Bull ce alergau spre parc. Erau de capul lor, fără zgardă și nu păreau să fie puși pe fapte bune.

Știind cât de protectoare și teritorială poate deveni cățeaua mea, am tras zdravăn de lesă și am încercat să o duc la adăpost, dincolo de gardul zonei îngrădite, unde speram să fie în siguranță, ferită de cele două exemplare de Pit Bull. Dar de unde norocul ăsta – Salsa a rămas fermă pe poziții, cu privirea ațintită spre prădătorii ce se apropiau cu repeziciune.

Cei doi câini și-au interceptat ținta și au străbătut într-o clipită curba, îndreptându-se spre noi. Îmi imaginam deja un măcel sângeros. Unul dintre câini sigur se năpustea spre mine și al doilea ar fi atacat-o pe Salsa. Apoi îmi închipuiam cum amândoi aveau să sară pe Salsa și să o sfâșie. Salsa ar fi încercat apoi să mă protejeze și am fi sfârșit amândouă sfâșiate în bucăți. Indiferent ce urma să se întâmple, era clar nu avea cum să fie bine.

Am încercat să rămân calmă și mi-am analizat opțiunile. Bastonul meu nu avea să ne protejeze de cele două dihănii de 34 de kilograme fiecare, iar spray-ul cu piper pe care-l luam mereu după mine, după ce o salvasem pe Salsa în urmă cu zece ani, cel mai probabil se uscase de mult. Neștiind ce altceva să fac, m-am aruncat peste cățeaua mea neînfricată, încercând să o acopăr în întregime cu propriul corp și am început să rostesc cu disperare o rugăciune.

Dintr-odată, a apărut un adolescent care a început să-i lovească pe cei doi câini cu skateboardul pe care îl avea. De unde venise? Nu-l remarcasem atunci când intrasem în parc și nici nu-l văzusem prin cartier. De ce era acolo? În parcul acela exista o singură alee și nu era deloc provocatoare sau atrăgătoare pentru un puști cu skateboardul, fie el și începător. Nu-i era teamă că cei doi câini l-ar fi putut ataca? Nu păreau tocmai încântați de faptul că erau loviți cu o bucată de lemn.

Câinile mai masiv și-a scos colții și a încercat să devoreze skateboardul dintr-o singură îmbucătură. Fără teamă, băiatul a smuls placa de lemn din colții animalului și a folosit-o pentru a-l cotonogi. Câinele a chelălăit și a încercat să fugă din calea skateboardului pe care tânărul i-l vântura prin față. În mod evident, temându-se de aceeași soartă, cel de-al doilea câine a dat și el bir cu fugiții și a ieșit din parc. Conștientizând înțelepciunea din spatele gestului făcut de partenerul său, primul câine i-a urmat exemplul, urmat fiind îndeaproape de adolescent și skateboardul său.

Culcată la pământ, am aruncat o privire în jur. Era clar: câinii plecaseră și se părea că și tânărul dispăruse odată cu ei. Voiam să îi mulțumesc pentru că-mi sărise în ajutor, dar nu știam cine era, de unde venise sau ce se întâmplase cu el. Multe luni după incident, am întrebat pe toată lumea din parc dacă nu cumva îl văzuseră sau îl știau pe băiat. Fără rezultat. Apăruse în mod miraculos și la fel de miraculos și dispăruse. Cum era posibil?

Apoi totul mi-a fost clar. Nu fusesem singură în ziua aceea. Nu fusesem uitată. Dumnezeu fusese cu mine tot timpul, m-a vegheat și și-a revărsat lumina asupra mea. Poate că adolescentul fusese trimis de Dumnezeu. Sau poate că nu. În orice caz, am realizat că Dumnezeu a venit în salvarea mea și a trimis un înger păzitor să mă protejeze. Din acel moment, am știut că niciodată nu aveam să mă mai simt singură sau uitată.

~ Margaret Nava

97

Supă de pui pentru Suflet

Îngerul îmbrăcat în roșu

Atunci când vine vorba să poți vedea un înger, introspecția este mai bună decât o vedere bună.
– Eileen Elias Freeman
Manualul de instrucțiuni al îngerașului

Nu voi uita niciodată ziua în care fiica mea de un an, Becky, s-a îmbolnăvit de ceea ce credeam atunci că era o răceală puternică. Fusesem la medic cu două zile înainte, dar starea ei nu se îmbunătățea. Era o zi friguroasă în Georgia. Rareori avem parte de gheață sau zăpadă, dar în dimineața aceea ne-am trezit cu o pătură din chestia aceea albă pe acoperiș, pe șosele și pe autostrăzi.

În urmă cu 30 de ani, nu eram deloc pregătiți pentru condiții de vreme extremă. Atunci când ningea, două lucruri erau clare. Primul era că toată lumea rămânea acasă. Al doilea, că toate liniile telefonice erau blocate. Zăpada și gheața nu erau tocmai printre preferatele mele, dar, câtă vreme aveam curent și mâncare în casă, nu mă deranja să privesc cum ninge.

Însă pe parcursul zilei, Becky a început să facă temperatură și tușea din ce în ce mai tare. Mi-a luat ceva timp să prind o linie telefonică liberă și să contactez doctorul. Am reușit într-un final și, surprinzător, mi-a răspuns chiar medicul pediatru. Se întâmpla să fie la cabinet.

- Poți s-o aduci s-o văd? m-a întrebat.

Din fericire, soțul meu Roy era acasă. Când i-am spus că trebuia să o ducem pe Becky la medic, s-a dus afară și a început să dea zăpada de pe alee. I-am înfofolit pe băieții noștri gemeni cu paltoane și mănuși, apoi am luat cea mai groasă pătură pe care am găsit-o și am înfășurat-o pe Becky în ea. Am plecat deci, pe ghețuș și alunecuș, spre cabinetul medicului. Deși ne-a luat de trei ori mai mult timp decât de obicei să ajungem, am reușit să parcurgem drumul fără probleme.

Medicul credea că era foarte posibil ca Becky să aibă pneumonie, așa că ne-a sfătuit să o ducem la spital pentru radiografii la plămâni. Roy a condus încet spre spital. Erau foarte puțini oameni pe stradă. A oprit la baza dealului, unde se afla aleea ce ducea spre intrare.

- Nu cred că reușim să urcăm dealul cu mașina, a explicat Roy, ușor șovăielnic.

- Cobor și o duc eu în brațe pe alee, i-am spus îngrijorată. Aleea era acoperită cu gheață. M-am uitat la dealul din fața mea și am spus o rugăciune, în timp ce mă gândeam la faptul că nu era nici țipenie de om prin preajmă.

Roy și băieții ne priveau cum urcam dealul. Abia apucasem să fac câțiva pași când mi-a alunecat piciorul. Dar, slavă Domnului, mi-am menținut echilibrul. Am început să merg din nou și mi-a alunecat celălalt picior; de data aceasta, eram sigură că urma să cădem. Nu puteam să fac nimic. Parcă totul se petrecea cu încetinitorul. Desigur, primul meu gând a fost cum să-mi protejez copilul bolnav.

Brusc, am simțit o pereche de mâini puternice prinzându-mă de brațe și ridicându-mă. De nicăieri, apăruse un bărbat. Singurul detaliu pe care l-am observat la el a fost că, deși era ger afară, el nu purta nici palton, nici mănuși sau căciulă. Am remarcat însă că purta un pulover roșu.

– Ține-te bine! mi-a spus. Merg eu cu tine.

Nu-mi mai era teamă. Cumva, știam că voi reuși cu ajutorul lui. Și, într-un final, chiar am ajuns în vârful dealului. S-a întins să-mi deschidă ușa. Am intrat înaintea lui și m-am întors să-i mulțumesc, dar dispăruse. Bărbatul cu pulover roșu intrase parcă în pământ. Am mers la cabinetul unde fuseserăm trimise. La scurt timp, ni s-au alăturat Roy, Brad și Chad.

– Ai văzut că mai aveam puțin și cădeam? l-am întrebat pe Roy.

– Da, am văzut, mi-a răspuns. Chiar m-am întrebat cum Dumnezeu ai reușit să rămâi pe picioare.

– M-a ajutat bărbatul acela, i-am explicat.

– Nancy, doar tu și Becky mergeați pe alee, nu mai era nimeni altcineva, mi-a spus. Nici el, nici gemenii nu-l văzuseră pe bărbatul care ne ajutase să mergem pe gheață și care ne deschisese ușa.

24 de ani mai târziu, deși spitalul a fost renovat și extins, încă mă gândesc la îngerul ce purta pulover roșu și care ne-a ajutat să nu cădem în ziua aceea friguroasă.

„De ce un pulover roșu?" m-am întrebat mai târziu. Apoi, într-o zi, am găsit răspunsul: „Roy și băieții ar fi remarcat sigur pe cineva care purta roșu, dacă acel cineva ar fi fost un bărbat oarecare. Dar nu era. Acel bărbat era un înger pe care Dumnezeu l-a trimis la țanc, ca să ne salveze de la un accident groaznic. Iar eu eram singura care îl putea vedea."

~ Nancy B. Gibbs

98

Supă de pui pentru Suflet

Îngerul care mi-a salvat viața

Ar trebui să ne rugăm îngerilor,
căci ei ne sunt dați drept protectori.
– Sf. Ambrose

Când mașina mea a început să se clatine incontrolabil pe un drum părăsit, am crezut că s-a zis cu mine. Apoi am auzit o voce caldă, calmă și am simțit o prezență misterioasă și prietenoasă. Era trecut de ora cinci, într-o după-amiază de noiembrie în care ninsese. Eram în drum spre casă; mă întorceam de la serviciu și așteptam cu nerăbdare să petrec o seară liniștită. Când am virat, un raton a țâșnit în fața mașinii; vrând să îl evit, am ieșit de pe carosabil. Iar când am reușit să revin pe șosea, mi s-a blocat volanul. M-am panicat și am apăsat brusc frâna, dar mașina nu s-a oprit și am intrat într-un copac. S-au auzit zgomote de geamuri sparte și fiare strivite. Am simțit cum capul mi s-a izbit frontal. Corpul mi-l simțeam zdrobit. Apoi, privirea mi s-a întunecat.

Când am deschis ochii, simțeam doar miros de fum și

benzină. M-am luptat să-mi recapăt cunoștința. Deși eram amețită și confuză, mi-am dat seama că eram blocată. Dar apoi m-am uitat pe geamul din dreptul șoferului și am văzut un bărbat chipeș, brunet, cu chip blând și ochi căprui, ce purta doar o cămașă albă, nu avea jachetă.

- Sunt moartă? l-am întrebat.

Bărbatul mi-a zâmbit și a dat din cap.

- Nu, trăiești! mi-a spus el cu blândețe. Și după o singură încercare, a deschis portiera deformată din partea dreaptă. Apoi s-a întins peste scaun, a desfăcut centura de siguranță și m-a luat în brațe. Parcă simțeam că plutesc atunci când m-a ridicat din mașină și m-a dus la zece metri distanță de mașina avariată; m-a lăsat apoi jos, cu blândețe. Tremuram din pricina șocului, dar mă simțeam totodată ușurată. Mi-am atins capul care mă durea îngrozitor și am simțit că sângeram. Bărbatul a îngenuncheat lângă mine, m-a alinat și mi-a tamponat rana cu o cârpă. Apoi, m-a învelit cu o pătură moale.

- Ajutorul e pe drum, mi-a spus. O să fii bine!

Era atât de amabil, iar vocea îi era atât de blândă, că îmi era imposibil să nu mă relxez. Până să mă dezmeticesc, paramedicii mă urcau deja în ambulanță, în timp ce pompierii aruncau apă peste mașina mea în flăcări.

- Așteptați! am strigat. Trebuie să-i mulțumesc!

- Cui să mulțumești? m-a întrebat un paramedic.

Când i-am spus întâmplarea, a dat din cap.

- Nu era nimeni aici când am ajuns noi, mi-a spus. Zăceai pe jos, singură.

- Și pătura? Unde este pătura cu care m-a învelit?

- Nu am găsit nicio pătură, mi-au răspuns.

La început, autoritățile au crezut că halucinam și salvatorul era doar în imaginația mea. Dar cineva sunase la 911 - deși apelul era nedetectabil - și toată lumea a fost de acord că nu aveam cum să ies dintre fiarele contorsionate de una singură.

- Doar câteva minute au lipsit ca mașina să explodeze cu tine înăuntru, a fost concluzia unui mecanic.

Deși l-am căutat timp de săptămâni întregi, nu am reușit să dau de urma bărbatului care mă scosese din mașina avariată. Încă îi văd chipul, ori de câte ori închid ochii.

~ Kathryn Radeff

99

Supă de pui pentru Suflet

Echipa Îngerilor

Pentru fiecare suflet există un protector.
– Coran

Mama glumea mereu și-mi spunea că nu am un înger păzitor, ci o întreagă echipă.

- Un singur înger nu-ți face față! râdea ea. În copilărie, mi se părea că avea sens ce spunea, iar ca adult, cred că afirmația a rămas la fel de valabilă. Nu sunt tocmai ușor de „întreținut". Îmi imaginez că îngerii mei trebuie să lucreze în echipă ca să țină pasul cu mine. Probabil unul dintre ei este responsabil cu lucrurile pe care le pierd, altul, cu sănătatea și un altul, cu siguranța.

Echipa Îngerilor se face cunoscută în multe feluri - mărunte, dar importante: situațiile imposibile par să se rezolve de la sine și ajutorul apare parcă de nicăieri atunci când am nevoie de el. Când sunt tristă, dau peste tot felul de informații despre Mihail, Arhanghelul cu care rezonez cel mai mult. Dacă sunt într-un muzeu, de exemplu, văd dintr-odată o pictură a lui Mihail. Sau dacă merg pe stradă văd un afiș cu el într-un magazin. Se întâmplă mult prea des, ca să fie doar niște simple coincidențe. Cu toate acestea, din când în când, Echipa Îngerilor trebuie să ia măsuri ceva mai drastice ca să îmi asigure siguranța.

Când aveam vreo douăzeci și ceva de ani, mersul la serviciu era un adevărat chin pentru mine. Nu munca în sine era necazul, ci drumul până acolo. Locul meu de muncă era în mijlocul pieței Times Square care era, fără îndoială, una dintre cele mai populare atracții turistice din New York. Erau veșnic mulțimi de oameni acolo. O grămadă de vânzători ambulanți erau înșiruiți pe trotuare. Ca să străbați Times Square aveai nevoie de o pereche de picioare sprintene, rapiditate în reflexe și talent la mers defensiv. Când traversam strada trebuia să fiu extrem de vigilentă: în ciuda cetelor de oameni, șoferii de taxi și de autobuze erau deseori necugetați.

Într-o după-amiază, stăteam nerăbdătoare în dreptul 47th Street și așteptam să traversez Seventh Avenue. În spatele meu se făcuse o coadă șerpuită la chioșcul unde se vindeau bilete pe Broadway la jumătate de preț, mai erau și câțiva bărbați ce ofereau meniuri la restaurant, iar vânzătorii ambulanți blocaseră mare parte din spațiul rămas liber pe trotuar. Ca de obicei, am zăbovit pe marginea bordurii, așteptând să se schimbe culoarea semaforului.

Când am pășit pe carosabil, un taxi s-a repezit spre mine. M-a luat total prin surprindere, mai ales că mașina apăruse parcă de nicăieri. Mă asiguram mereu din ambele părți și treceam pe verde, dar se pare că nu era relevant. Taximetrul părea să urmeze propriile reguli. S-a întâmplat atât de repede, că nici nu am avut timp să conștientizez că mașina avea să mă lovească fără doar și poate.

Cineva m-a apucat brutal de cot și m-a tras înapoi, în

afara pericolului. Când m-am împiedicat de bordura din spate, am simțit rafala de vânt pricinuită de taximetrul ce gonea cu viteză. Am expirat și m-am cutremurat la gândul că fusesem la un pas de o tragedie, dar mi-a mers la inimă faptul că un străin îmi salvase viața prin reacția lui promptă.

- Mulțumesc! am spus și m-am întors spre salvatorul meu.

Singura problemă era că lângă mine nu se afla nimeni. Trotuarul era gol în imediata mea apropiere, iar turiștii ce stăteau la chioșc erau mult prea departe ca să-mi fi oferit ajutor. M-am uitat în stânga. Nici acolo nu era nimeni. Mi-am analizat cotul. Cel care mă salvase mă trăsese destul de tare dar, în mod ciudat, nu mă durea brațul și nici nu aveam vreo vânătaie.

Cine m-a tras în spate pe stradă? Poate să spună oricine ce vrea, dar eu cred că Echipa Îngerilor a fost în Times Square în ziua aceea.

~ Denise Reich

100

Supă de pui pentru Suflet

Salvată de un înger

Dar și acum știu că orice vei cere de la Dumnezeu, El îți va da.
– Ioan 11:22

Ziua noastră minunată, petrecută la lac, s-a transformat într-o tragedie, când o mașină a trecut cu viteză maximă peste linia galbenă și a ajuns pe banda noastră, lovindu-ne frontal. Îmi amintesc doar frânturi din ce s-a întâmplat după impact: mirosul rânced de antigel și de cauciuc ars; uruitul puternic al cleștelui de descarcerare, țipetele și plânsetele celor două fiice ale mele. Un paramedic sosit la locul accidentului îi spusese soțului meu că mai aveam aproximativ trei minute de trăit. Sângeram foarte rău.

Rănile mele erau fatale. Trupul îmi fusese zdrobit de la talie în jos. De la o femeie sănătoasă de 24 de ani mă transformasem într-o victimă a unui accident, plină de vânătăi și distrusă, cu o viață marcată de mobilitate limitată, durere și operații multiple. Dar și binecuvântările noastre erau de neînchipuit! Accidentul nostru se petrecuse în fața unei stații de pompieri voluntari. Ambele fiice ale mele - Tiffini care avea 6 ani și Krista care avea 10 luni - au avut vânătăi, dar s-au vindecat complet. Soțul meu a scăpat din impactul frontal cu o simplă zgârietură pe burtă și o mână luxată, din pricină că se ținuse de volan. Iar eu, deși avusesem multe răni, am supraviețuit acelui eveniment oribil fără traumatisme craniene majore.

Am petrecut trei zile la Terapie Intensivă și încă o lună în spital, la traumatologie. Cât am fost internată acolo, am suferit trei intervenții chirurgicale: o operație de urgență care a durat zece ore, atunci când am fost adusă la spital, apoi două operații de două, respectiv patru ore, la glezna mea dreaptă, ce fusese distrusă. Nici nu am cuvinte să exprim prin ce dureri fizice am trecut. Când în sfârșit am fost externată din spital, pe o targă, într-o ambulanță, aveam nevoie de îngrijire permanentă. Ca să nu mai zic că cineva trebuia să aibă grijă și de fiicele mele. Părinții mei își transformaseră sufrageria într-o cameră de îngrijiri paliative. Șase luni am fost imobilizată într-un pat de spital, instalat în camera respectivă. Trupul îmi era distrus, dar nu și spiritul.

Pe măsură ce începeam să mă vindec și durerea devenea mai suportabilă, am avut mai mult timp să mă gândesc la ceea ce ni se întâmplase. Doctorii, asistentele, familia și prietenii - toți erau de acord că se întâmplase un miracol. Faptul că supraviețuisem unui impact frontal la peste 170 km/h era ceva de neconceput pentru mulți. Acesta reprezenta subiectul oricărei conversații pe care o purtam cu cei care mă vizitau. Iar imaginea mașinii mele deformate nu făcea altceva decât să sporească uimirea. Am crezut întotdeauna în miracole, dar nu m-am gândit niciodată că aveam să trăiesc chiar eu unul.

Credința mi-a dat putere în acea perioadă dificilă și știam că trebuia să împărtășesc asta cu fiica mea, ușor impresionabilă, în vârstă de 6 ani. Voiam ca ea să știe că eu nu-l învinuiam pe Dumnezeu pentru ce se întâmplase și că Dumnezeu ne era în continuare alături, chiar și atunci când treceam prin momente neplăcute. Am chemat-o la căpătâiul meu și am început să-i vorbesc. Când am vrut să-i explic ce simțeam, m-a întrerupt în mijlocul propoziției și mi-a spus:

- Știu asta, mami. L-am văzut pe înger punându-se în fața ta chiar înainte să ne lovească mașina aceea.

Am făcut ochii mari.

- Ai văzut un înger?

- Da, s-a pus în fața ta, ca să te protejeze!

Rămăsese un mister pentru mine cum partea de sus a corpului meu fusese protejată de cioburile de sticlă spartă și metalele deformate. Bordul mașinii mă strivise atât de tare, încât am fost scoasă de acolo abia după 30 de minute. Acum, fără nicio urmă de îndoială, am înțeles. Un înger m-a salvat.

- Avea aripi? am întrebat, curioasă.

- Nu! a răspuns Tiffini fără ezitare.

- Atunci, cum arăta ea? am continuat.

- Nu era o ea, mami, era un el și avea păr lung și blond și o robă albă.

Eram uimită. Nu pentru că n-aș fi crezut-o, ci mă surprindea faptul că vorbea la obiect și mă tot corecta atunci când vorbeam despre înger ca despre o prezență feminină. Probabil pentru că, de cele mai multe ori, în operele de artă, așa sunt descriși îngerii. Conversația cu fiica mea a fost una pe care n-o voi uita niciodată.

Ce sentiment umil, acela de a fi fost salvată de un înger. Nu doar că îmi salvase viața fizică pe acest pământ, dar m-a făcut să conștientizez și faptul că eu contez cu adevărat.

Acesta era un aspect care mă frământase toată viața. Au trecut 17 ani de la accident și am învățat să apreciez fiecare zi, să tratez momentele dificile ca pe niște lecții de viață, care să mă transforme într-un om mai bun. Și am mai învățat nu doar să-mi apreciez familia și prietenii, ci și să le mărturisesc asta. Sper că îngerul care m-a salvat este mulțumit de felul în care îmi trăiesc cea de-a doua șansă la viață.

~ Anna M. Jones

101 Supă de pui pentru Suflet

Cine era femeia aceea?

Focul: cel mai tangibil dintre misterele vizibile.
– Leigh Hunt

În 1991, eu și soțul meu locuiam într-un apartament mic din suburbiile orașului Denver. Locuința avea două dormitoare, o baie, o bucătărie și o cameră de zi. Bucătăria era un soi de hol, cu uși la ambele capete, și un bar pe care luam micul dejun și care făcea legătura cu sufrageria. Frigiderul, chiuveta, aragazul și cuptorul erau toate pe aceeași parte, iar pe partea cu sufrageria era un blat. Pe acest blat erau toate electrocasnicele - blenderul, cafetiera, cuptorul electric, prăjitorul de pâine - toate ustensilele de bază pentru gătit și rola cu prosoape de hârtie.

Într-o seară, soțul meu ieșise în oraș cu prietenii lui. M-am bucurat de un pic de răgaz doar pentru mine, telecomanda era numai a mea, m-am uitat la televizor și mi-am pregătit o cină fabuloasă - chifteluțe din cartofi și crochete de pește, preparate la cuptorul electric. Am citit în timp ce am savurat un pahar cu vin, apoi am stins toate luminile, cu excepția celei de deasupra cuptorului; m-am băgat în pat pe la 10 seara și am adormit repede și profund.

După aproximativ o oră am fost trezită de o femeie care intrase în dormitorul meu, alergând și țipând că a luat foc casa, după care a dispărut. M-am trezit tresărind, neștiind exact ce se întâmplase și m-am ridicat în capul oaselor, în dormitorul întunecat. M-am uitat repede în spatele meu, pe partea de pat încă goală a soțului meu și am presupus că el nu se întorsese acasă. În apartament era beznă și o liniște mormântală.

Am coborât ușor din pat; adrenalina atinsese cote maxime, iar inima stătea să-mi sară din piept. Din ușa dormitorului, m-am uitat pe furiș spre holul care dădea în sufragerie și bucătărie. Nu vedeam nimic în întuneric, cu excepția luminiței de deasupra cuptorului. Am înaintat pe hol și imediat am simțit miros de fum. M-am uitat spre bar și am văzut fum ieșind de deasupra cuptorului electric. Nu îmi dădeam seama ce anume ardea, așa că am fugit spre bucătărie și am aprins lumina.

Am descoperit că rola de șervețele se desfășurase și colțul unui prosop de hârtie fusese prins în cuptorul electric pe care, se pare, uitasem să îl opresc. Flăcările țâșneau pe toate părțile. Am luat rola ce ardea mocnit și, când am tras de ea, partea care rămăsese în cuptor a deschis efectiv ușa acestuia. Un val de fum a cuprins încăperea. Am azvârlit rola în chiuvetă și am deschis robinetul dintr-o singură mișcare. Am luat cea mai mare ceașcă pe care am găsit-o și am început să vărs cu ea apă peste cuptorul electric.

Am aruncat ceașcă după ceașcă până când au început să sară scântei; metalul sfârâia și fumul s-a întețit. Pentru o secundă, am crezut că o să ardă toată casa. Apoi, brusc, m-a străfulgerat amintirea mamei care îmi spunea că atunci când vrei să stingi un foc alimentat de grăsime, trebuie să arunci cu sare peste el. Așa că am luat solnița și am presărat sare peste cuptorul electric. Flăcările se domoliseră deja, am luat o cârpă curată pentru uscat vesela, am cufundat-o în chiuvetă - care acum era plină cu apă și servețele de hârtie - și am aruncat-o peste ce părea să fie ultima vâlvătaie și scânteie. Apoi, timpul parcă a stat în loc. După cel puțin un minut în care am rămas în picioare, gâfâind, pufăind și pe punctul de a izbucni în lacrimi, am oprit apa la chiuveta din spatele meu. Apoi, am ridicat ușor cârpa udă și m-am uitat cu atenție la cuptorul electric, ca să mă asigur că nu mai ardea și altceva. Folosind aceeași cârpă udă, am oprit cuptorul din buton, de parcă mai conta, și am ventilat puțin aerul cu mâna.

Mi-am dat seama că atunci când mi-am pregătit cina am tras de rola cu prosoape de hârtie și am prins din greșeală un șervețel în cuptorul electric. Acesta arsese înăbușit preț de vreo două ore și probabil grăsimea și fărâmele din cuptor se aprinseseră.

Abia după ce am analizat cauza incendiului, mi-am amintit de femeia care alergase în dormitorul meu să-mi spună că apartamentul era în flăcări. Acea conștientizare mi-a înmuiat efectiv genunchii. Nu eram sigură de ceea ce văzusem și nu știam cine era femeia respectivă. M-am plimbat prin casă câteva minute, am aprins luminile și am cercetat fiecare cameră în parte, fiecare bufet, fiecare dulap. Eram singură acasă, asta era clar, totul era închis și încuiat exact așa cum trebuia să fie - cu excepția bucătăriei și a cuptorului electric, desigur. Cuptorul pârlit zăcea pe blatul deteriorat, într-o grămadă de sare și o baltă de apă; apa din chiuveta înfundată continua să curgă și ea pe podea.

Nu aveam nici cea mai mică idee cine era femeia aceea sau ce căuta în casa mea. Oare aș fi fost grav rănită în urma incendiului din noaptea aceea? Mulțumită ei, nu voi ști niciodată!

~ Sheryl Ricigliano

Fă cunoștință cu cei care ne-au împărtășit poveștile

Debbie Acklin este o colaboratoare constantă a seriei *Supă de pui pentru suflet*. Locuiește în Alabama, alături de soț, cei doi copii și pisica Duchess. Adoră să călătorească, iubește fotografia și, desigur, să scrie. Speră ca, pe măsură ce va scrie primul ei volum, să devină și o scriitoare renumită de ficțiune. Îi poți trimite un e-mail, pe adresa d_acklin@hotmail.com.

Monica A. Andermann trăiește și scrie în Long Island, acolo unde locuiește alături de soțul său, Bill, și pisica lor, Charley. Pe lângă meritele obținute, în urma contribuției la câteva volume ale seriei *Supă de pui pentru suflet*, scrierile sale au fost incluse și în publicații, precum *Sasee, The Secret Place* și *Woman's World*.

Beth Arvin este încântată să fie o colaboratoare constantă a seriei *Supă de pui pentru suflet*. Scrie zilnic articole pe blogurile betharvin365.livejournal.com și „I Think So", aparținând publicației *Kent Reporter*. O poți contacta prin e-mail, pe adresa: betharvin@gmail.com.

Dana J. Barnett este scriitoare și profesoară de limba engleză. Printre pasiunile sale se numără scrisul, cititul, drumețiile, filmele, vechiturile și pisicile. În prezent, printre altele, Dana scrie o carte pentru copii. Te rog să-i transmiți gândurile tale bune. Îi poți trimite un e-mail pe adresa dbarnett25@gmail.com.

Syndee Barwick crede în cele nevăzute. Ca pastor interconfesional hirotonisit, scriitoare independentă și colaboratoare a seriei *Supă de pui pentru suflet*, știe din proprie experiență că Universul abundă de miracole, zi de zi. Trimite-i un e-mail pe adresa thestoryshaman@gmail.com.

Irene Bastian lucrează pământul împreună cu soțul ei pe dealurile din Alberta, la sud de Calgary. Irene scrie despre munca manuală a lui Dumnezeu în natură, despre lecțiile care ne sunt astfel oferite și despre drumul credinței parcurs de familia sa, în lupta pe care fiica ei o duce cu o epilepsie severă, ce a schimbat total perspectiva de viață a întregii familii. Trimite-i un e-mail pe adresa ibastian@platinum.ca.

Patty Beaumont și-a luat licența cu onoruri la Carlow University, în anul 2000. Timp de zece ani, a fost scriitoare profesionistă pentru strângeri de fonduri în Pittsburgh, Pennsylvania. Pe lângă activitatea de scriere pentru organizații nonprofit, ea speră ca pe viitor să-și poată dedica mai mult timp scrierii de povești inspiraționale.

Glynis Belec celebrează viața, după ce s-a vindecat de cancer; locuiește cu familia sa în Ontario, Canada, și este recunoscătoare pentru binecuvântările pe care le primește zi după zi. Este scriitoare independentă, autoare de cărți pentru copii și preparatoare pentru niște studenți minunați. Vizitează-i site-ul www.glynisbelec.com.

Sherry A. Bentley este profesoară în centrul statului Ohio; predă elevilor de clasa a patra. Are un masterat în educație de la Ashland University și este Profesor Consultant într-un proiect literar național. Este pasionată de citit și adoră să transmită dragostea ei pentru citit și pentru scris elevilor săi.

Susan Boles locuiește alături de cel care îi este soț de 36 de ani și de cei trei câini răsfățați ai cuplului în Tyler, Texas. Originară din Northwest Pacific, s-a bucurat de o viață presărată cu multe călătorii; a ținut jurnale în care a scris poveștile tuturor comorilor și vieților pe care le-a întâlnit pe parcurs - povestiri adevărate despre viață și dragoste.

Jan Bono este o profesoară ieșită la pensie; scrierile sale au fost publicate în reviste diverse - de la *Guideposts* până la *Woman's World*. Timp de zece ani a scris, în stil umoristic, o rubrică într-un ziar despre experiența sa personală; de asemenea, a scris o colecție de cinci nuvele umoristice și 12 piese de teatru, într-un singur act. Îi poți urmări activitatea pe www.JanBonoBooks.com.

Jo Brielyn este autoare, poetă și scriitoare în domeniul sănătății. Totodată, cântă la clape în formația 24:Seven, veteran Air Force, fost lider de tineret, deținătoare a CreativeKidsIdeas.com și dependentă de cafea, după cum singură spune. Jo locuiește în Central Florida, alături de soțul ei și de cele două fiice. Îi poți trimite un e-mail pe adresa jo@jobrielyn.com.

Pe parcursul celor 33 de ani de carieră, **Sylvia Bright-Green** a fost publicată în 12 cărți, a vândut sute de manuscrise către ziare și reviste și a scris rubrici pentru publicații locale și naționale. În calitatea sa de metafizician și profesor, îi sprijină și pe alții să se iubească și să creadă în ei înșiși. Îi poți trimite un e-mail pe adresa bright-green@att.net.

Debra Ayers Brown este scriitoare independentă și comediantă; scrie articole pe blog, rubrici în reviste și este specialistă premiată în marketing. A absolvit Universitatea din Georgia și a făcut masteratul la The Citadel. Adoră să petreacă timp în compania familiei și a prietenilor, pe coasta Georgiei. Vizitează www.DebraAyersBrown.com și fă cunoștință cu ea, accesând www.About.Me/DebraAyersBrown.

Minnie Browne este o prezență activă la biserica de care aparține, a fost desemnată de tribunal drept avocat al copiilor/reprezentantul lor legal, este artistă, profesoară ieșită la pensie și scriitoare independentă. A publicat pentru seria *Supă de pui pentru suflet, The Ultimate Mom, Granbury Showcase Magazine* și *Langdon Review of the Arts în Texas.*

John P. Buentello scrie eseuri, ficțiune și nonficțiune pentru adulți și copii. Lucrează la un roman nou și la o carte cu ilustrații pentru copii. Trimite-i un e-mail pe adresa jakkhakk@yahoo.com.

Trish Castro este pensionară și se dedică îngrijirii permanente a surorii sale mai mari, diagnosticată cu o boala pulmonară obstructivă cronică. Îi place să grădinărească, să meșteșugească, să gătească și să scrie nuvele și versuri pentru cântece. Deși nu este faimoasă, își scrie autobiografia pentru simplul fapt că viața sa a fost una neobișnuită și destul de colorată!

Cindy Charlton este autoare și oratoare; își folosește propria experiență de viață ca să transmită celorlalți speranță și inspirație. Este o mamă mândră a doi băieți și își consideră câinele un „înger cu lăbuțe". Trimite-i un e-mail pe adresa cindycharlsky@gmail.com.

Melissa G. Christensen este licențiată și a obținut certificarea pentru a preda limba engleză. Este casnică și mamă a doi copii plini de energie. Melissa își petrece puținul timp liber gătind, citind și urmându-și visul - acela de a scrie povești pentru copii.

Roberta Cioppa este artistă, sculptor și pedagog. Este licențiată în arte și are diplomă de master, obținută la Universitatea din Bridgeport; a urmat și programul CAS (Creativity, Activity, Service), la Universitatea Fairfield. Picturile și sculpturile sale se regăsesc în numeroase colecții publice și private și pot fi văzute pe internet.

Al Cole lucrează la studiourile CBS și este gazda emisiunii *People of Distinction*. Totodată, este cântăreț și un speaker motivaţional căutat. Al este şi director de comunicare al simpozionului World Green Energy din New York. Nancy este încântătoarea şi talentata lui logodnică. Îi poţi trimite un e-mail pe adresa alcole2817@gmail.com.

Pam Depoyan este licenţiată în limba engleză; a absolvit Universitatea Loyola Marymount din Los Angeles, California. Lucrează în domeniul comunicării corporative, dar activează şi ca scriitoare independentă; scrierile sale au apărut şi în publicaţiile *Highlights for Children* şi *Pray*! Adoră să creeze „poveşti după imagini", care să inspire şi să stimuleze. Poţi afla mai multe despre ea sau îi poţi trimite un e-mail aici: www.wordglow.wordpress.com.

Deborah Durbin este o jurnalistă britanică şi autoare a 11 volume de nonficţiune. Romanul său de debut, *Oh Great, Now I Can Hear Dead People,* este disponibil acum pe Amazon. Deborah este căsătorită, are trei fiice şi locuieşte în Marea Britanie. Trimite-i un e-mail pe adresa deborah.durbin@talktalk.net.

Kris Flaa deţine un master în gerontologie, pe care l-a obţinut după ce a renunţat la o funcţie de management, într-o corporaţie, ca să scrie, să viziteze parcurile naţionale şi să petreacă mai mult timp cu familia şi cu prietenii săi. A terminat primul său roman şi acum lucrează la al doilea. Locuieşte în apropiere de Minneapolis cu partenerul ei şi încântătorul lor căţel din rasa Westie. Trimite-i un e-mail pe adresa kflaa@msn.com.

Vicky Ford locuieşte în zona rurală a provinciei British Columbia şi se bucură de viaţă alături de familie şi de prieteni. Consideră viaţa drept o călătorie spirituală şi pe viitor intenţionează să ţină seminarii pe teme spirituale. Vicky adoră să călătorească, să gătească, să petreacă timp şi să se joace cu nepoţii săi, planul ei este să scrie despre toate acestea. Îi poţi trimite un e-mail pe adresa vickyf333@gmail.com.

Jess Forte este proaspăt studentă în Florida. A publicat recent una dintre poveştile sale şi speră să urmeze şi altele. Atunci când nu scrie, iubește să-și petreacă timpul cu prietenii și cu familia. Scopul ei este acela de a produce un impact asupra lumii prin scrierile sale.

Ken Freebairn iubește să scrie și este căsătorit de peste 40 de ani cu iubita lui din copilărie. Împreună au doi copii minunați și cei mai simpatici trei nepoți.

Nancy B. Gibbs este soție de pastor, mamă și bunică. Este autoarea a opt cărți și oratoare pe teme creștine. Lucrările sale au fost publicate în numeroase volume ale seriei *Supă de pui pentru suflet*, dar și în alte antologii, ziare, reviste și îndreptare religioase. Îi poți trimite un e-mail pe adresa Nancybgibbs@aol.com.

Lucrările lui **Carol A. Gibson** au fost publicate în volumele seriei *Supă de pui pentru suflet*, în *Parables for Today* din 2012, în îndreptarul religios *God Still Meets Needs* și în manualele de citire de la Școala Creștină Downey. Îndreptarul său religios, *Walking as Children of Light,* este disponibil prin WestBow Press, începând cu luna decembrie, 2012.

Peter J. Green a devenit „povestitor profesionist" în industria turismului din zona Cascadei Niagara și sudul statului Ontario. După o carieră în muzică și divertisment, Peter locuiește acum în vestul New York-ului, alături de soția sa, Danielle, și fiica lor (care este totodată o povestitoare în devenire), Maddie. Poți vizita această familie, pe www.encounterniagara.com.

Sheryl Grey locuiește cu soțul său și cu cei patru copii adoptați ai cuplului, în Indiana. Scrierile sale au apărut și în revista *Adoptive Families* și pe site-ul Midlife Collage. În prezent, lucrează la primul său roman.

Judy Gyde este asistentă medicală și scriitoare independentă; locuiește în Toledo, Ohio. Împreună cu cel care îi este soț de 42 de ani, păstorește o biserică și călătorește. Fiica ei, Christine, despre care a scris în povestirea sa, este căsătorită de 12 ani, este mamă a patru copii și profesoară.

Wendy Hobday Haugh este scriitoare independentă și profesoară de pian în Burnt Hills, New York. Povestirile și articolele sale de nonficțiune pentru adulți și copii au fost tipărite în numeroase reviste naționale și locale, inclusiv *Woman's World, Highlights for Children* și *Saratoga Living*. Îi poți trimite un e-mail pe adresa whhaugh@nycap.rr.com.

Morgan Hill este o fostă directoare în publicitate TV și actuală profesoară la un liceu din centrul orașului și scriitoare. Este licențiată în TV, Radio și Film și are un master în Psihopedagogie specială. Speră ca povestirile sale personale să îi determine pe elevi să aplice pentru primele lor slujbe și să-și facă planuri constructive după absolvire. Îi poți trimite un e-mail pe adresa mhwriter5@gmail.com.

Gary R. Hoffman a predat la școală timp de 25 de ani. A publicat și a câștigat premii pentru aproximativ 325 de povestiri, poezii și eseuri. Colecția sa de nuvele, *I Haven't Lost My Marbles: They Just All Rolled to One Side,* urmează să fie publicată la toamnă, prin Mockingbird Lane Press. Află mai multe detalii pe www.authorgaryrhoffman.com.

Carol Huff este proprietara unui sanctuar dedicat animalelor - Sudie Belle Animal Sanctuary - în nord-estul Georgiei; este totodată o colaboratoare constantă a seriei *Supă de pui pentru suflet* și o scriitoare independentă pentru alte reviste renumite. În afara pasiunii pentru scris, adoră echitația și petrecerea timpului în compania animalelor. Trimite-i un e-mail pe adresa herbiemakow@gmail.com.

Jennie Ivey locuiește în Tennessee. Scrie rubrici la ziar și este autoarea mai multor lucrări de ficțiune și nonficțiune, inclusiv povești în diverse antologii ale seriei *Supă de pui pentru suflet*. Vizitează-i site-ul, pe www.jennieivey.com.

JP Jackson observă și ține însemnări despre absurditățile zilnice ale vieții. Copiii și câinii îi alimentează modestia și îi asigură totodată și material „picant". Slujba cu jumătate de normă ca asistentă medicală îi permite să-și întrețină obiceiul de a scrie, iar lucrările sale sunt pe cale să se transforme într-o colecție de nuvele umoristice. Îi poți trimite un e-mail pe adresa jpoi@live.com.

C.D. Jarmola este autoarea *Murder Goes to Church* și lucrează ca regizor de teatru la Universitatea Wesleyan din Oklahoma atunci când nu scrie cărți și nu are grijă de familia ei: Teologul, DJ-ul și Diva. Citește mai mult despre viața ei și despre următoarele sale volume pe blogul său, devotionsfromtheresidentheretic.blogspot.com.

Anna Jones locuiește în centrul statului Kentucky, alături de soț și de cele două fiice ale lor. Îi place să călătorească, să citească și să petreacă timp cu familia și prietenii săi. Scrisul este pasiunea ei și a publicat numeroase nuvele în mai multe antologii. Trimite-i un e-mail pe adresa AJCaywood1@yahoo.com.

Tom Kaden este consilier la *Someone To Tell It To* – www.someonetotellitto.org, este absolvent al Messiah College și al Seminarului Teologic Asbury. Tom, soția lui, Sarah, și cei patru copii ai lor locuiesc în Carlisle, Pennsylvania.

Pat Kane locuiește în Joplin, Missouri, cu soțul său, Walter, și cei trei câini ai lor. Pat este o autoare cu lucrări publicate, care adoră să scrie povești și romane pentru copii, precum și povestiri inspiraționale, bazate pe evenimente reale de viață. Este membră a Society of Children's Book Writers and Illustrators și a Missouri Writer's Guild.

L.A. Kennedy este scriitoare și artistă. A început să scrie în jurnal când avea 12 ani. Experiențele sale neobișnuite și pline de umor sunt sursa multora dintre nuvelele ei. În prezent, scrie în paralel două romane. Totodată, sculptează și creează artă populară. Îi poți trimite un e-mail pe adresa elkaynca@aol.com.

Mary Potter Kenyon are peste 300 de articole și eseuri publicate în ziare, reviste și antologii, inclusiv în patru volume ale seriei *Supă de pui pentru suflet*. Ține ateliere de scriere pentru școlile locale și scrie o rubrică săptămânală pentru publicația *Telegraph Herald* din Dubuque. Scrie și articole de blog, pe marypotterkenyon.com. Află mai multe detalii pe marypotterkenyon. writersresidence.com.

Cathi LaMarche este autoarea romanului *While the Daffodils Danced* și a contribuit la realizarea a peste 12 antologii. În prezent, predă compoziție și literatură într-o școală catolică din St. Louis. Locuiește cu soțul ei, cei doi copii ai lor și trei câini.

Pe lista lucrurilor de făcut înainte să moară, **Lisa Leshaw** a adăugat și dorința de a scrie pentru o revistă importantă. Până atunci este încântată să-și petreacă zilele la vânătoare de broaște, alături de Mush și Gab, și la plimbare prin parc, cu Stu (și, desigur, să mănânce tone de ciocolată când nu e nimeni cu ochii pe ea).

Donna Lowich lucrează ca specialist în informare, oferind detalii oamenilor afectați de paralizie. Iubește să scrie despre familie și experiențe personale. Printre pasiunile sale se numără cititul și brodatul. Locuiește cu soțul său în New Jersey. Trimite-i un e-mail pe adresa DonnaLowich@aol.com.

Thomas J. Lumbrazo locuiește în nordul Californiei de 47 de ani, alături de soția sa, Carol. A fost proiectant, iar acum este autor, artist și fotograf. Dacă vrei să vezi norul din Sedona ce-l întruchipează pe Arhanghelul Mihail, vizitează site-ul lui Thomas - www.whenangelstouch.com.

David Magill trăiește alături de soția sa, Patti, în Minnesota. Adoră să scrie, să citească și să descopere viața prin lentilele literare. În prezent, David scrie multe povestiri, majoritatea inspirate din evenimente reale ce i-au fost transmise de prieteni sau de familie sau pe care și le amintește din memorie. Trimite-i un e-mail pe adresa dpmagill@yahoo.com.

Laurie Mangru are dublă specializare - în literatură engleză și spaniolă - după finalizarea studiilor la Universitatea din Toronto. După aceea, s-a mutat în Japonia, acolo unde a predat limba engleză timp de nouă ani. Laurie călătorește prin toată lumea și iubește să scrie povestiri și poezii încă din vremea copilăriei. Îi poți trimite un e-mail pe adresa laurieloveswriting@gmail.com.

Donna L. Martin își împarte timpul între conducerea unei școli de Taekwondo, unde este deținătoarea unei centuri negre de gradul IV, și scrie cărți ilustrate pentru copii și elevi de gimnaziu, dar și romane pentru adulții tineri. O poți contacta pe blog-ul personal, www.donasdays.blogspot.com sau pe site-ul său, www.donnalmartin.com.

Tim Martin este autorul a numeroase romane pentru adulți tineri, printre care amintim *Summer With Dad*, *Rez Rock* și *Wimps Like Me*. Este totodată un autor colaborator pentru mai mult de 12 cărți publicate, din seria *Supă de pui pentru suflet*. Trimite-i un e-mail lui Tim, pe adresa tmartin@northcoast.com.

Dennis McCloskey a absolvit jurnalismul, în cadrul Universității Ryerson din Toronto. Este scriitor independent cu normă întreagă încă din 1980 și este autorul mai multor volume, inclusiv al biografiei *My Favorite American*, publicată în 2008 și câștigătoare a mai multor premii. Locuiește în Richmond Hill, Ontario, alături de soția sa, Kris. Îi poți trimite un e-mail pe adresa dmcclos@rogers.com.

Rosemary McLaughlin a fost profesoară de engleză și scrie de 35 de ani. După ce s-a pensionat, a scris, a călătorit și s-a bucurat de familia și de căminul său. Trimite-i un e-mail pe adresa rosemarymclaugh@gmail.com.

Poeziile și povestirile scrise de **Michelle Close Mills** au fost publicate în multe antologii, inclusiv în volumele seriei *Supă de pui pentru suflet*. Michelle locuiește în zona centrală a Floridei, alături de soțul său, de cei doi copii, doi bebeluși blănoși și mieunători și alți trei bebeluși ciripitori, cu pene. Află mai multe detalii pe www.authorsden.com/michelleclosemills.

Sandy Moffett este poetă și autoare inspirațională. Ea și soțul ei, Greg, locuiesc în Bakersfield, California, au patru copii și șase nepoți. Sandy lucrează la afacerea de pompe funebre a familiei și se străduiește din răsputeri să ofere alinare prin scrierile sale. Trimite-i un e-mail lui Sandy pe adresa sm@sandymoffett.com.

Sarah Clark Monagle este pedagog, mamă, scriitoare, fotograf și supraviețuitoare a unei tumori pe creier. Opera sa a fost publicată în reviste de poezii, iar Sarah este o colaboratoare constantă a seriei *Supă de pui pentru suflet*. În prezent, scrie un volum de poezii și un roman. O poți urmări pe www.sarahmonagle.wordpress.com.

Marya Morin lucrează pe cont propriu de mulți ani și scrie poezie personalizată, la comandă. Locuiește în țară, s-a pensionat și își dedică timpul pasiunilor sale: familia, cititul și scrisul.

Atunci când nu caută să ajungă la inima lui Dumnezeu, **Gail Molsbee Morris** caută să vâneze păsări rare prin America. Poate fi contactată pe blog-ul său, godgirlgail.wordpress.com sau pe contul ei de Twitter @godgirlgail.

Nell Musolf locuiește în Minnesota, alături de soțul ei și de cei doi fii; este întotdeauna în căutarea de noi îngeri în viața sa. Trimite-i un e-mail lui Nell pe adresa nellmus@aol.com.

Înainte de a se retrage în New Mexico, **Margaret Nava** a petrecut 20 de ani călătorind prin sud-vest, explorând și scriind povestiri despre natură, spiritualitate și tradiții amerindiene. De atunci și până în prezent, a scris două ghiduri turistice despre New Mexico și trei romane, din categoria literatură pentru femei. Îi poți trimite un e-mail pe adresa angeladunn08@aol.com.

Linda Rhinehart Neas este profesoară, poetă și scriitoare. A scris două cărți, *Winter of the Soul* (2008) și *Gogo's Dream: Swaziland Discovered* (2010). Predă engleza ca limbă secundară, scrisul și poezia, în New England. Doamna Neas locuiește într-o căsuță fascinantă, alături de prea iubitul ei soț, acolo unde muze îi sunt fiicele și nepoții.

Susana Nevarez-Marquez este de o viață întreagă o bună observatoare a evenimentelor spirituale. Surprinderea pe care i-a provocat-o întâmplarea cu broscuța albastră a impulsionat-o să scrie. În prezent, scrie ficțiune etnică și romantică, cu un element supranatural, inspirat din evenimente reale. Îi poți trimite un e-mail pe adresa NevMarWrite@gmail.com.

Linda Newton este avocat în California și totodată un orator cunoscut la evenimentele dedicate femeilor. O poți vizita online, pe www.LindaNewtonSpeaks.com. Este autoarea volumelor *12 Ways to Turn Your Pain Into Praise* și *Better Than Jewels.*

Susan Allen Panzica a absolvit Universitatea de Stat din Montclair; și-a întrerupt cariera din New York pentru a se căsători cu actualul ei soț, chiropractician, ocupându-se de partea administrativă la biroul acestuia și pentru a-și întemeia o familie. Susan este orator, femeie, profesoară de religie pentru copii și scriitoare, pe blog-ul religios Eternity Café. Află mai multe detalii pe www.susanpanzica.com.

Vi Parsons este cercetător în genealogie, profesoară și autoare. Cărțile ei, *Jacob Dragoo and our Susanna Bright Side* și *The Dragoo Cemetery: Marion County, West Virginia,* reprezintă dovezi ale originilor sale. Este, de asemenea, coautoare a volumului *Double Take,* ce oferă o perspectivă asupra amintirilor sale din copilărie, pe când creștea alături de sora ei geamănă. Vizitează-i site-ul pe www.carrtwins.com.

Andrea Peebles locuiește cu cel care îi este soț de 35 de ani, în Rockmart, Georgia. Este o colaboratoare constantă a seriei

Supă de pui pentru suflet, adoră gătitul, lectura, scrisul, călătoriile, fotografia și să-și petreacă timpul alături de familie. Trimite-i un e-mail pe adresa aanddpeebles@aol.com.

Kristine Peebles este licențiată în limba engleză; a absolvit Universitatea Duquesne din Pittsburgh, Pennsylvania. Locuiește cu cei doi fii ai săi, două pisici, două broaște țestoase și o armată de îngeri. Îi poți trimite un e-mail pe adresa rosecourt710@gmail.com.

Dr. Debra Peppers a evoluat de la o adolescentă neliniștită la Profesoara Anului, inclusă pe Lista Națională de Onoare a Profesorilor, la momentul pensionării; este membră a National Speakers Association, câștigătoare a unui premiu Emmy pentru dramaturgie, autoare și gazdă radio-TV. A călătorit și a ținut discursuri în întreaga lume. Contactează-o pe Dr. Peppers, pe www.pepperseed.org.

Romancier, blogger și scriitor culinar, cu câteva premii la activ, **Perry P. Perkins** este un tată care lucrează de acasă și deținătorul hautemealz.com. Perry a scris pentru o sumedenie de reviste, dintre care amintim *Writer's Digest*, *American Hunter* și *Guideposts*. Poveștile lui inspiraționale au fost incluse în multe antologii ale seriei *Supă de pui pentru suflet*.

Karen (Kandy) Petillo are licență în journalism și un master în Istoria Americii și a Europei; a absolvit cursurile Universității de Stat din California, Fullerton. Îi place să călătorească și îi adoră pe cei cinci nepoți. Este agent imobiliar în Newport Beach, California. Îi poți trimite un e-mail pe adresa kandypetillo@cox.net.

Pamela Millwood Pettyjohn este absolventă a colegiului Berry, profesoară, muziciană și scriitoare la biserică. Este membră a grupului din nordul Georgiei - Breasla Scriitorilor din Chattanooga. Pamela și soțul său, Charles, adoră să fie voluntari într-un azil, iubesc muzica, drumețiile montane, fotografia și compania lui Cole, câinele lor.

Lori Phillips este scriitoare, autoare și redactor-șef; locuiește în Orange, California. Are o licență și un masterat în pedagogie. Pe lângă faptul că este redactorul-șef al BellaOnline.com - departamentul Marriage and Dreams (Căsătorie și Visuri), ea deține reallifehelpbooks.com și the-dream-collective.com.

Christine Pincombe-DeCaen a lucrat anterior ca bucătar. În prezent, se ocupă de îngrijirea permanentă a fiicei sale. Christine iubește scrisul, pictura, realizarea și vânzarea de bijuterii. Scrie primul ei roman de ficțiune. Îi poți trimite un e-mail pe adresa sarahkayday@hotmail.ca.

Kathryn Y. Pollard a crescut în Oklahoma; în copilărie, își petrecea majoritatea timpului închisă în dormitor, scriind povești și poezii. Locuiește în Georgia. Este autoarea unui roman publicat și a mai multor povestiri. Iubește să predice din Biblie și îi încurajează pe oameni să iubească viața.

Pastorul Anthony D. Powell locuiește în California. A început să scrie despre experiențele care i-au schimbat viața, în urma decesului neașteptat al unui prieten apropiat. Acela a fost momentul în care Dumnezeu i-a oferit viziunea care avea să-i schimbe definitiv viața. Fie ca povestea aceasta să te binecuvânteze și să te încurajeze în momentele grele.

Kathryn Radeff este scriitoare și profesoară. Susține ateliere de scriere în vestul orașului New York și în sud-vestul Floridei, iar în calitatea sa de profesoară, le oferă elevilor săi inspirația și îndrumarea de care au nevoie pentru a avea succes. Kathryn iubește călătoriile, înotul și să petreacă timp cu adorabilul ei câine, Remington. Îi poți trimite un e-mail pe adresa kradef1@msn.com.

Denise Reich practică dansul acrobatic aerian și alte dansuri, face fotografii și pictează. Scrie periodic pentru revista canadiană *Shameless*; printre meritele sale cele mai recente se numără și aparițiii în WritersWeekly.com și *The Pet Press*. Denise este încântată că a contribuit la mai multe volume publicate, din seria *Supă de pui pentru suflet*. Vizitează-i site-ul www.freewebs.com/denisenox.

Sheryl Ricigliano este contabilă în Wheat Ridge, Colorado. Ea și soțul său iubesc plimbările pe jos, drumețiile montane, baseballul și timpul petrecut alături de cei trei copii ai lor.

Cindy Rodberg este originară din Utah și a crescut în apropiere de munții Wasatch. Cindy este de părere că a avea mintea deschisă spre lumea nevăzută ajută la îmbunătățirea lumii fizice. Este coautoarea *Medicine Wheel Ceremonies*, o carte despre creație și folosirea cercurilor de rugăciuni, create de noi înșine.

Catherine Rossi transformă tot ce atinge cu talentul său creativ. Iubește gătitul, realizarea de aranjamente florale și decorarea torturilor. Aceasta este prima sa aventură în calitate de scriitoare. Totodată, tocmai ce a ilustrat prima sa carte pentru copii, intitulată *Katie's Smile*.

Barbara Routen este scriitoare independentă, deține o rubrică la un ziar, este corespondent și textier; misiunea sa este aceea de a spune povești despre eroi necunoscuți, în publicații precum *The Tampa Tribune*, *Family Digest* și *Pen Woman Magazine*. Își arată susținerea și prin reprezentații live sau prin cursuri de muzică și de scriere, pe care le susține în grupuri religioase și civice. Trimite-i un e-mail pe adresa Barbara.Routen@gmail.com.

Ruth Ann Roy este o soție și o mamă mândră a trei copii: Nathan, Nolan și Rachel. Este profesoară la clasa a doua în Midwest City, Oklahoma. Fiul său, Nathan, a scris o poveste pentru seria *Supă de pui pentru sufletul adolescentului creștin*, numită „A Divine Purpose". Scopul lui Ruth este acela de a continua să scrie povești și, în cele din urmă, o colecție de cărți pentru copii.

Sara Schafer este o femeie obișnuită, care a avut parte de evenimente extraordinare (miracole) de-a lungul vieții sale. A supravieţuit, după ce a fost diagnosticată de două ori cu cancer. Este căsătorită, are doi copii şi un nepot. Scrie poveşti inspiraţionale, din categoria nonficţiune, şi scrieri religioase, pentru viaţa de zi cu zi. Trimite-i un e-mail pe adresa sara757s@aol.com.

Diane Marie Shaw a ocupat, timp de 11 ani, funcţia de Secretar Executiv pentru un pastor din Colorado Springs. În prezent, îşi dedică timpul scrisului. Lucrările Dianei au fost publicate în mai multe antologii ale seriei *Supă de pui pentru suflet*, precum şi în mai multe publicaţii ale bisericii de care aparţine. Este o prezenţă activă în breasla scriitorilor *Words for the Journey* şi îi poţi vizita blogul pe needmorewordscs.blogspot.com.

Lui **Shirley Nordeck Short** i-au fost publicate lucrările în mai multe volume ale seriei *Supă de pui pentru suflet*, în *Guideposts*, *Reader's Digest* şi în alte publicaţii locale. Îmbină cu succes cele două mari iubiri ale sale, scriind despre porcuşorii de Guineea pe care îi salvează; ne asigură că dacă porcuşorii ei de Guineea ar putea vorbi ar avea multe poveşti cu îngeri de împărtăşit. Îi poţi trimite un e-mail pe adresa shirleynshort@gmail.com.

Penny Smith este absolventă a seminarului teologic şi le predă vârstnicilor la biserica de care aparţine; este şi o misionară practicantă. Scrierile sale acoperă o varietate de genuri şi sunt publicate în numeroase ziare creştine. Este autoarea cărţii *Gateways to Growth and Maturity Through the Life of Esther*. Trimite-i lui Penny un e-mail pe adresa psmithgtg@verizon.net.

Jenny Snow este o femeie cu o căsnicie fericită şi mamă a doi băieţi minunaţi. Dă meditaţii la matematică copiilor de şcoală primară în nordul statului Texas. Jenny îl iubeşte pe Dumnezeu, adoră să petreacă timp cu familia şi cu prietenii, îi place natura şi să citească (sau să scrie) o poveste grozavă. Îi poţi trimite un e-mail pe adresa write4you22@yahoo.com.

Diane Stark este o fostă profesoară, care ulterior a devenit mamă casnică şi scriitoare independentă. Este o colaboratoare constantă a Editurii *Supă de pui pentru suflet* și autoarea cărții *Teachers' Devotions to Go*. Adoră să scrie despre aspectele importante ale vieții: familia sa și credința. Trimite-i lui Diane un e-mail, pe adresa DianeStark19@yahoo.com.

Jean Haynie Stewart își scrie și își pregătește lucrările pentru tipar, în Mission Viejo, California, acolo unde locuiește alături de cel care îi este soț de 52 de ani. Poveștile ei se regăsesc în cărțile Editurii *Supă de pui pentru suflet - True Love, Beach Lover's, Twins and More, Father & Daughter, Brothers & Sisters, Horse Lover's II* și altele, precum și în articole de ziar sau revistă ori alte antologii.

Kamia Taylor își scrie și și publică poveștile încă de când avea 6 ani; în prezent, își petrece timpul într-o mică fermă ecologică, salvează câini, se recuperează fizic și îi ajută și pe alții să facă același lucru.

Christine Trollinger este originară din Kansas, Missouri. De-a lungul anilor, poveștile sale au apărut în mai multe cărți ale Editurii *Supă de pui pentru suflet*, precum și în alte publicații.

Kristen Nicole Velasquez a învins cancerul în copilărie. Este licențiată în învățământul elementar. Adoră să ajute copiii și este o susținătoare activă a luptei împotriva cancerului la copii. Printre proiectele în care este implicată în prezent se numără întocmirea și redactarea materialelor despre prevenția și conștientizarea cancerului. Trimite-i lui Kristen un e-mail, pe adresa childhoodcancersurvivor@yahoo.com.

John P. Walker este pastorul principal al bisericii Fairview Avenue BIC din Waynesboro, Pennsylvania. Scrierile sale au apărut în cărți și în alte publicații din Statele Unite ale Americii și Canada, inclusiv în câteva dintre cele mai vândute volume ale seriei *Supă de pui pentru suflet*. Trimite-i lui John un e-mail, pe adresa RevJohnnyWalker@aol.com.

Samantha Ducloux Waltz este o scriitoare independentă, deținătoare a mai multor premii literare; locuiește în Portland, Oregon. Poveștile sale au apărut în numeroase volume ale seriei *Supă de pui pentru suflet,* precum și în alte antologii sau publicații, precum *The Christian Science Monitor* și *Redbook*. A scris ficțiune și nonficțiune, sub pseudonimul Samellyn Wood. Află mai multe detalii pe www.pathsofthought.com.

Christy Westbrook adoră să scrie povești inspiraționale despre viața de zi cu zi. Îi place să petreacă timp în natură, alături de familie și prieteni. Locuiește în Kentucky, alături de soțul său, Thad, și de cei patru copii ai lor: Abby, Katie, Marc și Matthew.

Elisa Yager este o colaboratoare constantă a seriei *Supă de pui pentru suflet.* Atunci când nu scrie, Elisa sigur e implicată în ceva ce are legătură cu istoria, cu resursele umane, muzica sau cu biserica de care aparține. Elisa s-ar bucura să o contactezi. O poți face pe adresa de e-mail author_ElisaYager@yahoo.com.

Nancy Zeider este o bunică și o asistentă medicală ieșită la pensie, care locuiește în sudul Californiei, alături de soțul ei și de multe animale de companie. Prietena ei apropiată, Heidi Gaul, a scris această poveste pentru ea.

Fă cunoștință cu autorii

Jack Canfield este coautor al seriei *Supă de pui pentru suflet,* pe care revista *Time* a numit-o „fenomenul editorial al deceniului". Jack este totodată coautorul mai multor bestselleruri.

Este directorul executiv al Grupului de Training Canfield din Santa Barbara, California, și întemeietorul Fundației pentru Stima de Sine din Culver City, California. A condus seminarii intensive de dezvoltare personală și profesională, pe tema principiilor ce stau la baza succesului, pentru mai bine de un milion de oameni din 23 de țări; a ținut discursuri în fața a sute de mii de oameni din peste 1.000 de corporații, universități, la conferințe profesionale și convenții și a fost urmărit de alte câteva milioane de oameni în emisiunile televiziunii naționale.

Jack a primit multe premii și distincții, printre care amintim trei doctorate onorifice și un record mondial, înscris în Cartea Recordurilor, pentru apariția a șapte volume din seria *Supă de pui pentru suflet,* pe lista bestsellerurilor, realizată de New York Times, pe 24 mai, 1998.

Jack poate fi contactat pe www.jackcanfield.com.

Mark Victor Hansen este cofondatorul seriei *Supă de pui pentru suflet,* alături de Jack Canfield. Este totodată un speaker căutat, autor de bestselleruri și expert în marketing. Mesajele puternice pe care Mark le transmite, cu privire la ideile de posibilitate, oportunitate și acțiune au produs schimbări semnificative în rândul a mii de organizații și a milioane de indivizi din întreaga lume.

Mark este un autor prolific, deținător al multor bestselleruri, pe lângă seria *Supă de pui pentru suflet.* Mark a avut o influență extraordinară în domeniul potențialului uman, datorită colecției sale de materiale audio, video și articole din aria ambițiilor mărețe, a obținerii de vânzări, a bunăstării, a succesului editorial și a dezvoltării la nivel personal și profesional. De asemenea, Mark este fondatorul seriei de Seminarii MEGA.

Mark a primit numeroase premii ce-i onorează spiritul antreprenorial, inima sa filantroapă și talentul său pentru afaceri. Este membru pe viață al Asociației Americanilor Remarcabili, Horatio Alger.

Mark poate fi contactat pe www.markvictorhansen.com.

Amy Newmark este editor și redactor-șef al seriei *Supă de pui pentru suflet,* după o carieră de 30 de ani ca scriitoare, speaker, analist financiar și deținătoare a unei poziții de conducere în domeniile finanțe și telecomunicații. Amy a absolvit Harvard cu *magna cum laude,* secția Portugheză-Franceză și a călătorit mult. Ea și soțul său au împreună patru copii, ajunși deja adulți.

După o carieră îndelungată, în care a scris cărți despre telecomunicații, a realizat rapoarte financiare vaste, a înfăptuit planuri de afaceri și comunicate de presă pentru corporații, *Supă de pui pentru suflet* este o gură de oxigen pentru Amy. S-a îndrăgostit de *Supă de pui pentru suflet* și de poveștile care schimbă vieți, ale acestei serii; de aceea, adoră să adune aceste povești în volumele *Supă de pui pentru suflet* pentru minunații cititori ai seriei. Amy este totodată coautoarea a peste 12 cărți, ce aparține seriei *Supă de pui pentru suflet* și a editat de trei ori mai multe dintre ele.

Dacă ai întrebări sau comentarii pentru Amy, o poți contacta pe webmaster@chickensoupforthesoul.com sau îi poți urmări activitatea pe Twitter @amynewmark.

Mulțumiri

Le datorăm mulțumiri din inimă tuturor colaboratorilor! Știm că v-ați pus sufletul în sutele de povești pe care le-ați împărtășit cu noi toți. Apreciem disponibilitatea voastră de a vă dezvălui viețile în fața cititorilor seriei *Supă de pui pentru suflet* și de a ne face părtași la experiențele voastre, indiferent cât de personale au fost. Pe măsură ce am citit și am editat aceste povești cu adevărat copleșitoare, m-a entuziasmat potențialul acestei cărți de a inspira oamenii și am fost impresionată să remarc dorința lipsită de orice urmă de egoism de a vă împărtăși poveștile. Mulți dintre voi mi-ați mărturisit că, prin intermediul poveștii spuse, a fost prima dată când ați vorbit despre întâlnirea cu îngerul vostru, așadar, vă mulțumim tuturor pentru că le-ați permis cititorilor noștri să vă fie confidenți! A fost o lectură grozavă pentru întreaga echipă *Supă de pui pentru suflet* și ne-am manifestat fiecare dintre noi bucuria de a fi lucrat la realizarea acestui volum.

Am reușit să publicăm doar o mică parte dintre poveștile care ne-au fost trimise, dar trebuie să știți că toate au fost citite și chiar și cele care nu au văzut lumina tiparului în această carte ne-au influențat și au contribuit la manuscrisul final. Editorul nostru, Kristiana Pastir, a citit fiecare propunere primită din partea voastră și a redus lista semifinaliștilor la câteva sute. După ce am ales cele 101 povești, Kristi a selectat majoritatea acelor citate minunate, care au fost adăugate la începutul fiecărei povești și credem că acestea adaugă un plus de valoare experienței lecturii. D'ette Corona este asistent editor în cadrul echipei noastre și a lucrat cu toți colaboratorii pentru a se asigura că aceștia sunt de acord cu editările noastre; ea și editorul Barbara LoMonaco au făcut, cu măiestria lor obișnuită, corecturile necesare.

Îi datorăm mulțumirile noastre și directorului nostru de creație și coordonatorului editorial, Brian Taylor, de la Pneuma Books, pentru viziunea lui strălucită asupra copertei și a interiorului cărții!

~ Amy Newmark

Supă de pui pentru Suflet

Îmbunătățește-ți viața de zi cu zi

Oameni adevărați ce împărtășesc povești reale - de 20 de ani. În prezent, *Supă de pui pentru suflet* nu mai este o simplă coleție pe rafturile librăriilor, ci s-a transformat într-o serie de lucrări despre îmbunătățirea calității vieții, considerată etalon la nivel mondial. Prin cărțile, filmele, DVD-urile, resursele online și alte parteneriate, noi oferim speranță, curaj, inspirație și dragoste unor milioane de oameni din întreaga lume. Scriitorii și cititorii seriei *Supă de pui pentru suflet* aparțin unei categorii diferite, prezentă la nivel mondial, în cadrul căreia oamenii își oferă unii altora sfaturi, sprijin, îndrumare, alinare și cunoștințe.

Poveștile din seria *Supă de pui pentru suflet* au fost traduse în peste 40 de limbi și pot fi găsite în peste o sută de țări. În fiecare zi, milioane de oameni trăiesc experiența *Supă de pui pentru suflet* printr-o poveste dintr-o carte, dintr-o revistă, dintr-un ziar sau online. Datorită faptului că ne împărtășim experiențele de viață prin aceste povești, noi ne oferim speranță, alinare și inspirație unii altora. Poveștile călătoresc de la un om la altul, de la o țară la alta și schimbă în bine vieți de pretutindeni.

Supă de pui pentru Suflet

Împărtășește-ne povestea ta

De-a lungul vieții, cu toți am trecut prin momente de genul celor descrise în seria *Supă de pui pentru suflet.* Dacă ți-ai dori să-ți împărtășești povestea sau poezia cu milioane de oameni din întreaga lume, intră pe chickensoup.com și dă click pe „Submit Your Story (Trimite povestea ta)". Poți să ajuți un alt cititor și să devii un autor publicat în același timp. Unii dintre colaboratorii noștri s-au lansat în carierele lor de scriitori sau oratori după ce și-au publicat poveștile în cărțile noastre.

Volumul de lucrări trimise către noi a crescut constant, iar calitatea și cantitatea materialelor primite sunt fantastice. Acceptăm doar poveștile trimise pe site-ul nostru. Nu mai sunt acceptate cele transmise prin e-mail sau fax.

Pentru a ne contacta cu privire la alte detalii, te rugăm să ne trimiți un e-mail, pe adresa webmaster@chickensoupforthesoul.com; de asemenea, ne poți trimite un fax sau ne poți scrie pe adresa:

Chicken Soup for the Soul
P.O. Box 700
Cos Cob, CT 06807-0700
Fax: 203-861-7194

Încă o mențiune de la prietenii tăi din echipa *Supă de pui pentru suflet:* din când în când, primim câte un manuscris nesolicitat din partea cititorilor, de aceea dorim să vă informăm respectuos că nu primim manuscrise nesolicitate și ne vedem nevoiți să le ignorăm pe cele care ajung la noi în acestă manieră.

În curs de apariție la Editura Prestige:
Cartea miracolelor

Toată lumea apreciază o poveste bine scrisă despre miracole, iar acest volum chiar asta oferă - 101 povești despre vindecare, despre intervenții divine și despre rugăciuni ascultate. Aceste povești uimitoare și personale dovedesc că Dumnezeu există și este prezent pretutindeni, acum, și înfăptuiește miracole spre binele nostru. Aceste istorisiri incredibile vorbesc despre dragostea și implicarea Lui în viețile noastre. Cartea Miracolelor va încuraja, va înălța și va restaura credința tuturor cititorilor catolici și creștini, deopotriva.

În curs de apariție la Editura Prestige:
Alegerea cititorilor